经典研究方法系列

扎根范式

研究方法与实务

贾旭东 衡量 ◎著

机械工业出版社
CHINA MACHINE PRESS

本书系统介绍了扎根范式的研究方法及其认识论与方法论体系。该范式基于"扎根精神"，遵循建构主义扎根理论思想，以经典扎根理论的研究方法和程序为主框架，以程序化扎根理论为辅助，综合了扎根理论三大学派的思想和方法，是在中国情境下开展社会科学理论研究的有效工具，也是国家自然科学基金面上项目《基于扎根范式、数据挖掘与fsQCA的虚拟企业供应链战略协同研究》（项目号：72372062）的重要成果之一。本书根据作者2020年以来在工作坊上系统讲授扎根研究方法的教学记录整理而成，以通俗易懂的语言和案例深入浅出地介绍了具体的研究设计、操作方法和研究技术。

本书可以作为社会科学领域高校教师、本科生、硕士研究生、博士研究生运用扎根范式开展社会科学研究的操作指南和手册，也可以作为高校社科方法论教学的参考书。

图书在版编目（CIP）数据

扎根范式：研究方法与实务 / 贾旭东，衡量著．
北京：机械工业出版社，2025.8. -- （经典研究方法系列）． -- ISBN 978-7-111-78386-2

Ⅰ. C916

中国国家版本馆 CIP 数据核字第 2025JY3549 号

机械工业出版社（北京市百万庄大街22号　邮政编码100037）
策划编辑：吴亚军　　　　　　　　　责任编辑：吴亚军
责任校对：张勤思　任婷婷　景　飞　责任印制：常天培
北京联兴盛业印刷股份有限公司印刷
2025年8月第1版第1次印刷
185mm×260mm・12.25印张・208千字
标准书号：ISBN 978-7-111-78386-2
定价：59.00元

电话服务	网络服务
客服电话：010-88361066	机 工 官 网：www.cmpbook.com
010-88379833	机 工 官 博：weibo.com/cmp1952
010-68326294	金 书 网：www.golden-book.com
封底无防伪标均为盗版	机工教育服务网：www.cmpedu.com

推荐序一

贾旭东教授是管理学界质性研究领域的知名学者，长期从事扎根理论研究方法的研究和运用。2010—2018年，他先后在《管理学报》发表了3篇具有重要学术意义的扎根理论研究方法论文，与其后发表的3篇论文一起构成了一个完整的扎根理论研究方法系列研究成果，被学界誉为"扎根六部曲"，为管理学研究方法创新做出了突出贡献。

2010年，他在《管理学报》上发表的《经典扎根理论及其精神对中国管理研究的现实价值》系统介绍了经典扎根理论的核心思想，强调其作为一种科学的研究方法能够帮助研究者从经验数据中提炼理论；2016年，他在《管理学报》上发表的《基于"扎根精神"的中国本土管理理论构建范式初探》首次提出"中国管理扎根研究范式"，结合国际主流学术范式与中国本土管理实践，为中国管理研究提供方法论指导，并倡导从实践中提炼理论的"扎根精神"；2018年，他在《管理学报》上发表的《基于"扎根精神"的管理创新与国际化路径研究》进一步深化该范式，提出管理"三元"模型等理论框架，探索管理理论的情境性与普适性。

《扎根范式：研究方法与实务》一书是贾旭东教授在科学研究方法探索道路上的又一力作。在已有成果基础上，他将2016年提出的"中国管理扎根研究范式"升级为"扎根范式"，使其成为一种适用于社会科学各研究领域的通用范式，是我国社会科学研究方法的重大创新。这本书系统介绍了"扎根范式"的核心思想、方法论框架及操作程序，并结合中国社会实践，提出了运用"扎根范式"的社会科学研究方向。

尤为难得的是，这本书一改方法论著作晦涩的写作风格，以通俗易懂的语言和案例，深入浅出地介绍了扎根范式的操作流程、技术工具和注意事项，对初学者非常友好。书中不仅提供了丰富的案例，还详细讲解了数据收集、编码分析、理论构建等步骤，帮助读者掌握扎根研究的基本原理与方法，为读者提供了实用的研究工具和方法论指导。

综上所述，这是一部兼具理论深度与实践价值的学术著作，既适合学术研究者参考，也为企业管理者、咨询顾问提供了实用的方法论支持。因此，我向广大读者郑重推荐这本书！

——张金隆

华中科技大学管理学院教授、博士生导师，

《管理学报》荣誉主编，华中科技大学管理学院原院长

推荐序二

由贾旭东、衡量撰写的这本书是作者近二十年潜心钻研的重要科研成果结晶。

我国自主知识体系的构建需要在吸收国外先进的理论与方法的基础上，基于本土的情境，使用科学的研究方法，不断迭代升级和创新。在社会科学领域，采用质性研究方法开展研究至关重要，单纯采用基于大样本的量化研究方法，难以深入解构深植于我国复杂多变情境背后的机理，建构具有鲜活解释力和持久生命力的理论。

为此，众多国内外有识之士，提出并在研究中不断探索新的研究方法。其难点在于，一些机构和个人对于社会科学的多维属性缺乏清晰的认知、不了解和掌握相应的研究方法，漠视甚至曲解案例研究、扎根理论等质性研究方法本身具有的科学属性和对理论的贡献，在一定程度上阻碍了社会科学本土理论的发展。因此，加大对质性研究方法的深入研究，开展对质性研究方法的宣传普及至关重要。

这本书作为一本系统介绍扎根方法的著作，对扎根范式的基本理论与方法进行了系统的阐述，包括理论进展、具体的程序与方法、数据获取的访谈方法、科学研究的步骤、与各种社会科学研究方法的异同与比较等。全书不仅具有系统性，而且生动易懂，凝聚着作者对扎根研究的深刻洞见，对于读者、特别是初学者全面掌握该研究方法并开展研究具有很好的帮助作用。

需要说明的是，扎根方法看似通俗易懂，但其背后蕴含着深刻的哲学思辨，更需要研究人员深入企业实践进行系统性的调研，真正了解企业、看懂企业，方能悟得扎根研究的真谛，进而开展基于本土管理实践的高水平研究。

——苏敬勤

大连理工大学教授、博士生导师，平台治理研究院院长

推荐序三

当下和未来工商管理的基础研究日益受到重视,"新理论、新方法、新范式"的原创探索研究是重要方向。2020年8月,国家自然科学基金委员会管理科学部首次提出"管理与经济科学新理论、新方法和新范式"原创探索项目,指出了管理等社会科学领域加强方法论研究以迈向基础研究的重要性。2021年4月2日,"中国案例研究期刊联盟"成立大会在清华大学隆重举行。该联盟由《管理世界》《经济研究》《管理科学学报》等26家国内知名学术期刊组成,致力于开设案例研究专栏、组织案例研究高端研讨等工作,推进中国哲学社会科学研究范式变革。2024年1月,中英文权威期刊《管理世界》和 Academy of Management Journal 第1期首次专门开设了方法论栏目,意味着学术期刊开始高度重视方法在理论创新中的作用。2024年10月25日,中国管理现代化研究会管理研究方法专业委员会正式成立,标志着国家级学会开始重视发挥方法共同体在促进方法创新和传播中的作用。在各种方法中,案例研究方法、扎根理论研究方法等定性方法因为在总结实践和发展理论中的特别价值,受到社会科学研究者的关注。学界这些重大活动都说明,以案例研究方法、扎根理论研究方法为主要方法的质性研究方法论,由于在挖掘中国情境和先进实践、建构本土理论方面的突出优势,已经日益成为工商管理研究的主要定性方法。

贾旭东教授运用和研究扎根理论研究方法已近20年,是国内社会科学界扎根理论研究方法的引领者之一,自 2010 年以来在国内多个重要期刊上发表了多篇扎根理论研究方法论文章,经常受邀在多个重要学术会议及研究方法工作坊中担任扎根理论研究方法主讲专家,对推动国内社会科学界质性研究和扎根理论研究方法的普及做出了突出贡献,广受学界好评。

很高兴看到贾旭东教授即将出版的《扎根范式:研究方法与实务》书稿,欣喜地发现他在扎根理论研究方法探索中又获得了重要进展:将 2016 年提出的"中国管理扎根研究范式",进一步系统总结、发展和创新,有望成为服务社会科学研究各领域的"扎根范式"!这是我国社会科学研究学者对方法的重要贡献,为社会科学研究者扎根中国实践、研究中国问题,做顶天立地的世界贡献提供了重要的方法选择!

方法的创新和发展不可一蹴而就,需要更多学者像旭东教授一样,十年磨一剑,在管理哲学与研究方法的探索中做出新的更大贡献!

——杜运周

中国管理现代化研究会管理研究方法专业委员会主任,

东南大学经济管理学院教授、博士生导师

前　言

扎根理论（grounded theory）由美国社会学家格拉斯和斯特劳斯于1967年提出，在近60年的发展历史中成为一种享誉国际社会科学界、被认为最适合理论建构的社会科学研究方法论，近年来在国内社会科学研究中的运用也日益广泛，受到社会学、人类学、教育学、心理学、经济学、管理学、传播学、体育学等领域越来越多学者的关注。

在长期的发展过程中，扎根理论逐渐演化为一个以经典扎根理论、程序化扎根理论和建构主义扎根理论三大学派为主干的学术"丛林"（贾旭东、衡量，2020），也引发了从20世纪90年代起延宕至今的学术争论，为其蒙上了一层神秘的面纱，让许多初学者望而却步。我从2006年开始接触并学习扎根理论，当时这种研究方法论在我国管理学界还鲜为人知，这些争论也曾让我深感困惑。直到后来，我终于鼓起勇气使用经典扎根理论完成了我的博士论文，不仅掌握了其流程和方法，更深感这一优秀的方法论体现了理论源于实践的"扎根精神"，非常适合社会科学研究。从此，我不仅将扎根理论运用到我长期从事的虚拟企业、组织与战略等管理问题的研究中，还以此为主要研究方法，成功申请了三项国家自然科学基金面上项目。

在学习运用扎根理论近20年的过程中，我发现如果对其方法进行适度改进将能更好地服务于我国的社会科学研究，于是我在2010—2020年发表了6篇有关扎根理论方法论的系列论文，现在这些论文已经被学术界称为"扎根六部曲"。根据知网数据，截至 2025 年 2 月 1 日，"扎根六部曲"的前四篇期刊论文（第五篇在论文集中出版、第六篇在《中国改革报》发表）的总引用量已超过 2 200 次，其中首篇——2010 年发表在《管理学报》上的《经典扎根理论及其精神对中国管理研究的现实价值》一文引用量已超过 1 000 次。

大约从 2016 年开始，扎根理论在我国管理学界的应用陡然升温。由于我是较早使用这一方法开展研究的管理学者，也因"扎根六部曲"陆续发表产生的学术影响，从那时起就常有高校、科研院所与出版机构等邀请我开办扎根理论研究方法工作坊或讲座，常有学术会议邀请我做扎根理论研究方法的主题报告，我也为此投入了大量的时间和精力，致力于扎根理论研究方法的传播和普及。据不完全统计，我近年来通过工作坊或学术会议、网络直播等方式讲授扎根理论研究方法累计超过 40 场次，主办单位有清华大学、上海交通大学、中山大学、南开大学、华南理工大学、大连理工大学、哈尔滨工业大学、中国人民大学、中国科学院大学、东北大学、中国海洋大学、中国矿业大学、辽宁大学、安徽财经大学、云南财经大学等高校，《管理学报》《科技进步与对策》等杂志社，机械工业出版社等出版机构和学术志等媒体。

我与本书第二作者衡量 2016 年在《管理学报》上发表的《基于"扎根精神"的中国本土管理理论构建范式初探》是"扎根六部曲"的第二篇论文，正式提出了综合定性与定量方法并融合扎根理论三大学派之所长的"中国管理扎根研究范式"，即本书定义的狭义的扎根范式，是对扎根理论进行的重大方法论创新。从 2020 年起，我在工作坊或讲座中开始以"中国管理扎根研究范式"作为主要教学内容。

在多年的扎根理论研究方法教学过程中，我发现学员的来源日趋多元化，从早期仅有管理学界的学者和研究生，到逐步出现了心理学、社会学、教育学、体育学、法学、药学等其他学科的师生，许多学科我以前都了解不多，更未想到会采用扎根理论研究方法。在这个教学相长的过程中，我还发现，虽然当初因我的管理学背景而将这个扎根理论研究方法的改进版命名为"中国管理扎根研究范式"，但实际上这个"扎根范式"并没有特别的学科属性，完全适用于其他社会科学研究领域。令人欣喜和鼓舞的是，据我目前了解的信息，"中国管理扎根研究范式"已被应用于包括管理学在内的更多社会科学研究领域并产出了优秀成果，既有发表在国家自然科学基金委 A 类期刊上的管理学论文（石冠峰 等，2022；刘刊、周宏瑞、侯月婷，2022），也有发表在 CSSCI 期刊上的法学论文（张海、陈爱武，2022）。

因此，本书对"中国管理扎根研究范式"进行了重大升级——在本书中向读者介绍的"扎根范式"研究程序和方法已经是一种具有广泛适用性的社会科学研究通用范式,可应用于社会科学各学科领域的研究。作为国家自然科学基金面上项目《基于扎根范式、数据挖掘与 fsQCA 的虚拟企业供应链战略协同研究》(项目号:72372062)的重要成果之一,希望这一研究范式能够进一步助推中国社会科学研究方法的创新,为中国社会科学界产出更多扎根实践的优秀成果提供高效的武器和工具。

全书分为四章。第一章"扎根理论及其核心研究方法"介绍了扎根理论的历史沿革、学派划分以及三大学派的认识论和方法差异,重点讲授了在扎根理论、扎根范式乃至其他质性研究方法中都通用的数据处理技术——编码;第二章"扎根范式的研究程序与方法"系统介绍了扎根范式的认识论、研究程序与主要方法,重点讲授了作为扎根范式核心研究方法的访谈技巧;第三章"扎根研究的相关讨论与论文写作"解答了有关扎根理论研究方法的诸多争论,将扎根理论研究方法与社会科学研究中其他常用的方法进行了比较,分享了研究实例并介绍了扎根研究论文写作与发表的要点,还整理了我在多年的扎根理论研究方法教学中回答的 10 个方面的 70 个典型问题;第四章"扎根范式与其他方法的结合"介绍了扎根范式中以实证研究进行理论检验的方法和思路,介绍并讨论了近年新出现的计算扎根方法,以及定性比较分析(QCA)、事件路径分析、叙事研究等方法与扎根方法的结合。

此外,2006 年《美国管理学会学报》(*Academy of Management Journal*,AMJ)发表了"What Grounded Theory Is Not"《扎根理论之所非》一文,这篇文章的中文版收录于北京大学出版社 2016 年出版的《管理理论构建论文集》,在本书附录中附上了 2016 年我讲解此文的文字稿。通过阅读"扎根六部曲"系列论文、《扎根理论之所非》以及《扎根理论之所非》一文讲解,读者应该能够更加完整地掌握扎根范式与扎根理论的方法并全面理解我的方法论思想发展脉络。

我读过很多介绍研究方法论或研究方法的书,一个共同的感受就是大部分著作都太过学术化,高深的学术语言让初学者看完一头雾水,关键是拿着书也看不懂这种方法该如何实操,从扎根研究"小白"一路走来的我对那种迷茫和抓狂的感觉印象深刻、记忆犹新。方法是给人用的,方法书的目标应该只有一个——让"小白"看懂、学会!因此,我在本书的写作中做了一个全新的尝试——力求将它写成一本浅显易学的方法手册。我希望能够实现一个小目标:让本科生也能看得懂、学得会,对硕士生、博士生和高校教师而言当然更不在话下。

基于这一定位和设想，本书主要根据我 2020 年以来在工作坊上系统讲授扎根研究方法的教学记录整理而成，基本完整地再现了我的教学现场，包括在课堂上采用的案例、图片、故事、比喻等教学素材。虽然读起来学术味儿没有那么浓，但突出了本书通俗易懂、深入浅出的特色，让初学者能够通过这种大白话式的解说迅速理解和掌握扎根范式的操作要领。这个在方法论著作写作上的创新也希望得到广大读者的认可。

本书的问世与方方面面的支持和帮助分不开，付梓之际，我心中充满了感激之情！感谢兰州大学管理学院历任领导和同事们的大力支持和帮助！开放包容、以人为本的学院文化为我的学术研究提供了宽广的舞台和坚实的后盾。感谢本书第二作者衡量，这位管理学界的青年才俊在与我共同提出"中国管理扎根研究范式"时还是我指导的硕士研究生，后在清华大学经济管理学院攻读博士学位，毕业后在中国工程院陈晓红院士领衔的湖南湘江实验室担任副研究员，从事虚拟组织和扎根研究方法等领域的研究。他与我合作发表了多篇论文，为"中国管理扎根研究范式"的提出和完善贡献了思想，他完成了第四章前两节的初稿，为本书的顺利完成付出了很多宝贵的时间。感谢我指导的几位硕士研究生在成书过程中提供的帮助，其中，崔亚欣和海阿西液帮我整理、校对了 2020 年由机械工业出版社主办的扎根理论研究方法工作坊的全部录音文字，海阿西液、王涵、谭拓分别帮我收集整理了第四章第三、四、五节初稿的资料，王涵、徐佳宁、刘潇晓帮我进行了文献整理和书稿校对。感谢机械工业出版社组织的多场研究方法工作坊，大大推动了扎根研究方法的普及，他们的高效工作使得本书顺利面世。感谢多年来参加我的扎根研究方法教学的学员和观众，尤其是在课前课后、线上线下提出各种问题并深入交流的学者和师生，你们学习运用扎根研究方法的热情和对一本实用指南的期待是我写作本书的最大动力。感谢本书参考文献的所有作者以及可能遗漏的知识贡献者，时间紧张、精力有限，若挂一漏万，敬请见谅。感谢读者朋友们，欢迎提出宝贵的意见和建议，助力我们研究的深入和扎根范式的优化完善。

新时代的中国生机勃勃，社会科学的研究前景广阔，研究方法的创新永无止境，路漫漫其修远，我，仍在路上……

贾旭东

2025 年元宵节

目 录

推荐序一
推荐序二
推荐序三
前　言

第一章　扎根理论及其核心研究方法 / 1

　　第一节　扎根理论概述 / 1
　　第二节　扎根理论与扎根范式的数据处理技术：编码 / 13

第二章　扎根范式的研究程序与方法 / 22

　　第一节　扎根范式的认识论与研究程序 / 22
　　第二节　扎根范式的研究步骤与方法 / 28
　　第三节　扎根范式研究中的访谈方法与技巧 / 45

第三章　扎根研究的相关讨论与论文写作 / 60

　　第一节　扎根研究相关问题及与其他质性研究方法的比较 / 60

　　　　第二节　扎根研究实例分享　/ 68
　　　　第三节　扎根研究论文的写作与发表　/ 71
　　　　第四节　扎根研究典型问题与解答　/ 74

第四章　扎根范式与其他方法的结合　/ 106
　　　　第一节　以实证研究进行理论检验　/ 106
　　　　第二节　计算扎根方法　/ 117
　　　　第三节　定性比较分析方法及其与扎根范式的结合　/ 128
　　　　第四节　事件路径分析方法及其与扎根范式的结合　/ 138
　　　　第五节　叙事研究方法及其与扎根范式的结合　/ 145

后　记　以扎根精神做扎根研究　/ 153

附　录　《扎根理论之所非》一文讲解　/ 157

主要参考文献　/ 174

第一章 扎根理论及其核心研究方法

第一节 扎根理论概述

一、扎根理论的产生及其学术地位

1. 什么是扎根理论

"扎根理论"这个词是对英文"grounded theory"的翻译,但早年也有其他译法,如"基本理论、草根理论、实基理论、植基理论、立基理论"等,比较而言,学术界觉得"扎根理论"的译法比较好,就确定将其翻译为"扎根理论",沿用至今。

学术界一般认为,扎根理论是一种定性研究方法论(关于其争论,详见第三章第一节),它最初由两位美国社会学家在1967年提出:一位是格拉泽(Barney Glaser),还有一位是斯特劳斯(Anselm Strauss)。

其实,"grounded theory"的中文译法还可以再商榷。"grounded"这个词翻译成"扎根"当然很容易传播,但中文的"扎根"其实比英文"grounded"的意思更加深广,所以翻译为"扎根"实际上是对这个词本义的延伸。把"grounded"翻译为"植基"可能更准确,意思就是我们现在经常说的"接地气""能落地"。而"扎根"的意思和"grounded"不完全一致,当我们说一棵树扎根时,意思是它的根深深地扎进了地里,而不仅仅是接地气。

格拉泽和斯特劳斯在提出扎根理论时是研究护理学的，1965年他们发表的研究成果就是关于临终患者关怀的问题。在这个研究过程中，他们研发了一种新的质性研究方法论，最后命名为"grounded theory"。实际上，这种方法论的完整名称应该是"grounded theory methodology"——"扎根理论方法论"，这就比较准确，不会产生后来的那么多误解（详见第二章第二节）。1967年，他们出版了一本经典著作 The Discovery of Grounded Theory，正式推出了扎根理论（Glaser and Strauss，1967）。这里要提醒大家注意一个词，就是"discovery"，这个词在格拉泽的著作中反复出现。他总说理论是被我们"发现"的，大家要想想，他为什么认为理论是被发现的？

那么，什么是扎根理论呢？两位提出该理论的学者将它定义为："扎根理论的提出是为了回答在社会研究中，如何才能系统性地获得与分析资料以发现理论。"（Glaser and Strauss，1967）也就是说，扎根理论是一种社会科学研究方法论，它提供了一整套方法，能让我们系统性地获得资料、分析资料，在这个过程中"发现"理论。

需要注意的是，"系统性地获得与分析资料"的意思是：在做扎根研究时，你获得资料的过程本身就是扎根研究的一部分。这一点是我们国内学者经常忽视的，许多人认为分析资料的编码方法就是扎根理论，而忽视了前面获得资料的过程，这肯定违背了扎根理论的本意。扎根理论提供了一套完整的、有体系的方法，首先从获得资料开始，然后才是分析资料、获得研究发现。在这个过程中，两位学者特别强调"discovery theory"，即"发现理论"。为什么是"发现理论"？我们后面再来解释和探讨这个问题。

两位学者还给出了一个公式："Grounded theory = Discovery of the theory from data"（Glaser and Strauss，1967），这是更简练的表达。扎根理论就是从资料和数据中发现理论。

2. 扎根理论的学术地位

扎根理论自1967年提出就获得了极高的学术地位，现在已成为在定性研究领域最科学的方法。有些人说扎根理论不是定性研究方法，或者说不仅仅是定性研究方法。扎根理论到底是不是定性研究？一般学术界都把它列入定性研究或质性研究方法，其中的争论我们将在第三章探讨。

另一个可能引起争论的说法是，扎根理论被认为是最科学的方法。这里我们所谓扎根理论方法最科学，只是和其他定性研究方法相比，扎根理论的科学性要高一点，可能这样讲更加准确、更不容易引起争议。

扎根理论还被认为是社会学五大传统研究方法中最适于进行理论建构的方法。这个定位没有太大争论：扎根理论的目标就是要进行理论建构，也最适于进行理论建构，其他方法的目标不一定是做理论建构。

我们把扎根理论的出现放到美国乃至西方社会科学发展史中去考察，就会发现其背景是长期以来定性研究方法和定量研究方法间的争论，尤其是关于定性研究是否科学的问题（万倩雯、卫田，2024）。在西方学术界，逻辑实证主义科学观一度成为主流，定性研究被认为不科学。其实这种争论直到现在都还没有完全解决，西方学术界当时存在一个"学科鄙视链"：研究自然科学的人鄙视研究社会科学的人，认为社会科学不科学；在社会科学界，使用定量研究、实证研究方法的学者鄙视使用定性研究方法的学者，认为定性研究不科学。扎根理论的产生就跟当时这种学术争论的背景有关。

传统的定性研究无法进行追溯，难以重复检验，无法展示研究过程，不像定量研究、实证研究都可以进行可视化的展示，可以让别人比较直观地看到研究过程。扎根理论诞生后，确实解决了这个问题。扎根理论的两位创始人研发了一套完整的定性研究方法论，使得定性研究也在一定程度上实现了可视化、可追溯，极大提高了定性研究的科学化水平。因此，扎根理论的诞生被誉为"定性革命的先声"（贾旭东、谭新辉，2010），对定性研究的重新崛起和后来的蓬勃发展都具有重大历史意义。

扎根理论提出后迅速得到普及，在社会科学很多学科的研究中都获得了广泛应用，如社会学、经济学、人类学、心理学、护理学、教育学、传播学、体育学、宗教学、管理学等。国内管理学界用扎根理论来做管理学研究是比较晚的，2006年李志刚才发表了第一篇运用扎根理论研究方法的管理学论文。

二、扎根理论的"丛林"及其主要学派

1. 扎根理论的三大学派

扎根理论发展到今天已经形成了三大学派。第一个学派是经典扎根理论学派（classic grounded theory），就是最早由格拉泽和斯特劳斯两位学者在1967年共同提出的扎根理论。后来因为斯特劳斯"自立门户"，和科尔宾（Juliet Corbin）一起提出了程序化扎根理论，经典扎根理论的代表人物就只剩下了格拉泽。第二个学派是程序化扎根理论学派（proceduralised grounded theory）。这一学派的标志性成果是

斯特劳斯和科尔宾在1990年出版的 *Basic of Qualitative Research: Grounded Theory Procedures and Techniques*，在经典扎根理论研究方法的基础上进行了很多创新。后来，卡麦兹（Kathy Charmaz）提出了第三个扎根理论学派，被称为建构主义扎根理论学派（the constructivist's approach to grounded theory）。这三个学派的方法不同，而且相互间争论很大。

如图1-1所示，从1967年格拉泽和斯特劳斯提出扎根理论开始，扎根理论形成了三个主要学派，但每个学派也都在继续发展。总体来说，程序化扎根理论学派长出来的"枝叶"要更多一些。图1-1还列入了我们提出的"中国管理扎根研究范式"（以下简称"扎根范式"），扎根范式是对扎根理论三大学派方法的一种综合，而且也有所发展和创新，这就构成了一个比较完整的扎根理论方法论的发展脉络。

```
                Glaser & Strauss
                提出扎根理论（1967）
    ┌───────────────┬───────────────┐
Glaser（1978）   Strauss（1987）   Charmaz（2000、2006）
经典扎根理论      程序化扎根理论      建构主义扎根理论
    │           ┌────┼────┐           │
Glaser（1992、1994、  Clarke        Bowers（1987）、   Strauss & Corbin
1996、1998、2001、  （2003、2005、   Caron & Bowers（2000）、（1990、1998）
2003、2005、2006）  2008）          Bowers & Schatzman（2009）
    │           情景分析
    │                                    │                │
 Stern      贾旭东、衡量（2016）     Schatzman（1991）   Corbin & Strauss
（1995）   "中国管理扎根研究范式"       维度分析          （2008）
```

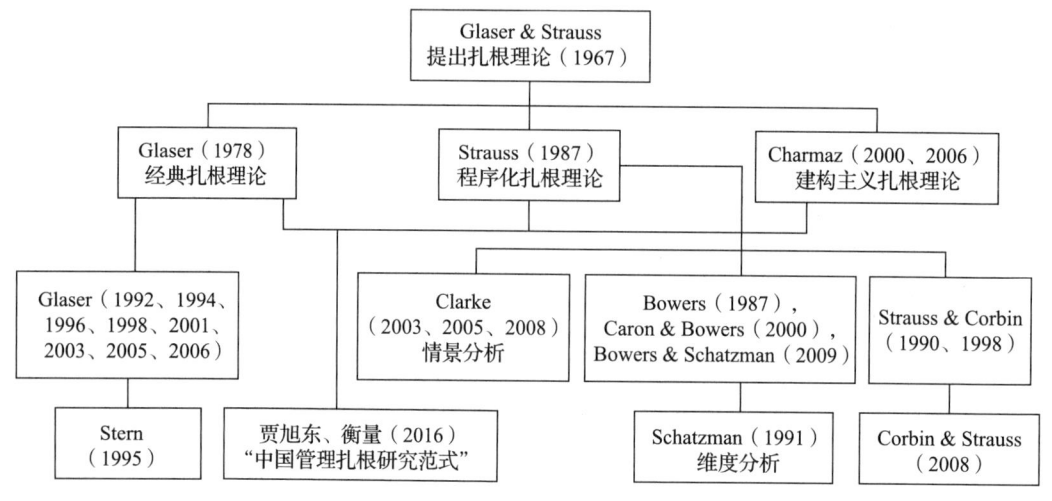

图1-1　扎根理论的"丛林"

资料来源：贾旭东，衡量.扎根理论的"丛林"、过往与进路［J］.科研管理，2020，41（5）：151-163.

从定性和定量研究的视角来梳理扎根理论方法论的演化路径可以发现，扎根理论的演化和发展是有一些规律的，如图1-2所示。

格拉泽从事实证研究、定量研究，而斯特劳斯从事定性研究，1967年，他们两人一起提出扎根理论时实际上是基于定量研究和实证研究的思路，是基于实证主义认识论所提出的定性研究方法论，实现了定性定量思想的第一次融合。这样融合之后形成的扎根理论看起来是一个定性方法论，但里边贯穿了定量研究的思想，能像其他定量研究一样实现可视化、可追溯。后来，他们的学术思想产生了分歧，之后形成了两个学派，即经典扎根理论和程序化扎根理论。经典扎根理论继续沿着格拉泽的方法论思想发展，是定量思想的定性演化过程，而程序化扎根理论沿着斯特劳斯的方法论思想发展，是一个定性思想的定量演化过程。后来卡麦兹提出第三个学派，即建构主义扎根理论，试图融合经典扎根理论和程序化扎根理论，综合这两大学派的研究程序和方法，使定性定量研究思想实现了第二次融合。其后，我们提出了"中国管理扎根研究范式"，综合了三大扎根理论学派的定性研究方法，并且和实证研究方法进行整合，实现了定性定量研究思想的第三次融合。

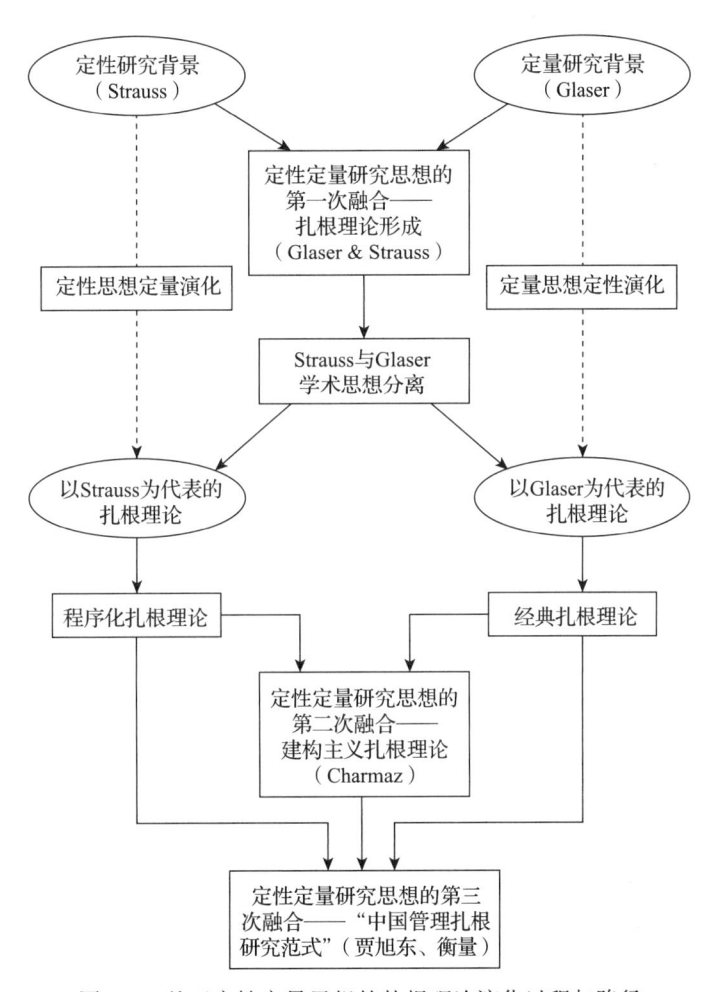

图1-2 基于定性定量思想的扎根理论演化过程与路径

资料来源：贾旭东，衡量.扎根理论的"丛林"、过往与进路[J].科研管理，2020，41（5）：151-163.

2. 扎根理论的学派之争

扎根理论的学派之争在国际学术界、社会科学界影响很大。这种争论让初学者产生了很多困惑，不知道孰是孰非，不知道该学哪个。

斯特劳斯和科尔宾在 1990 年出版的专著中推出了程序化扎根理论。这本书的普及率非常高，读者非常广泛，客观上对推动扎根理论的普及有着重大意义、产生了巨大影响，使得程序化扎根理论在三大学派中发展最快、应用最广、知名度最高。

在程序化扎根理论中，斯特劳斯和科尔宾提出了一些新的方法，比如维度化、主轴编码、条件矩阵等。但这些方法格拉泽都不认同，格拉泽认为它们背离了扎根理论的基本原则——不能先入为主地构想问题、范畴和假设，不能强制形成和选择资料，要完全让数据中蕴含的社会规律自然涌现。除了"discovery"以外，"emergence"（自然涌现）也是经典扎根理论非常强调的，意为让社会现象中蕴藏的规律和理论自然涌现，研究者只是发现了这些理论。格拉泽认为程序化扎根理论违背了这样一种方法论原则。

此后，格拉泽在 1992 年出版 *Basics of Grounded Theory Analysis*（Glaser，1992）。这本书专门批驳了斯特劳斯和科尔宾在 1990 年提出的扎根理论，这标志着格拉泽和斯特劳斯学术思想和学术立场的决裂。两个学者的思想完全一致是不可能的，总会有一些分歧和不同的观点，有学术争论很正常。但这本书中的一些措辞非常激烈，可见格拉泽对斯特劳斯提出一个新的扎根理论版本是非常反对的。

从这个时候开始，国际社会科学界也分成了两派，一派人认同格拉泽，一派人认同斯特劳斯。程序化扎根理论在中国使用最广泛，因为国内学术界最早接触到扎根理论就是通过斯特劳斯和科尔宾合著的这本书。因此，很多国内学者甚至都不太了解前面的经典扎根学派和后来的建构主义扎根学派。

美国社会学家莫顿（Robert Merton）在 1973 年把科学的特点归纳为四条原则：非盈利性、普遍性、公开性和可怀疑性。社会科学当然是一种科学研究，也应该遵循这些原则。因此，任何人对扎根理论研究方法进行的改进都是再正常不过的学术研究，都是科学研究的这种非盈利性、普遍性、公开性、可怀疑性原则的体现，不应该为此而产生争论。

笔者认为，扎根理论从其诞生开始就是供学者进行研究实践的工具，越多人使用才越能凸显其价值，也只有在实践运用中才能使其得到发展。学者们细分扎根理论学派，对扎根理论进行改进的目的在于帮助研究者们进行有效的沟通，而不是以强调各学派间的独特性、产生方法论边界为目的，如果使本该大量运用该工具并从中对其进行改进和发展的学者们陷入学派之争，那么只会阻碍扎根理论的发展和传播，加深学术界对扎根理论的误解。

扎根理论不同学派之间应当首先"求同",其次"存异":所谓"求同",即在秉持"扎根精神"的基础上交流互动;所谓"存异",体现在方法和技术层面——具体的研究方法和技术完全可以根据不同的研究领域、问题和情境而灵活把握,不必强行保持一致。(贾旭东、衡量,2020)

3. 扎根理论三大学派的认识论比较

扎根理论三大学派后来发生那么多的争论,尤其是经典扎根理论认为另外两派都背离了扎根理论的原则,实际上是因为认识论不同造成的。

(1)经典扎根理论的认识论是实证主义。实证主义追求研究过程的科学化、客观性和研究结果的普适性。这就是为什么经典扎根理论坚持问题从情境中涌现、不能带有理论预设,其实就是在强调理论的客观性。

这种认识论假设这个世界存在着不以人的意志为转移的客观规律,即认为在人的主观认识之外有一个客观的规律存在,而科学研究就是去探索、去发现这个客观的规律。

格拉泽认为,理论是被发现的,理论会自然涌现,研究者只是发现了这个理论,研究者的主观认知不应加入这个理论发现过程。一旦有主观认知的加入,甚至还强调这个主观认知,在经典扎根理论看来就背离了扎根理论的基本原则。

(2)程序化扎根理论的认识论是诠释主义。诠释主义认为研究者具有主观能动性,所以我们可以对研究现象给出一个有足够想象力的解释,由研究者来诠释这个现象为什么会发生,还可以据此预测这个现象将来会怎么发展,这就是诠释主义的认识论。比较诠释主义和实证主义可以发现,实证主义强调客观,而诠释主义注重主观。

(3)建构主义扎根理论的认识论就是建构主义。建构主义并不否认社会科学有规律,但也不否认我们可以对此进行解释。此外,建构主义更强调社会科学研究得到的理论是一个建构出来的东西,是人把这个理论建构出来的,而不是它本来就是这个样子。因此,建构主义认为社会习俗和规则都是人为建构的。

以上就是扎根理论三大学派最根本的区别。格拉泽强调客观,斯特劳斯强调主观,而卡麦兹试图融合前面两派的分歧,她并不否认客观世界有某种规律,但她也不否认研究者可以有主观或基于我们视角的解释,所以最后得到的理论是研究者建构出来的。

卡麦兹对建构主义认识论的看法是:"在经典扎根理论著作中,格拉泽和斯特劳斯谈到了发现理论,认为理论来自独立于观察者的数据。与他们的立场不同,我认为，数据和理论都不是被发现的。我们是所研究世界及所搜集数据的一部分。通过我们在过去和现在的参与，以及与人们、视角和研究实践的互动，我们建构了自己的扎根理论。"（Charmaz，2006）作为研究者，我们本身就是我们所研究的世界和搜集的数据的一部分，我们无法让自己完全脱离这个我们所研究的世界，即便从自然科学的角度来看也是这样——根据量子力学的世界观，在我们观察世界时，这个世界已经因为我们的观察而呈现出某种变化，我们没办法让我们的观察独立于我们所观察的世界。

卡麦兹还说："我的方法清晰地说明，任何理论形式提供的都是对被研究世界的一种解释性图像，而不是世界实际的面貌。"（Charmaz，2006）这就是说，我们要承认我们所建构的理论都是人为的建构，通过这种建构，使我们对这个世界给出了一个解释，如果我们认为这个解释是符合逻辑的，或者符合我们现在对这个世界的认识，那就暂时接受这个理论。但它是否是世界的真相呢？不一定，我们不能说已经发现了真理。实际上，卡麦兹的观点就是融合了实证主义和诠释主义，她并没有绝对地说现实社会中没有规律，但她认为规律不可能客观，不可能完全不以人的意志为转移，研究者不可能做到绝对客观地开展研究。

4. 扎根理论三大学派的编码程序比较

因为认识论不同，扎根理论三大学派的编码程序也不一样。经典扎根理论的编码程序有两步，第一步是实质性编码（substantive coding），第二步是理论性编码（theoretical coding）。其中，实质性编码又包括了开放性编码（open coding）和选择性编码（selective coding）两个步骤。因此，经典扎根理论的研究程序可以是两步，也可以是三步，经典扎根理论研究程序的流程图如图1-3所示。

程序化扎根理论的研究程序就是所谓的"三级编码"。虽然经典扎根理论也有几级编码的说法，但这和程序化扎根理论讲的完全不是一个意思，很多人都混淆了。程序化扎根理论的三级编码就是要通过三个编码步骤来进行数据处理，即"开放性编码、主轴编码和选择性编码"。开放性编码和选择性编码这两个英文词语和经典扎根理论是一样的，但要注意的是，选择性编码与开放性编码相比却是完全不一样的逻辑和做法。在经典扎根理论研究中，选择性编码是第二步，理论性编码是第三步，而在程序化扎根理论研究中，选择性编码是第三步。这里的选择性编码已经跟经典扎根理论研究中的理论性编码是一个概念了，也就是要进行理论构建了，而中间又加入了一个主轴编码程序。

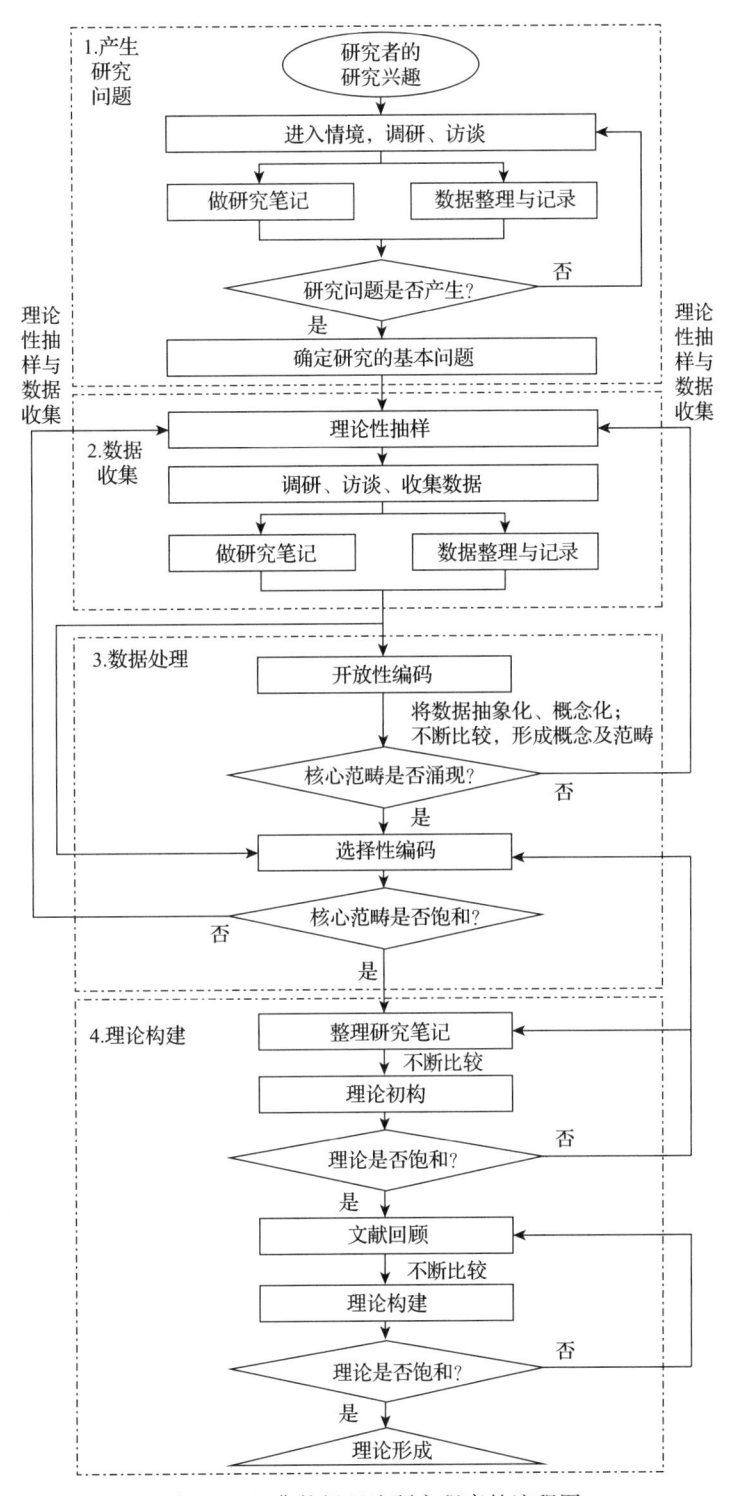

图 1-3　经典扎根理论研究程序的流程图

资料来源：贾旭东，谭新辉. 经典扎根理论及其精神对中国管理研究的现实价值[J]. 管理学报，2010，7(5)：656-665.

程序化扎根理论编码程序流程图如图 1-4 所示。

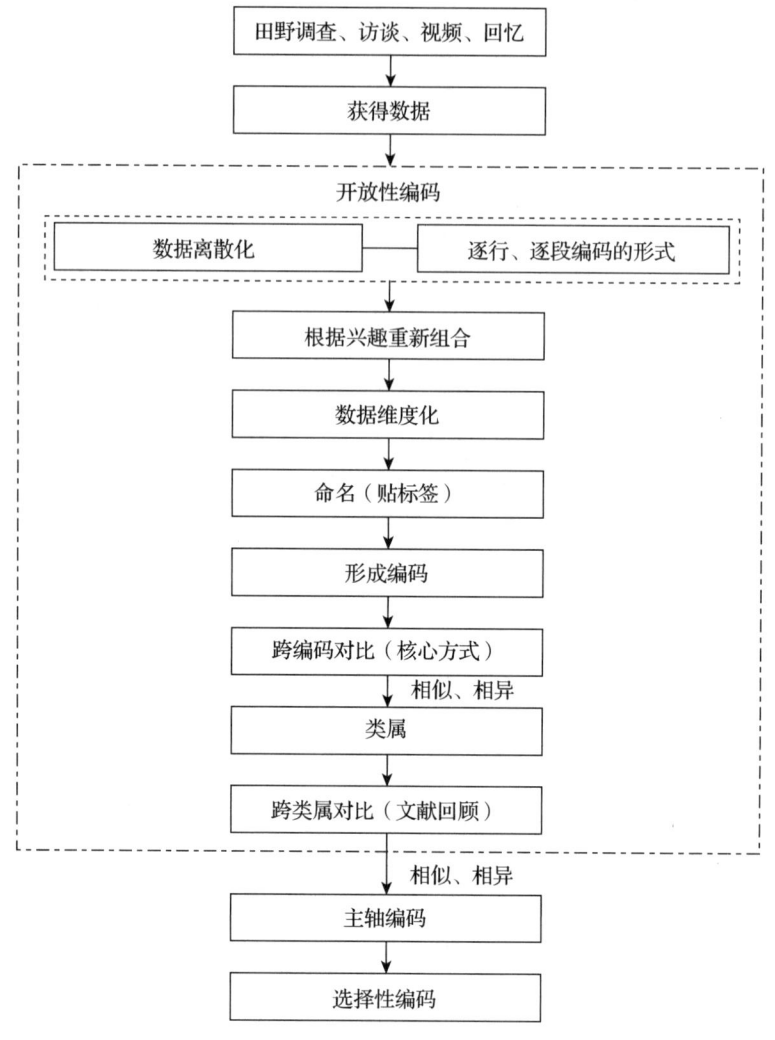

```
田野调查、访谈、视频、回忆
         ↓
       获得数据
─────────────────────────────
         开放性编码
  ┌──────────────────────────┐
  │ 数据离散化 ── 逐行、逐段编码的形式 │
  └──────────────────────────┘
         ↓
     根据兴趣重新组合
         ↓
       数据维度化
         ↓
      命名（贴标签）
         ↓
       形成编码
         ↓
   跨编码对比（核心方式）
       相似、相异
         ↓
         类属
         ↓
   跨类属对比（文献回顾）
─────────────────────────────
       相似、相异
         ↓
        主轴编码
         ↓
       选择性编码
```

图 1-4　程序化扎根理论编码程序流程图

资料来源：贾旭东，衡量. 扎根理论的"丛林"、过往与进路[J]. 科研管理，2020，41（5）：151-163.

如图 1-4 所示，程序化扎根理论研究通过田野调查、访谈、视频、回忆等方式获得数据，然后进行编码。通过数据离散化和逐行、逐段编码的形式进行开放性编码，这里的编码思维和经典扎根理论是类似的。但接下来的"数据维度化"就是程序化扎根理论独有的思维，也就是斯特劳斯新提出来的方法，和经典扎根理论、建构主义扎根理论都不一样。程序化扎根理论的主轴编码与经典扎根理论也完全不一样。

建构主义扎根理论编码程序流程图如图 1-5 所示。它与前面两派既有类似又有不同。比如，它的"初始编码"和"聚焦编码"在前面两派都没有提出来过，但"轴心编码"就类似程序化扎根的"主轴编码",而"理论编码"又是经典扎根理论所讲的。

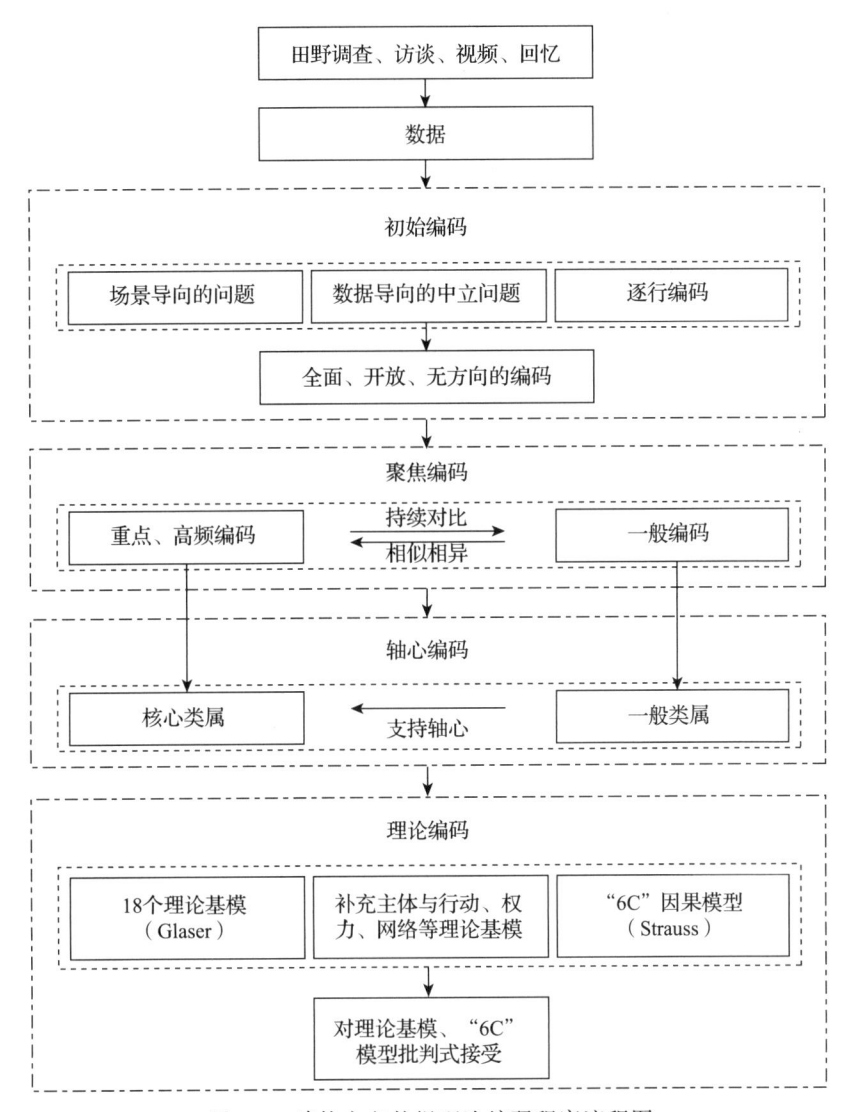

图 1-5 建构主义扎根理论编码程序流程图

资料来源：贾旭东，衡量.扎根理论的"丛林"、过往与进路[J].科研管理，2020，41（5）：151-163.

建构主义扎根的初始编码类似于前面两派的开放性编码，聚焦编码类似于经典扎根理论的选择性编码，而轴心编码类似于程序化扎根理论的主轴编码，理论编码又类似于经典扎根理论的理论编码。很明显，卡麦兹试图融合前面两派，集两派之所长。

需要注意的是，三派的编码程序不一样，不能混用，我们在研究开始前就必须明确要采用的扎根理论学派，并用相应的程序展开研究。

对扎根理论三大学派编码程序的横向比较如图1-6所示。格拉泽的经典扎根理论通过开放性编码、选择性编码和理论性编码三个步骤完成编码过程。在理论性编码阶段，格拉泽提出了18种"理论基模"（coding family）（详见第二章第二节），这是程序化扎根理论没有的，而程序化扎根理论强调6C因果关系模型，重点研究因果关系。选择性编码是程序化扎根理论最后的编码环节，这个程序使得因果关系更加凸显和饱和。通过建构主义扎根理论研究所得到的理论模型，既有可能在格拉泽提出的18种理论基模之内，也有可能符合斯特劳斯的6C因果关系模型。因此，在扎根理论三大学派中，建构主义学派相对更加开放，更能接受不同的理论形式。

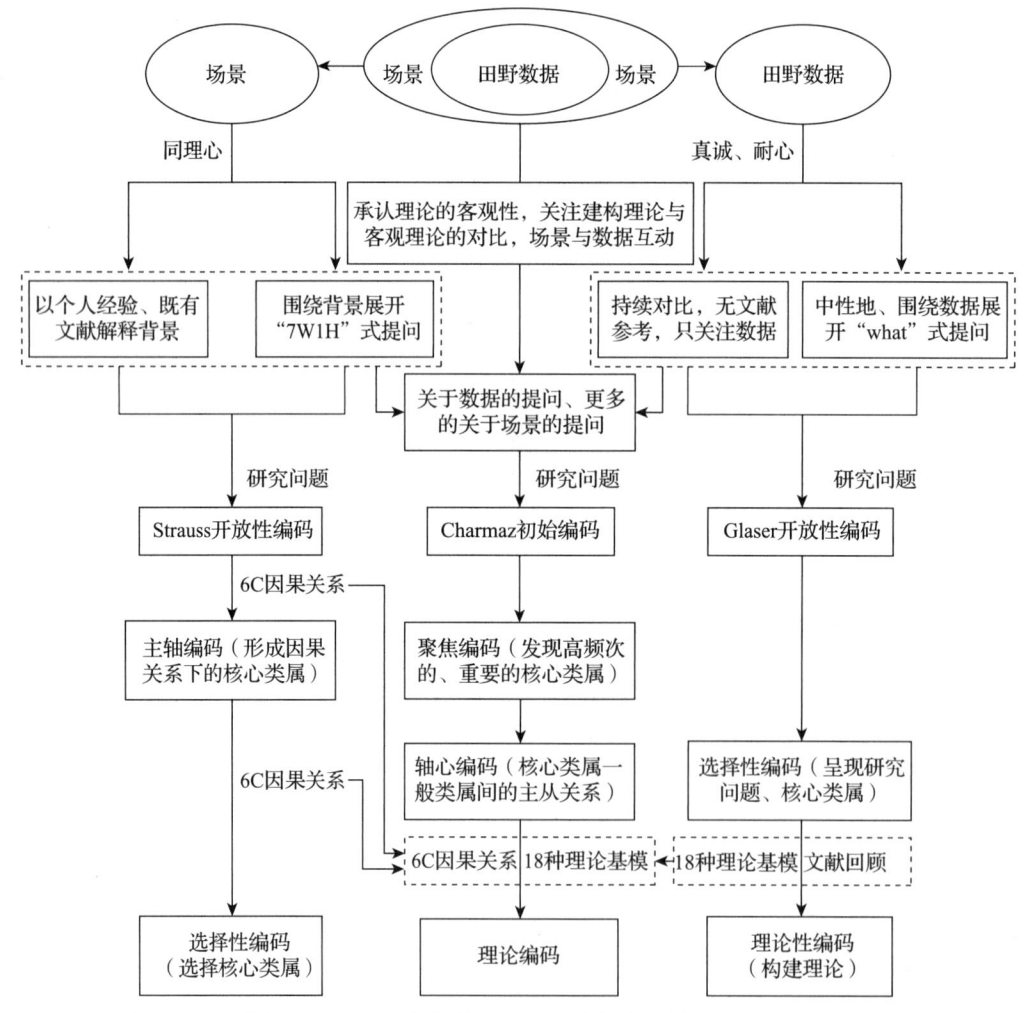

图1-6 经典扎根理论、程序化扎根理论和建构主义扎根理论编码流程比较

资料来源：贾旭东，衡量.扎根理论的"丛林"、过往与进路[J].科研管理，2020，41（5）：151-163.

第二节　扎根理论与扎根范式的数据处理技术：编码

一、编码实例与练习

扎根理论研究的核心技术是编码。编码技术最早是经典扎根理论提出的，这是扎根理论的核心研究方法，后来被案例研究等质性研究方法所采用。比如艾森哈特（Eisenhardt）在1989年发表的一篇论文中提出了她的案例研究方法和流程，引用了经典扎根理论的编码方法和技术。但这个方法也引起了很多混淆，使得许多人误以为只要做了编码就是扎根理论研究，我经常审到这样的论文，这是对编码的错误理解，更是对扎根理论研究的错误理解。

1. 编码练习1：对水果的编码

到底什么叫做编码？怎么进行编码？在讲这个问题之前，我先举一个例子，这是我线下课堂经常会讲的一个例子，理解了我说的这个例子会促进你对扎根理论包括扎根范式操作程序的理解。

图1-7显示了一堆水果。假定在昨天，我给了一位研究生500元，我对他说，这是你的研究经费，你到我们学校周围找个水果店去买水果，多找几个也可以，反正你把这些钱花掉。要求是什么呢？买来各种各样的、不同类型的水果，尽可能在500元的经费范围内，买到最多品种的水果。我们要看看在学校周围的水果店里到底卖着多少种水果，当然我们后面还可以去研究这些水果有什么特点，是不是能够说明我们学校的师生买水果或吃水果的某种规律。

图1-7　水果图片

如图1-7所示，在这堆水果中，有西瓜、香蕉、柚子、橘子、苹果、猕猴桃等水果。给这些水果命名的过程就是在进行编码，这些水果就是数据。

经典扎根理论有一个非常重要的理念："all is data"，即所有的东西都是数据。去水果店买各种水果的过程就是在收集数据，我们给这些水果分别命名，就是在对这些数据进行编码。只不过我们刚才说的这些水果已经被编过码，被命名过了。假如有一个我们从来没发现过的一种新的水果，就要给它命名，这个命名的工作就是编码。

对同样的一个具象的事物，其编码会由于视角或语言等方面的差异而不同。比如，我们过元宵节的时候要吃元宵，北方人叫元宵，而南方人把它称作汤圆。

2. 编码练习2：对火锅的编码

如图1-8所示，工作坊学员们对这个火锅的编码包括：清汤，红油锅，红白火锅，红白鸳鸯锅，黑白分明鸳鸯锅，山药红枣养生锅，鸳鸯锅，冰火两重天，鸳鸯火锅，红与白，八卦锅。

图1-8 火锅图片

资料来源：火锅，视觉中国。

每个人都给出了不同的编码，我们很难说哪个编码是标准答案，哪个编码就是对的。但可以通过比较从这些编码中找出更加准确的表达。图1-8里的火锅叫"太极锅"没问题，但叫"八卦锅"就不准确了，因为完全没有出现八卦图案。通过这样对多个编码的比较，我们可以知道采用哪个编码会更加准确地归纳出数据的特征。

编码就是对数据进行概念化、抽象化的过程，通过这样的工作逐步得到概念和范畴，进而得到理论。经典扎根理论学派认为扎根研究是一个发现过程，而建构主义扎根理论学派则认为这是一个理论建构过程。本书认为，我们固然要发现社会现象背后的规律，但这个规律的表达一定是通过研究者的建构才能实现的。

扎根研究里存在一个"逐行编码"的规则，经典扎根理论尤其强调这个规则。所谓"逐行"，就是页面上显示一行，就对这一行的数据做一个或多个编码。然而，在实际的研究工作中，页面显示的一行有时连一个意思都没有表达清楚，就可能无法进行编码，斯特劳斯和科尔宾认为"除了逐行分析以外，还有逐句或逐段的分析方式"（Strauss and Corbin，1990）。在编码阶段对任何一个词、一句话、一段话、一行数据都可以进行理论化、概念化的抽象，这都是编码，扎根范式也采用了这样的编码方式。

3. 编码练习3：对文本数据的编码

表1-1是观察一位餐厅中层管理人员的工作状态得到的文本数据及其编码。

表1-1 编码表1

序号	数据	学员的编码	原书的编码（有调整）
1	认真地环视四周并记下所发生的事情	巡视记录、全面记录、检视、记录	观察
2	有工作人员问她一些问题，她回答问题	解答问题、及时回答问题、指导、员工指导、回答问题、回答	消息传达
3	她似乎什么都不放过，周围发生的一切尽收眼底	掌握情境、全面关注、详观、观察、工作监督、监督	专注
4	发生了一件事故，她趋前吩咐一些人员	处理事故、亲自处理问题、清零、处理、问题处理、解决问题	消息传达
5	周围工作繁忙，但她并不打扰他人	独立工作、独立完成、旁观、观察记录、工作处理、无形管理	无介入
6	她悄悄地快步走进就餐区	步入、进入工作场景、热情工作、体验、巡视、执行、现场、隐蔽	有效率
7	一群客人进来，她帮助其他工作人员接待	接待、确认时间、接待、支持、协助	提供协助
8	她再次走进厨房看看时间表	看时、交流指导、控制、审时、确认	掌控时间
9	领班走过来与她交谈了几句	交谈、具体工作、反馈、交谈、沟通、控制、控制时间	沟通
10	她回到就餐区，注意服务员与客人如何讲话，如何上菜，客人等待了多久	观察、操作流程、审核、交流、评估、沟通	监测

资料来源：斯特劳斯，科尔宾. 质性研究概论[M]. 徐宗国，译. 台北：巨流图书公司，1997.

这个编码范例来自斯特劳斯和科尔宾的著作，我们可以通过对比学员的编码与原书的编码体会这段数据的核心内涵。

在原书的编码中，有两个编码是一样的——消息传达。注意，这个编码以后就有可能成为核心范畴，核心范畴的首要特点就是会重复出现。

4. 编码练习 4：不同视角的编码

如图 1-9 所示，这种水果我们一般叫它百香果。然而，它的学名叫"鸡蛋果"。为什么把它编码为"鸡蛋果"？因为"鸡蛋果"和"百香果"的编码是从不同维度出发的。"鸡蛋果"是从它的形状来编码的，它的大小像鸡蛋，所以编码叫"鸡蛋果"；而叫它"百香果"则是以味道作为编码的维度。显然，对同一段数据，基于不同的维度就有可能得到不同的编码。

图 1-9 百香果图片

资料来源：BBTree，热带 Fruits_passionfruit，视觉中国。

下面我们再来做个练习，换一个维度对表 1-1 中的文本数据进行编码，如表 1-2 所示。

我们通过观察她的工作行为，进而判断她的性格。现在的研究问题是：在这个岗位上工作的人应该有什么样的性格特点。

表 1-2 编码表 2

序号	数据	学员的编码	本书的编码
1	认真地环视四周并记下所发生的事情	认真、认真、认真、认真、认真	善于观察
2	有工作人员问她一些问题，她回答问题	耐心、干脆、耐心、耐心、耐心	乐于沟通
3	她似乎什么都不放过，周围发生的一切尽收眼底	细致、掌控、细心、严谨、严谨、细致	善于观察
4	发生了一件事故，她趋前吩咐一些人员	应急能力、主动、冷静、仔细、临危不乱、应变力强	处事果断
5	周围工作繁忙，但她并不打扰他人	抗干扰、自制、平静、耐心、安静	善于自处
6	她悄悄地快步走进就餐区	安静、细心、不紧不慢、谨慎、尽责、不打扰、追求效率	动静相宜
7	一群客人进来，她帮助其他工作人员接待	热情、利他、乐于助人、热心、主动、不为意识、乐于助人	乐于助人
8	她再次走进厨房看看时间表	负责、尽责、有时间意识、自律、严谨、时间观念、追求效率	时间观念强
9	领班走过来与她交谈了几句	耐心、宜人、善于沟通、交流、亲和、沟通、沟通	乐于沟通
10	她回到就餐区，注意服务员与客人如何讲话，如何上菜，客人等待了多久	细致、尽责、认真负责、专注、细致、观察力、观察	善于观察

资料来源：斯特劳斯，科尔宾. 质性研究概论［M］. 徐宗国，译. 台北：巨流图书公司，1997.

比较学员的编码和本书的编码就可以发现，编码体现了编码者的语言风格，比如很多学员的编码都是两个字，而本书的编码大多都是四个字。在本书的编码中，三段数据被编码为"善于观察"，有两段数据被编码为"乐于沟通"，这两个编码很有可能会是核心范畴。如果有更多数据，比如这两个概念在几百个编码中反复出现，那我们就可以确认它是核心范畴。我们就可以进行总结，在这个岗位工作的人应该具有善于观察和乐于沟通的性格特征。

大家现在对编码又有一点感觉了吧。所谓编码，就是不管数据是一张图片、是一个场景，还是一段文本数据、一句话，你都要对它进行理论化、概念化的归纳，然后用一个词、短语或短句表达出来。比如，刚才很多学员的编码用的是词语"谨慎、细心"等，而我的编码是"善于观察、乐于沟通"，这些是短语，有形容词有动词，它的意思更丰富。或者用一个更长的短语，比如"时间观念强"也可以，它更加抽象化地表达了数据里的概念，或者概括了数据蕴含的意思。

编码时会有一个研究的维度或视角，即便我们看到了同样的人、同样的事，记录下了同样的数据，但基于不同的视角，就会得到不同的编码。因此，理论是建构出来的，现实世界当然有它的规律，但研究者从不同视角进行研究就可以建构出不同的理论来解释和描述同一个世界。

二、研究实例与逐级编码

我们再来看一个研究实例：高校研究生和导师缺乏交流的原因是什么？该实例的数据和编码如图 1-10 所示。

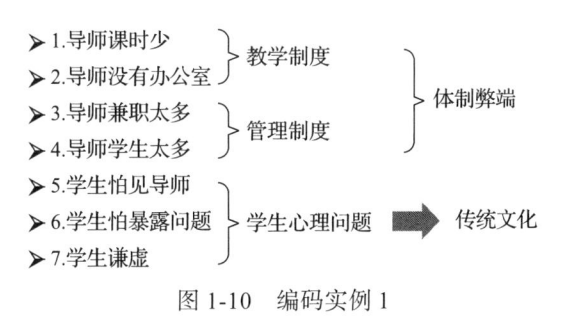

图 1-10 编码实例 1

"导师课时少""导师没有办公室"这两个数据的编码是"教学制度"，"导师兼职太多""导师学生太多"这两个数据的编码是"管理制度"，"学生怕见导师""学生怕暴露问题""学生谦虚"这三个数据的编码是"学生心理问题"。然后，对"教学制度"和"管理制度"这两个二级编码继续进行编码,得到的三级编码是"体制弊端";对"学生心理问题"这个二级编码继续编码,得到的三级编码是"传统文化"。最后,结论为研究生和导师之间缺乏交流的表层原因是体制弊端,深层原因是传统文化。

这是一个从数据、编码到最后得出结论的简单的模拟研究过程。从扎根理论研究的技术和操作上看,这个结论的问题是它违背了编码的一个基本原则,就是"逐级编码"。这个"级"不是程序化扎根理论"三级编码"里的"级",程序化扎根理论的"三级"实际上就是"开放性编码、主轴编码、选择性编码"这三个步骤,而"逐级编码"是编码的抽象层级。在编码过程中,编码的抽象程度要逐步提高,不能从一个小概念直接跳到一个很大的概念,这就不是逐级了。

比如,回到刚才讲的水果的例子,如果我们从这堆水果的数据里直接得出一个概念:食品,就违背了逐级编码的原则。这些水果不是食品吗?当然是,但食品还有更多类型,食品这个概念下面的子概念太多了,而从图1-7的这些数据里,我们最多能得到"水果"这个概念。

但是,从这么一篮子水果里就得到了"水果"这个大概念,仍不是逐级编码,抽象程度还是太高了,中间还是跳级了。比如我们编码为"南方水果""北方水果",然后在这个基础上再编码,提升到"水果"这个范畴,这个范畴就包括了"南方水果""北方水果",也包括"甜水果""酸水果",等等。这个逐步抽象的过程就是逐级编码。

如果在图1-7中还有几颗辣椒,我们把它们称为蔬菜,水果和蔬菜加到一起的概念是"蔬果",再往上编码可能是"副食",其中还不包括米、面等主食。将所有这些东西全部加到一起,最后才能得到最大的、最普适的概念——"食品",就是所有能吃的东西。

因此,我们在扎根研究的编码过程中,不论用哪一派的扎根理论或扎根范式,或在案例研究中进行编码,其共同技术原则都是"逐级编码",这个"级"是编码时抽象的层级。抽象层级的原则就是级差越小越好,层级越多越好,这样才能体现出我们逐步抽象的思维过程。后面的编码总要比前面的抽象程度高一点,这就清楚地展现了我们是怎样从一个个具体的数据,逐步得到最后那个高度抽象的概念的。

图1-10所示的例子就显然违背了这个原则。从"导师课时少""导师没有办公室"这两个数据一下就抽象到"教学制度",显然跳得太厉害了。"学生怕见导师""学生怕暴露问题""学生谦虚",这都是学生的一种心理状态,也不一定就是他的心理问题。

即便是他的心理问题，一下子就跳到传统文化这么大的概念，抽象层级太高了。因此，最后这个结论我们就不认可。

通过这个过程，其实也已经给大家展现了扎根理论研究的一个优势，就是结论可以被追溯。这就是扎根理论研究方法为什么最规范、最科学或是科学性最高，关键就是它可以展示研究过程，让学者们可以更加深入具体地探讨交流，在一定程度上使得研究过程可以被追溯，甚至可以做到重复检验，这就符合了科学哲学中关于科学理论必须能够重复检验的原则。

如图 1-11 所示，这项研究重新收集了数据并重新编码，严格遵循了逐级编码的原则。比如，"导师不在兰州"的原始数据的编码是"导师的位置"，导师和学生"每年见面三四次"的编码是"师生见面的频率"；"只是吃饭的时候见面"的编码是"师生见面的场合"，"导师被调走了"的编码是"导师不在校的原因"，"过年才见导师"的编码是"和导师见面的时机"，"平时用电子邮件联系"的编码是"和导师的联系方式"。

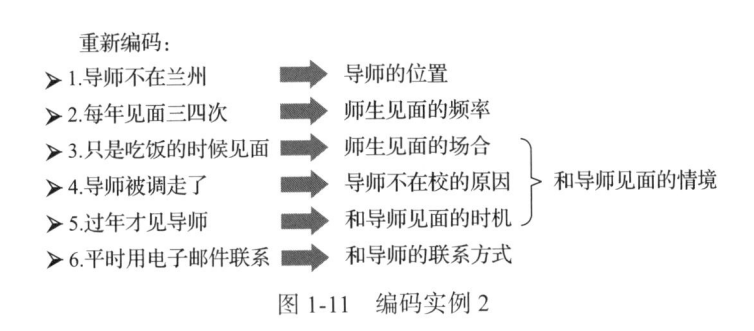

重新编码：
➢ 1.导师不在兰州 ➡ 导师的位置
➢ 2.每年见面三四次 ➡ 师生见面的频率
➢ 3.只是吃饭的时候见面 ➡ 师生见面的场合 ⎫
➢ 4.导师被调走了 ➡ 导师不在校的原因 ⎬ 和导师见面的情境
➢ 5.过年才见导师 ➡ 和导师见面的时机 ⎭
➢ 6.平时用电子邮件联系 ➡ 和导师的联系方式

图 1-11 编码实例 2

后面这些编码的抽象程度显然比前面的数据要高。编码的级数应视具体情况确定，直到得到核心范畴。抽象层级没有绝对标准，只有一个原则就是要逐级。抽象级数越多，意味着我们越能追溯研究中的思维发展过程。

如图 1-12 所示，"导师带好多个研究生"的编码是"师生比低"，"导师不带研究生专业课"的编码是"导师的研究生教学量"，学生"怕见导师、怕暴露问题、谦虚"的编码是"学生见导师的心情"，"导师兼职多"的编码是"导师的社会工作"，"导师缺乏责任心"的编码是"导师的工作态度"。在一级编码中，"导师的研究生教学量"和"导师的社会工作"放到一起进行比较和抽象可以得到二级编码"导师的校内外活动量"，二级编码显著提高了一级编码的抽象程度。

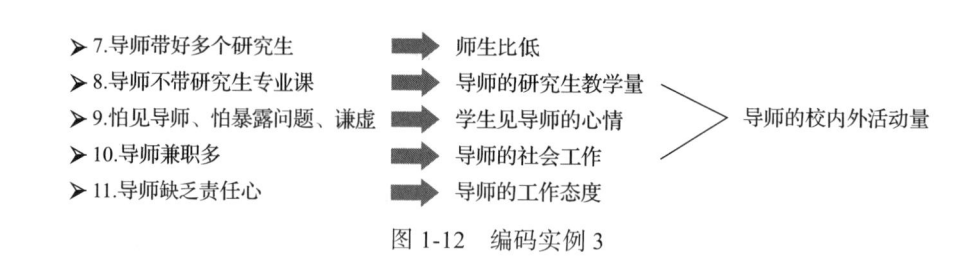

- 7.导师带好多个研究生 ➡ 师生比低
- 8.导师不带研究生专业课 ➡ 导师的研究生教学量
- 9.怕见导师、怕暴露问题、谦虚 ➡ 学生见导师的心情 ⟩ 导师的校内外活动量
- 10.导师兼职多 ➡ 导师的社会工作
- 11.导师缺乏责任心 ➡ 导师的工作态度

图 1-12　编码实例 3

三、编码与文本分析方法的比较

在实践中，很多人会混淆扎根理论研究的编码和文本分析（内容分析）方法，其实二者是有很大不同的。比如，从《政府工作报告》中找出出现频率最高的词，然后对它们进行解读和分析就是文本分析方法，但这不叫编码。

编码是基于研究者的认识论思想和理论敏感性，以及基于某个特定的研究视角和研究问题，而对数据进行的再加工和理论化的提升，与提取关键词这种文本分析或内容分析是完全不同的思维。

此外，编码要尽量避免用数据中的原词。除非数据里已经出现了具有较高理论性的概念，比如访谈对象有很好的理论敏感性，在他的访谈中已经提出了一个非常有理论价值的词，没有更好的词可以表达他提出的这个概念，那就可以用他的原词。但这是特殊情况，大部分情况下我们都需要对这些数据、对他讲的话重新进行抽象化和概念化的提升，所以编码的结果一般和数据的原词不同，当然也就和文本分析的结果不同。

四、集体编码与个人编码

Theoretical Sensitivity 是格拉泽在 1978 年出版的一本书，他在这本书里提出了"理论敏感性"（theoretical sensitivity）的概念，这是一个非常重要的概念。

格拉泽认为："总之，始终要对你自己的数据进行编码，并且，假如有人也在做同样的编码，那他应该作为分析师被雇用并给予支持，在最终的理论中体现他的工作，他应当被当作合作伙伴来对待，得到完全的分析数据的权力。继而，如果对相同的数据得到了不同的编码，可以对其进行分析，以解决差异并建构最适合的编码。"显然，在他的认知中，个人编码和集体编码都是可行的，个人编码并不天然优于集体编码。扎根范式也完全同意这一观点。

对于集体编码，如果对相同的数据编码不一样，可以通过比较和分析解决这个差异，得到最贴切和妥当的编码。比如，前面我们做了一些编码练习，每个人分别对数据做了编码后，发现答案不一样，怎么办？一种办法就是集体编码。我们来进行比较，比如把斯特劳斯的编码和我们的编码做比较，看看哪个更好，这就是一种集体编码的方式。

集体编码的关键挑战是：大家的理论敏感性不一样。理论敏感性就是从现实中进行抽象、进行编码、进行理论概括的能力，每个人的这种能力是不一样的。因此，当具有不同理论敏感性的人在一起进行编码的时候，编出来的码就会差异非常大。

因此，如果研究小组成员之间的理论敏感性差别不大，又基于同样的研究视角进行编码，那么就可以采用集体编码方式，在分别编码后进行相互比较、优化，从而达到集思广益的效果，弥补个人编码中的偏差。如果研究团队成员间理论敏感性差异较大，如导师与研究生组成的团队，集体编码反而可能导致更优的编码被放弃，从而得出平庸的理论，此时采用个人编码就优于集体编码。

第二章 扎根范式的研究程序与方法
CHAPTER 2

第一节 扎根范式的认识论与研究程序

广义的扎根范式是指以在国际社会科学界得到广泛运用的扎根理论为方法论的社会科学研究范式。尽管不同学派间在技术和操作层面有较大差异，但扎根理论事实上已经形成了自己的独特范式，因此，不管用扎根理论的哪一派及其分支来进行社会科学研究，都可以称为广义的扎根范式。

狭义的扎根范式在"中国管理扎根研究范式"（贾旭东、衡量，2016）的基础上发展而来。"中国管理扎根研究范式"是基于"扎根精神"，遵循建构主义扎根理论的认识论思想，以经典扎根理论的研究方法和程序为主框架，以程序化扎根理论的因果关系为辅助，综合了扎根理论三大学派思想和方法的研究范式。"中国管理扎根研究范式"提出时主要面向中国管理学领域的研究，但目前已经被应用于经济学、社会学、心理学、体育学、法学等诸多社会科学研究领域，成为一个通用性的社会科学研究范式（石冠峰 等，2022；刘刊、周宏瑞、侯月婷，2022；张海、陈爱武，2022），本书主要介绍狭义的扎根范式。

扎根范式是在中国情境下开展社会科学研究的有效工具，因为它融合了扎根理论三个主流学派的主要思想和方法，而且在技术方面有一些创新和改进，在操作层面更适于我们在中国情境下进行研究。

一、扎根精神与扎根范式的认识论

扎根范式的定性研究程序是在经典扎根理论的基础上进行扩充、补充和改进之后提出来的,和经典扎根理论完全相容。此外,扎根范式还以程序化扎根理论的因果关系为辅助结构,体现了对程序化扎根理论的结合,引入了认知地图这个全新的工具,其认识论属于建构主义,而且特别强调"扎根精神"。扎根精神是指扎根实践、理论源于实践的学术精神。

1. 霍桑实验的启发

霍桑实验是管理发展史上著名的研究项目。这项研究历时八年(1924—1932年),是一个横向的管理咨询项目。当时,美国芝加哥西部电器公司的霍桑工厂存在工人工作效率很低的问题(涨工资、改善福利都无法提高生产效率)。这家企业就委托一群学者来做管理咨询,请他们研究影响工人工作效率的因素。

霍桑实验是管理学发展史上的一次历史性飞跃,获得了一些重要成果,比如发现人际关系是影响工人效率、影响管理效率的重要因素,由此产生了行为科学学派。主导霍桑实验的梅奥成为管理学发展史上里程碑式的人物、行为科学学派的主要代表。霍桑实验分为四个阶段,前面两个阶段是没有取得任何成果的,它采用的是实证研究逻辑。

实证研究逻辑就是先提出理论假设,然后做实验或收集数据,运用数理统计的方法进行检验。霍桑实验的第一阶段叫照明实验。研究者先提出一个假设,认为工人的工作效率与工作场所的照明相关,灯光太亮或亮度不够会影响工人的工作效率,这就是实证研究中的研究假设。通过调节工作场所的灯光,观察工人工作绩效的变化来检验假设,结果折腾了三年时间一无所获。

研究转入下一阶段,研究者又提出第二个假设,认为工人的工作效率与福利相关,有可能是工资待遇和薪酬福利影响了工人的积极性。怎么检验?要通过加减福利观察工作绩效的变化。这一假设又耗费了两年多时间做实验,还是没有取得进展。万般无奈之时,该企业请来哈佛大学心理学教授梅奥担任项目负责人。梅奥参与项目之后,指导研究走向了正确的方向——对工人进行访谈,尽管当时是无意识的,但这是这项研究取得成功的关键一步。他的逻辑其实很简单:既然问题是工人工作积极性不高,那就直接去问他们其中的原因,这是最直截了当的方法。

刚开始访谈时,研究人员还设计了一些问题,然而工人对他们预先设计好的问题不感兴趣，而是谈论其他事情。这时梅奥又做出了一个非常重要的、历史性的决定：不预设问题和答案（第三阶段）。结果，研究人员通过这样完全开放的访谈发现，工人关心的、导致工人不满意的、影响工作绩效的实际上是这个企业的人际关系，人际关系是影响工人工作绩效的关键因素。

然后，研究转入第四阶段，对第三阶段的发现进行检验。经过检验，人际关系的确是影响工作绩效的关键因素，同时还发现企业里存在非正式组织。

回顾霍桑实验前两个阶段的研究过程就会发现，一开始的实证研究是先入为主的，研究者完全没有搞清楚实际情况，没有经过前期定性的调研和访谈，就先根据既有理论和自己的经验提出假设进行实证研究，这和我们现在做的很多实证研究的逻辑完全一样。研究者没有深入过现场，没有去和所研究社会现象的当事人交流，而是想当然地提出了研究假设。

回顾霍桑实验的第三、第四阶段就会发现，这两个阶段的研究和扎根范式的逻辑完全一致，就是先定性研究，再定量研究；先质性研究，再实证研究；先根据定性研究提出假设再进行检验；先通过访谈发现影响因素，再通过实证方法来检验，如果通过了检验，我们就承认这个理论。这个研究逻辑是我们进行社会科学研究一个非常正常的、应有的逻辑。

因此，霍桑实验之所以能够获得历史性发现，根本原因就是体现了"扎根精神"，也就是理论来源于实践的精神。霍桑实验是1924年开始进行的研究项目，尽管当时并没有提出扎根精神，也没有扎根理论，但它们的研究逻辑是一样的，学术精神是一样的。我们现在回顾它就会得到启发，这是一个社会科学研究的规律，在进行社会科学研究时，如果遵循这样的规律，体现这种扎根精神，我们就有可能获得重要发现，各行各业要做好自己的工作都需要扎根精神（贾旭东，2020）。

2. 扎根范式的认识论

社会科学理论来自研究者的建构，这种建构基于研究者对研究问题的观察思考、与研究对象或参与者的互动及全面系统地收集和分析数据，进而基于其理论敏感性加以归纳、建构和检验，从而对研究现象和问题给出合理的诠释，并对其未来发展进行预测或指导，这就是扎根范式的认识论。

我们之所以要建构理论，是因为我们有好奇心，我们对感兴趣的现象和问题想要得到一个答案。因此，理论建构的首要功能和价值是给出诠释，要能解释我们所研究的现象。

既然理论能够解释现实，我们就希望更进一步——预测未来，也就是对事物的发展趋势和结果进行预测。比如我们研究气象，就是为了掌握气候和天气的规律，让我们知道今天为什么风和日丽，或为什么风雨大作。然后我们就可以用这种规律来预测天气，决定出门是否需要带雨伞。这就解决了我们实际生活中的问题。因此，理论研究的价值和意义，一是进行诠释，二是进行预测，最终使得理论能够指导实践。

综上所述，扎根范式的认识论主要基于建构主义，但同时也包容诠释主义，建构的目的是诠释。

二、扎根范式的用途及运用要点

1. 扎根范式的用途和目的

"这就是最适合使用扎根理论的地方：有一个尚未被解释的有趣现象，自此研究者试图'从数据中去发现理论'"（Glaser and Strauss，1967）。也就是说，扎根范式最适合去研究一个没有被解释过的新现象。当然，格拉泽强调"发现理论"，但我们强调建构理论。

关于扎根理论研究方法的用途，很多学者的看法都是类似的。例如，中国海洋大学的李志刚在管理学界最早发表了采用扎根理论方法的研究论文（李志刚，2007），他认为，扎根理论研究方法"适用于那些现有理论体系不是很完善、很难有效解释实践现象的领域，或者也可以说是存在理论的空白点、出现了一些全新现象的领域"（李志刚，2007）。这段话讲得很清楚，对现有理论体系不是很完善，还很难有效解释实践现象的领域，也就是存在理论空白的问题，现实中出现的新现象、新问题，最适合的研究方法就是扎根范式，既包括广义的扎根范式，也包括狭义的扎根范式。

如果某个社会现象已经有人研究过，但现有理论体系还不够完善，还不能给出充分的解释，或者有研究者认为既有理论还不能给出理想的解释，用什么方法研究它最合适？还是扎根范式。牛美丽认为，"扎根方法的研究重点在于理论的改进和建构"（牛美丽，2008）。也就是说，如果对已有的理论不满意，想要改进它、提升它，最好的方法还是扎根理论研究方法。著名管理学者徐淑英和张志学也认为，"要发现新情景或新现象的规律，有必要开展扎根性的研究，并运用归纳性的方法"（徐淑英、张志学，2004）。

2. 运用扎根范式的要点

运用扎根范式的要点主要体现在六个方面，具体如下。

（1）不断比较。在对原始数据进行编码时，要对数据进行抽象和归纳，得到不同层级的编码。在继续提高抽象程度的过程中就需要比较思维。比如前文水果的例子，一级编码是我们对每个水果的命名，这个叫苹果，那个叫梨……如何提升到二级编码呢？我们把有些水果命名为"南方水果"，有些命名为"北方水果"，这两个概念是怎么来的？肯定是经过了比较：这些水果是生长在南方的，那些水果是生长在北方的，我们比较它们的生长地域发现有所不同，才把它们分别归纳到两个二级编码中。因此，要把这种比较思维贯穿编码过程始终，每一级编码的逐级上升、越来越抽象都是在不断比较中实现的，比较后归纳它们相同的地方，然后进行概念化和理论化。

（2）概念化、理论化、抽象化的归纳。编码的过程就是对数据进行概念化、理论化和抽象化归纳的过程。比如百香果的例子，我们看它的形状，通过比较发现它与鸡蛋大小相仿，所以对它进行抽象化的命名，叫它"鸡蛋果"；或者我们品尝它的味道，发现味道酸酸甜甜的，有一种很独特的口感，所以我们抽象地命名为"百香果"，用"百香"来形容这种复合的香味，这个命名过程就是在进行概念化、理论化和抽象化的归纳。

（3）自然涌现。假如社会现象有其客观的运行规律，这种规律就一定会在各种社会现象或社会过程中发挥作用，这就是规律的自然涌现。在社会科学研究过程中遵循这一原则的表现是：研究者要力戒先入为主地理解研究现象和问题，要带着一个空白的心灵即"空杯心态"进入研究场域，以旁观者的态度和立场去观察和研究现实世界究竟发生了什么，再去探索它为什么发生。

当扎根研究者通过扎根研究发现了这种社会运行的规律时，即规律在研究者的大脑中涌现。但研究者的认知是对其所存在的社会现实的反映，因而必然无法摆脱其个人所在社会的特征，这必然会影响研究者对普适的社会规律的理解和认知。当研究者将其对社会规律的认知以概念、范畴和理论的方式进行归纳、总结和表达时，其认知和语言风格决定了他建构的理论的语言风格和表达方式。当不同的社会科学研究者研究同一社会现象、发现了同一社会运行规律时，他们给出的理论解释及其表达方式完全有可能不同。从这个意义上讲，每一位社会科学研究者所给出的理论形式都是他建构的产物。面对同样的规律，研究者可能、也可以得出不同的理论建构。而检验这种理论建构的标准只能是实践——如果某位研究者建构的理论能够更好地诠释现实、能够更好地被实践者理解和接受，进而能够更好地指导实践者改进其实践，推动人类社会的文明进步，那么这样的理论就是更好或更优的。

（4）一切都是数据。扎根范式的研究数据是多元的，不是只有定量的才叫数据，定性也有数据。一般的扎根研究，对文本数据分析比较多，但实际上数据形式非常多元。当我们看到一个画面或场景时，这就是一个内涵丰富的数据。扎根范式对数据的多元定义和理解为我们进行社会科学研究提供了丰富的数据形式，也为我们进行三角检验、保证研究的严谨性提供了丰富且全面的数据来源。

（5）扎根于经验数据。扎根范式提供了一个规范、系统、可追溯的理论建构程序，其理论建构是从扎根实践情境所获得的经验数据中，经过逐级编码，一步步归纳抽象而来的，从而最大限度地保证了研究的科学性。

（6）数据收集和分析同时进行。访谈的过程就是在进行数据收集，而这时我们可以同步进行数据分析和编码工作。当然，这要求研究者具有较强的理论敏感性，能够非常熟练地编码，也需要一些技巧。此外，如果今天做了访谈后不马上回来进行编码和数据分析，就有可能不知道明天该找谁去做访谈，去哪里收集数据。

三、扎根范式对扎根理论研究方法的技术性改进

在研究方法层面，相比传统的经典扎根理论方法，扎根范式进行了一些改进，集中体现在以下几个方面。

第一，灵活把握文献比较的时机。在扎根范式里，我们从一开始就看文献，到理论建构完成之后，还要再次进行文献比较。

第二，重视访谈。尽管经典扎根理论对访谈也很重视，但没有提高到扎根范式的这个高度和程度，其他学派的扎根理论也都没有特别强调访谈。

第三，访谈中适度使用录音工具。经典扎根理论原则上是反对录音的，而扎根范式则比较灵活。

第四，用计算机软件辅助整理编码。在传统的经典扎根理论研究和其他两个扎根理论学派的研究中都没有体现采用计算机软件来进行辅助研究，但扎根范式引入了计算机软件的辅助工具，使得编码整理的效率大大提高。

第五，灵活运用编码技术。传统的扎根理论研究方法比较强调逐行编码，但扎根范式的编码是逐词、逐句、逐行、逐段编码都可以。

第六，引入认知地图工具。这是经典扎根理论里没有的工具，是扎根范式的改

进和补充。

因此，扎根范式和经典扎根理论相比已经有了很多技术性的调整和变化，尽管编码程序仍沿用了经典扎根理论的程序。

第二节　扎根范式的研究步骤与方法

一、扎根范式的研究步骤

扎根范式的研究分为两个阶段：理论建构和理论检验。在理论建构阶段，通过质性研究方法初步建构理论；在理论检验阶段，通过定量研究方法对建构的理论进行大样本检验，实际上理论检验这部分就是现在常见的实证研究。

在理论建构阶段，基于建构主义认识论，以经典扎根理论的研究方法和程序为主要框架，以程序化扎根理论的思维和引入的认知地图工具为补充，形成了一套完整的研究程序。这个阶段又分为四个步骤：问题涌现、数据收集、数据处理和理论初构。完整的扎根范式研究是一个循环往复的过程，如图2-1所示。

1. 理论建构阶段

第一步，问题涌现。这一阶段是研究问题涌现、被发现、被确认的阶段。这时我们对某个问题产生了兴趣，但我们还不一定能把它准确地表述为一个理论问题，还不能准确地从理论角度界定这个问题。那么，一方面我们要进行文献研究，另一方面要进入到实际的情境中去进行调研和访谈。扎根范式和经典扎根理论在方法上有些地方高度一致，但有些地方有变化：经典扎根理论特别强调在研究开始时不能进行文献回顾，而扎根范式却要求进行文献回顾。

为了确定研究问题，研究者要进行调研和访谈，收集各种数据，包括一手数据和二手数据，进行数据整理，做研究笔记。同时，研究者要做文献回顾，要看看感兴趣的问题有没有被研究过。如果别人已经研究过，而且已有的理论解释已经解决了这个问题，那就可以确定这个问题不必再研究了。如果我们发现文献中没有研究过这个问题，或者虽然研究过这个问题，但给出的理论诠释我们不太满意，或者和我们的调研记录进行比较，现有理论还不太能解释这个现象，这时我们就可以确定产生了研究问题。

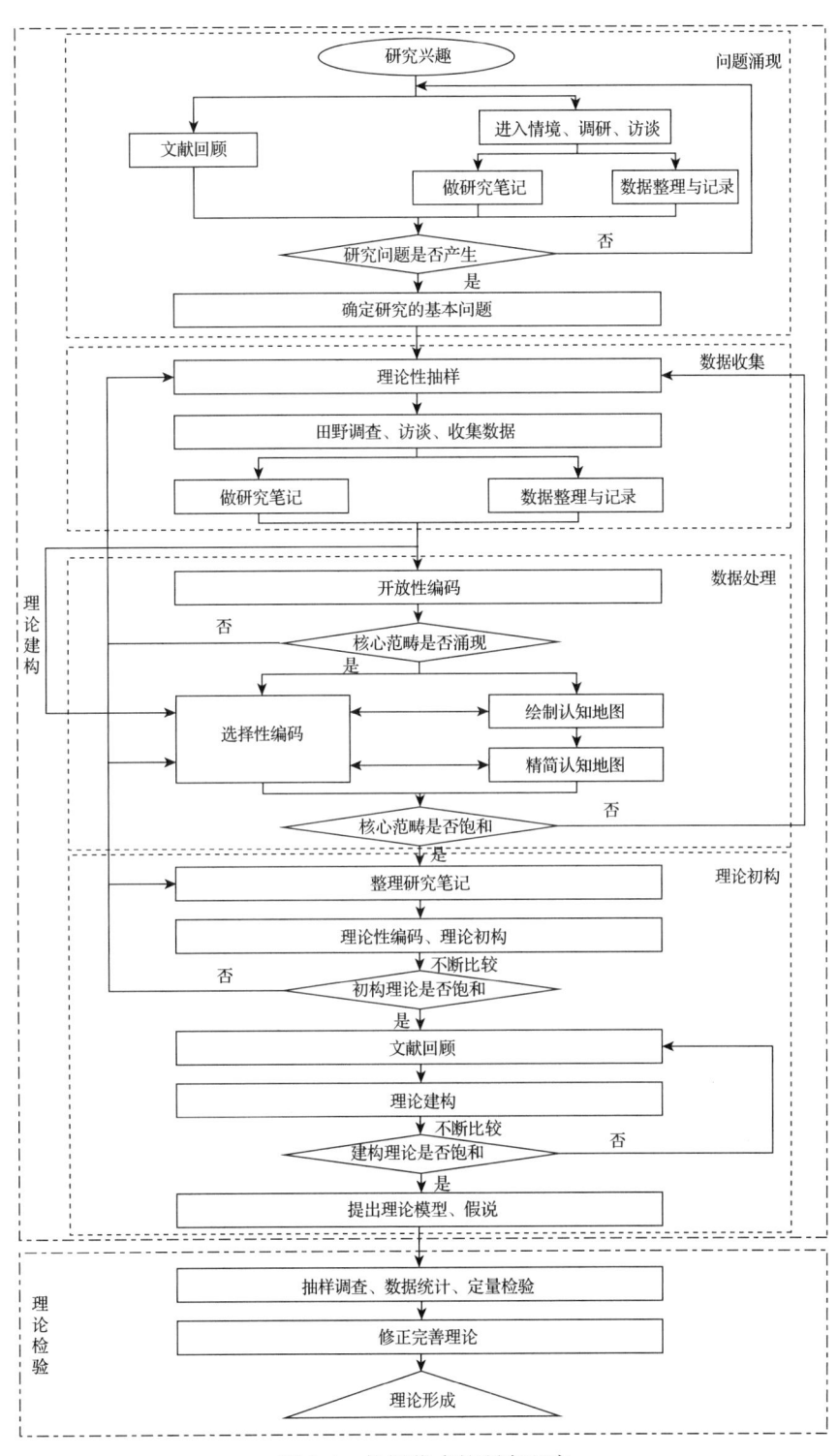

图 2-1 扎根范式的研究程序

资料来源：贾旭东，衡量.基于"扎根精神"的中国本土管理理论构建范式初探[J].管理学报，2016，13（3）：336-346.

上面这个过程是不断循环的，如果研究问题没有产生、没有确定，我们就回去继续查阅文献、继续到现实中去调研。实际上，这也是一个不断比较的过程，是把现实和文献进行比较的过程。这个过程可能需要一轮、两轮甚至多轮循环，最后我们才能确定研究问题，这意味着我们可以准确地用理论语言来描述出这个问题。

第二步，数据收集。在确定研究问题后，需要找到第一个样本作为研究对象。扎根理论研究并不强调选择典型样本，只要这个样本与研究问题相符就可以了。例如，我们准备去一家企业调研，这家企业在不利于行业发展的环境下却取得了优秀的经营绩效，我们很好奇它为什么一枝独秀，这就是我们的研究问题。我们联系了这家企业的总经理，准备明天对他进行访谈。我们现在只知道这位总经理是明天要调研的对象，这时在我们的研究计划里还没有其他人。如果我们在这时已经做好了计划，先访谈总经理，然后访谈营销总监，再访谈生产总监，这就不是理论性抽样了，不符合扎根理论研究的要求，因为已经先入为主了。

第二天，我们与这位总经理进行了访谈，获悉企业现在业绩持续增长、逆势上扬是因为研发工作超前。由此我们就明确了下一步的调研对象是研发总监。

第三天，我们与企业的研发总监进行访谈。访谈中，我们获悉该企业的财务部门为研发部门聘请高端研发人才提供了巨大的财务支持。接下来，第三个调研对象就是财务总监了。

这就是理论性抽样，在研究刚开始时，我们无法制订一个完整的调研计划，我们只能计划第二天访谈总经理，但不知道会在第三天去找研发总监，更不知道接下来还要去调研财务总监，我们需要从调研数据中获得下一步调研的方向和目标。这样一步步地完成所有的调研工作，这就是扎根理论研究所谓的根据理论的发展方向来确定样本和数据收集的方向，这是没法预先计划的。在扎根范式后面的研究中，我们继续随着数据和理论的发展推进研究进程。如果觉得核心范畴或理论还没有饱和，数据还不够充分，还有一些有价值的东西没有挖掘出来，可能会再次对研究对象进行调研。因此，一家企业不一定只去一次，如果在后期的研究中又发现了新的问题，就有必要再去，这是一个循环往复的过程，直到理论饱和。理论性抽样是扎根理论特别强调的抽样方法，后来也被案例研究方法所采用。理论性抽样即数据或样本收集的方向由理论的发展所决定，不做预先计划。

通过理论性抽样的方式找到研究样本，对这些样本进行田野调查，通过访谈、调研等方式收集各种形式的数据，包括一手数据和二手数据，做研究笔记、整理数据和记录。再根据理论研究的方向来决定下一步抽样的方向，逐步完成对所有样本的研究。

第三步，数据处理。数据处理分为两个步骤：开放性编码和选择性编码。开放性编码就是对我们在调研中获得的各种类型的数据进行完全开放的无差别编码。

编码当然不是一级就能完成的，做完一级编码之后，再通过对一级编码的不断比较继续进行抽象和提升，提升到二级编码；对二级编码再不断比较、抽象，提升到三级编码，直到发现核心范畴。

核心范畴出现后，编码工作就进行到了选择性编码阶段。所谓选择性编码，就是有选择地围绕核心范畴进行编码，目的是使得核心范畴逐渐饱和。

例如，我们无差别地买来所有的水果品种，买来后我们给它们分类，这就是开放性编码过程。这些水果就是我们得到的数据，对它们无差别地全部编码、分类和命名就是在做开放性编码。当我们得到了"南方水果""北方水果"这两个更加抽象的概念后，我们发现这两个概念能解释现在所有的数据，那么它们就是核心范畴。但这个时候核心范畴并不饱和，因为我们没有得到更多的数据，其解释力肯定不够。怎么办？我们再到周围的水果店有选择地买水果，昨天买过的就不买了，发现新的品种就买回来，这个过程就类似选择性编码。等我们进入更多的水果店，收集到更多的数据后，确认收集全了"南方水果""北方水果"这两个核心范畴下所有的水果品种，就可以宣布这两个核心范畴饱和。这时，这两个核心范畴所代表的水果品种最丰富、最全面。

当然，最理想的情况是把我们研究范围之内的所有样本全部都研究过，所有的数据都收集回来，那就叫绝对饱和。但在大部分情况下，因为时间、精力和经费的制约，我们很难做到绝对饱和。一般而言，核心范畴的饱和是相对的，很难达到绝对饱和。核心范畴须具有以下几个特点。

首先是核心性和相关性，即它和其他数据有明显的关联。它频繁出现，从一段数据里我们得到了这个概念，从另一段数据里又得到了这个概念，它反复出现后我们就会发现这个概念跟很多数据有关联性，从很多数据中都能抽象出这个概念，因此它就可能是核心范畴。

其次，它有解释力，它能对数据做出很好的解释。比如"南方水果"这个核心范畴，很多水果都可以归并到这个概念里。一说"南方水果"，你就可能想到菠萝、香蕉等，其解释力很强。

第四步，理论初构。这一步要系统地整理整个研究过程积累的笔记，进行理论性编码，也就是进行理论的初步建构。在初步建构了理论后，我们要不断地问自己：初步建构的理论有没有饱和？如果没有饱和，就再回到前面的流程。这时完全有可能回到前面的每一个步骤进行回顾、检查和反思。还要通过和数据的不断比较，来确认这个初步建构的理论是否达到了饱和。在确认理论饱和以后，我们正式提出理论模型和假说，理论建构阶段的工作就完成了。到了这一步，传统的扎根理论研究的工作已经做完了，不论经典扎根理论还是其他学派的扎根理论，最后提出的都是理论模型和假说。

2. 理论检验阶段

在理论检验阶段，应用实证研究方法，通过大样本的抽样调查、数据统计、定理检验对前面定性研究建构的理论进行检验、修正和完善。前面提出的理论或假设有没有得到验证？没有得到验证的就可以放弃。如果得到了验证，这个理论就可以确定下来，形成最终的理论。这就是完整的扎根范式研究步骤。

二、辅助软件与认知地图的应用

1. 软件辅助编码整理

在扎根范式的研究过程中，我们需要运用软件来辅助工作，如果没有软件帮忙，整理编码的工作量会非常大。

如图 2-2 所示，这是 Mindjet MindManager 思维导图软件中文版的初始界面，它提供了不同的思维导图空白模板，我们可以根据需要选用，也可以用它画流程图、概念图等。

做编码整理一般都用第一个空白模板——放射状导图。从扎根理论研究的思维和逻辑来讲，编码一般在左边，随着逐级编码的过程逐渐向右延伸，所以我们其实只用了放射状导图中左向导图的这一半。点击"放射状导图"按钮，软件就会弹出一个放射状导图的空白模板，点击"创建导图"就创建了一张空白的导图。刚开始，这个图是空白的，只会显示"中心主题"的文本框，如图 2-3 所示。

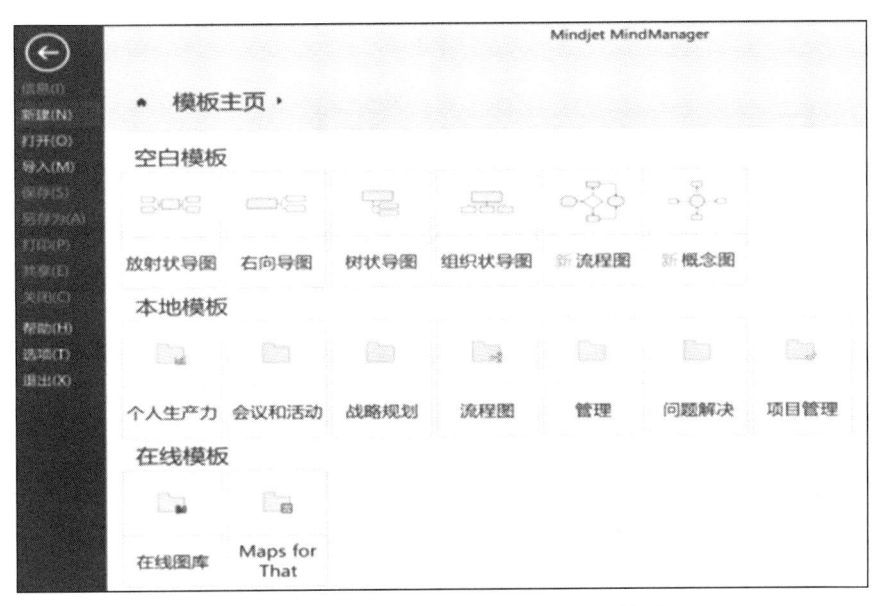

图 2-2　Mindjet MindManager 中文版初始界面

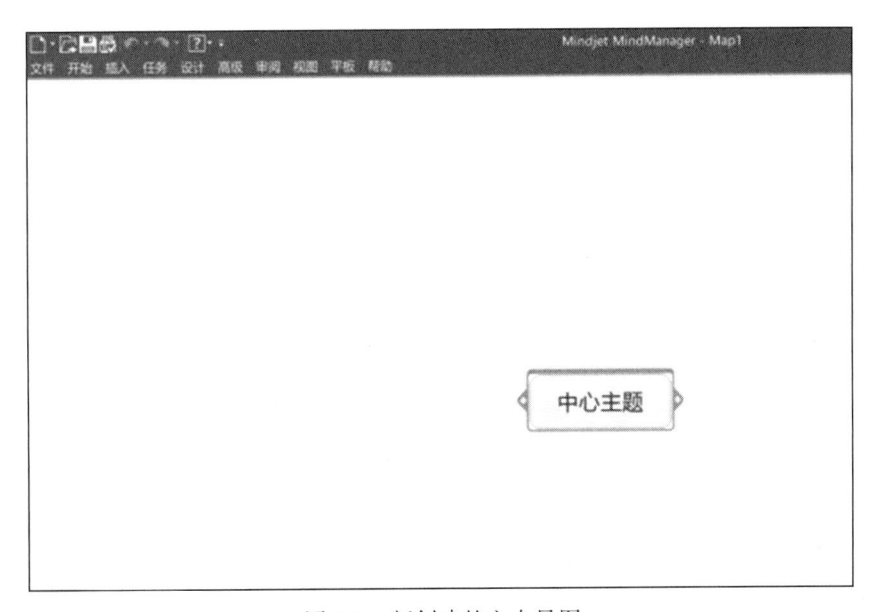

图 2-3　新创建的空白导图

还以研究水果为例。我们去水果店拿到的水果是原始数据，然后我们对这些原始数据进行初步的编码，得到了"苹果、梨子、西瓜、橘子、杧果、香蕉、猕猴桃、金橘"等一级编码，我们先把这些一级编码记录在一个 Word 文档里。然后把这些一级编码都粘贴进 Mindjet MindManager 软件后的导图如图 2-4 所示。

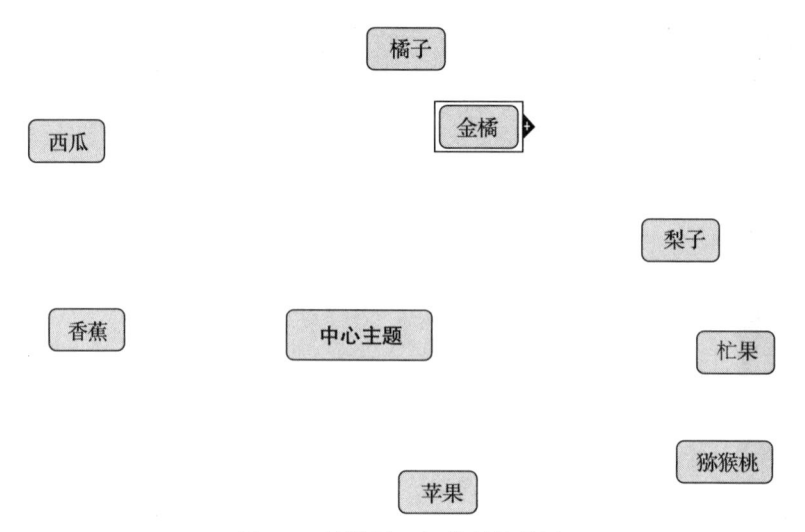

图 2-4　粘贴了一级编码的导图

然后，我们就在导图里进行逐级编码，通过对这些一级编码进行比较，逐步提高其抽象化、理论化水平。比如，我们比较之后发现有些水果属于南方水果，有些属于北方水果，因此我们得到了二级编码："南方水果""北方水果"。我们在导图中任意一个空白位置双击鼠标左键就会出现一个"floating topic"，即一个完全空白的文本框，此时就可以输入新的编码，如图 2-5 所示。

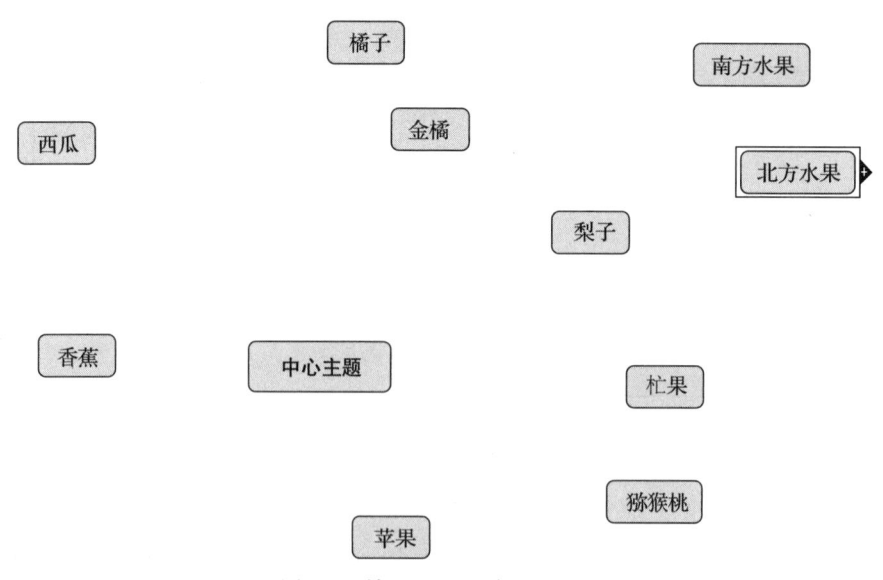

图 2-5　输入了二级编码的导图

接下来，我们把二级编码和一级编码之间的关系建立起来。"南方水果"这个二级编码下面有哪些一级编码？点击对应的文本框拉到"南方水果"文本框的左侧

（"南方水果"这个文本框要先移到"中心主题"这个文本框的左侧），图中就会自动出现从左到右的连接线，松开鼠标，两个文本框就连到一起了。对"北方水果"也是同样操作。

当我们完成了二级编码，把"南方水果""北方水果"两个编码再进行比较，就得到了三级编码——"水果"，这是一个更高级的概念。继续增加新的文本框，输入"水果"，然后把"南方水果""北方水果"和它连起来，如图 2-6 所示。反复进行编码和编码的整理，直到最后核心范畴饱和，就会得到一张完整的编码图。

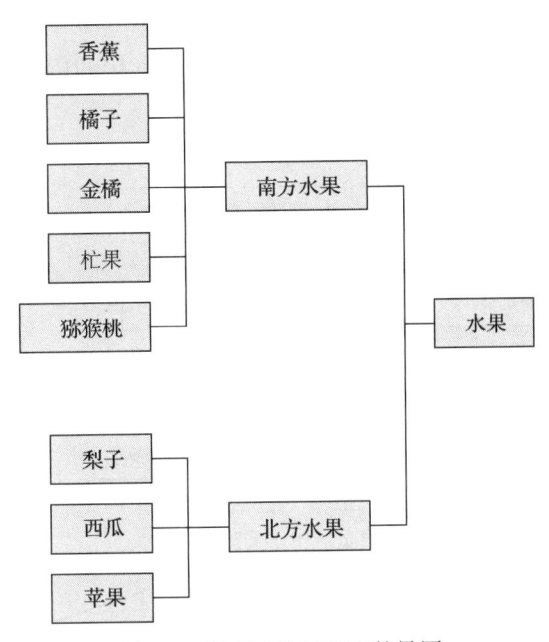

图 2-6　完成了编码整理的导图

这个软件操作起来非常简单方便，可以很快掌握，用它来帮助我们整理编码效率非常高，可以节省大量时间。当然，研究者也可以使用其他思维导图软件。

2. 认知地图绘制

扎根范式以经典扎根理论编码程序为主干，在加入认知地图后体现了程序化扎根理论对因果逻辑的思考。

经典扎根理论和程序化扎根理论除了认识论不同、研究程序不同、编码思路不完全一样，一个很大的区别在于最终的理论形态不同，经典扎根理论最后建构的理论形式是多元的。认知地图可以把程序化扎根理论想要找出来的、表达出来的这种逻辑关系或因果关系形象地、直观地展现出来，这有助于形成最后的理论模型。

下面以本书作者在 2019 年《科研管理》第 7 期上发表的论文《扎根范式下虚拟企业战略演进过程及机理的研究》为例来介绍认知地图的运用（衡量、贾旭东、李飞，2019）。

根据编码绘制的认知地图如图 2-7 所示。认知地图是由文本框和箭头构成的，文本框里的每一句话或每一个词都是在开放性编码过程中得到的编码，箭头表示它们之间的逻辑关系。制作认知地图的工作与选择性编码是同步进行的，并且一直在进行相互比较。作图时，我们要不断思考这些编码之间是否有某种联系或呈现了某种逻辑关系，有些可能是因果关系，有些不一定有直接的因果关系，但可能是相关关系，可以通过认知地图这种形式把这些关系表达出来。

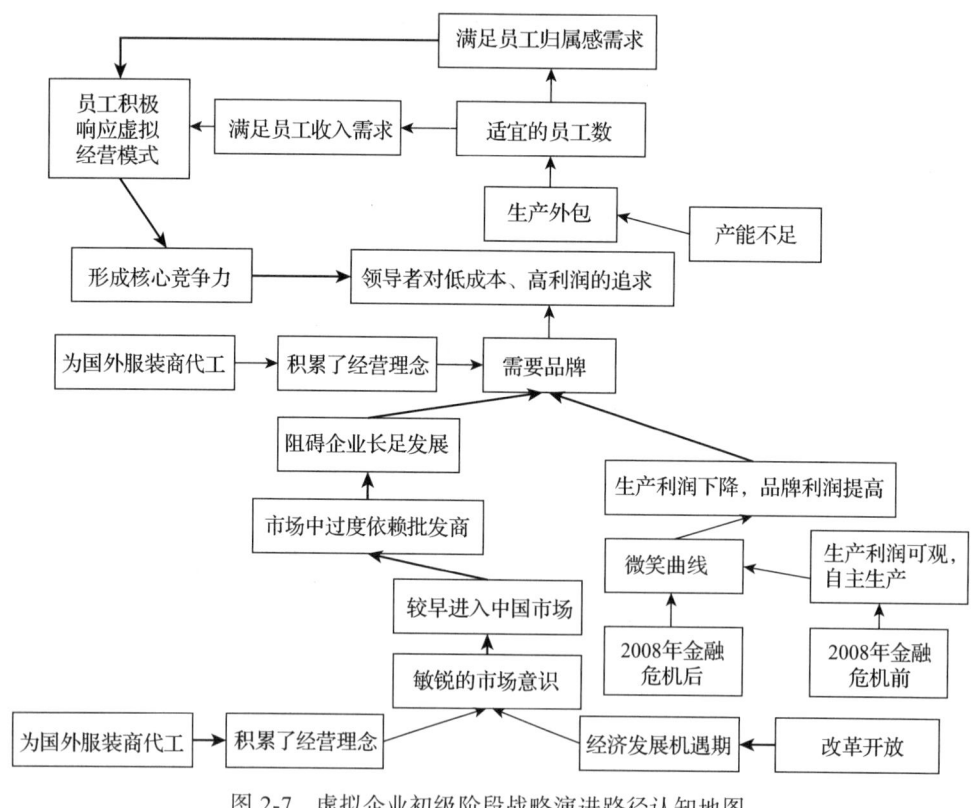

图 2-7　虚拟企业初级阶段战略演进路径认知地图

资料来源：衡量，贾旭东，李飞.扎根范式下虚拟企业战略演进过程及机理的研究［J］.科研管理，2019，40（7）：152-162.

找到编码间的关系并且用尽可能简洁、美观的形式呈现出来，慢慢就形成了一张认知地图。这张图没有固定的形式，只要能够表达出编码之间的关系就可以。

图 2-7 展示了某虚拟企业初级阶段战略演进路径认知地图。

在认知地图中，用加粗的箭头表示关键路径，体现了编码之间比较明显的强逻辑关系。我们可以先画出一张粗略的认知地图，再去寻找和分析里面的核心逻辑，用粗线把它表示出来，这就是关键路径。比如，图 2-7 中的关键路径表达了这样的逻辑：企业有了敏锐的市场意识，所以较早进入了中国市场，在市场经营过程中因过度依赖批发商阻碍了企业的发展，它就需要打造自己的品牌，同时企业领导追求低成本、高利润。在另外一条关键路径中，企业通过生产外包使得员工数量达到了一个比较适宜的水平，同时企业也要满足员工的归属感和收入需求，使得企业的虚拟经营模式得到员工的积极响应进而形成了企业的核心竞争力，满足了企业领导对低成本、高利润的追求。

当完成了选择性编码，使得在开放性编码中发现的核心范畴饱和时，也要同步对认知地图进行精简、完善、有序化，使它更加简洁美观、核心逻辑更加凸显，如图 2-8 所示。

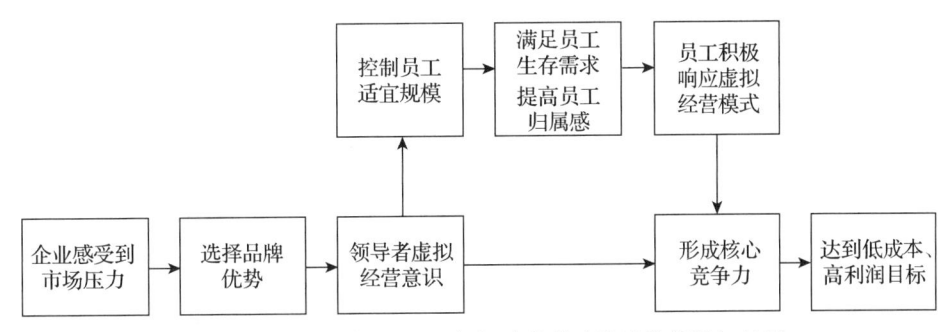

图 2-8　优化后的虚拟企业初级阶段战略演进路径认知地图

资料来源：衡量，贾旭东，李飞.扎根范式下虚拟企业战略演进过程及机理的研究［J］.科研管理，2019，40（7）：152-162.

图 2-8 表达出的逻辑就更加简单、清晰。当感受到市场压力时，有些企业就会通过打造品牌优势来应对压力，这时企业领导者就有了一种虚拟经营的意识，这种意识导致他通过虚拟经营方式形成核心竞争力。同时，他又希望把员工规模控制在合理的范围内，这样才能满足员工的生存需求，提高员工的归属感，也就得到了员工对虚拟经营模式的积极响应，也支持了核心竞争力的形成，最后达到了低成本、高利润的目标。

虚拟企业成熟阶段初步绘制的路径认知地图如图 2-9 所示，精简完善后的路径认知地图如图 2-10 所示。

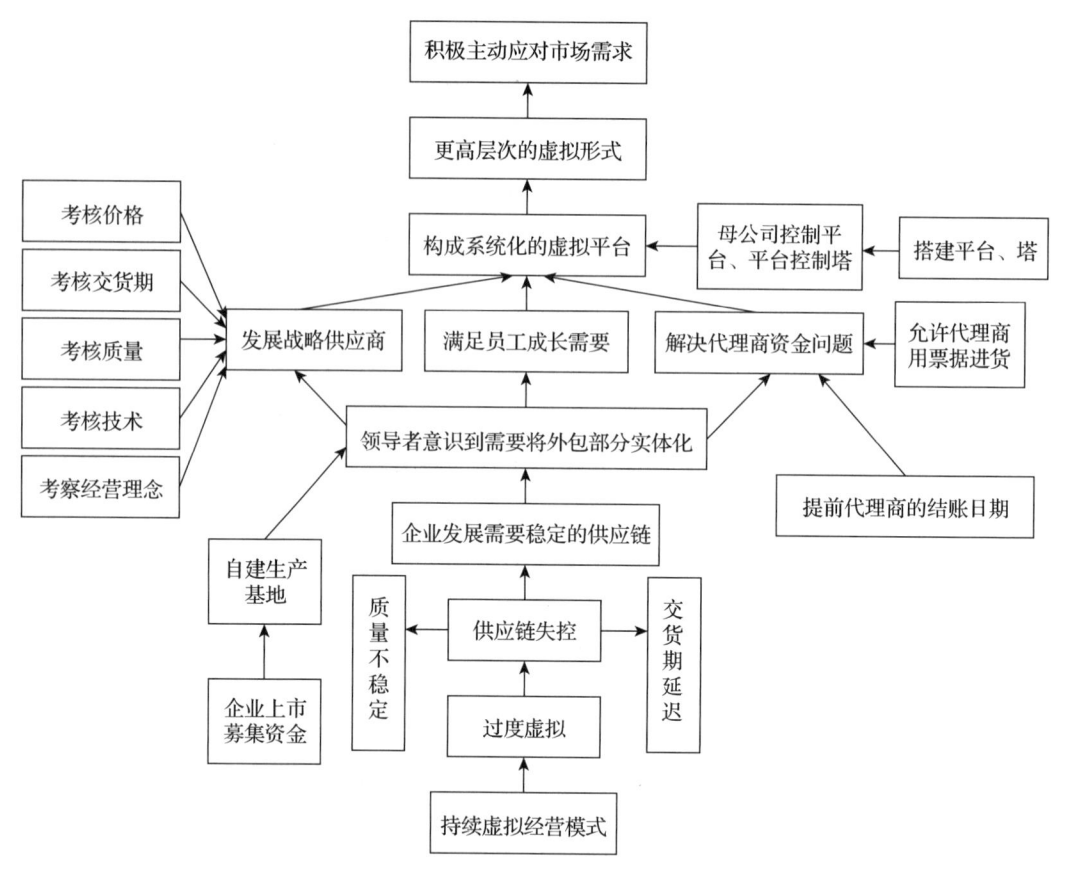

图 2-9　虚拟企业成熟阶段战略演进路径认知地图（初步绘制）

资料来源：衡量，贾旭东，李飞.扎根范式下虚拟企业战略演进过程及机理的研究[J].科研管理，2019，40（7）：152-162.

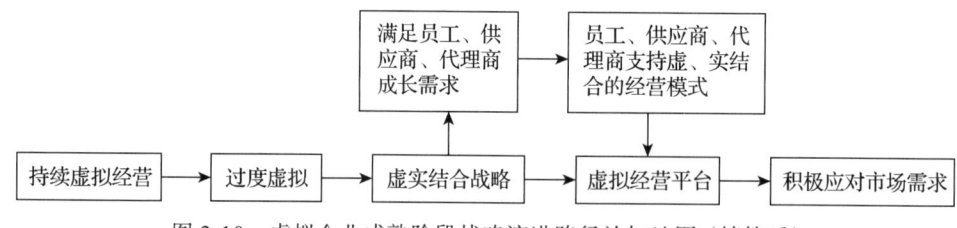

图 2-10　虚拟企业成熟阶段战略演进路径认知地图（精简后）

资料来源：衡量，贾旭东，李飞.扎根范式下虚拟企业战略演进过程及机理的研究[J].科研管理，2019，40（7）：152-162.

接下来，研究进入理论性编码阶段，我们要进行理论建构了。把前面形成的精简后的两个认知地图整合之后，再进一步抽象就得到了图 2-11 的这个模型，我们称之为"虚拟企业战略连续动态演进模型"，表达了虚拟企业从初级阶段到成熟阶段的战略动态演进过程，这个模型就是我们扎根理论研究的初步成果。

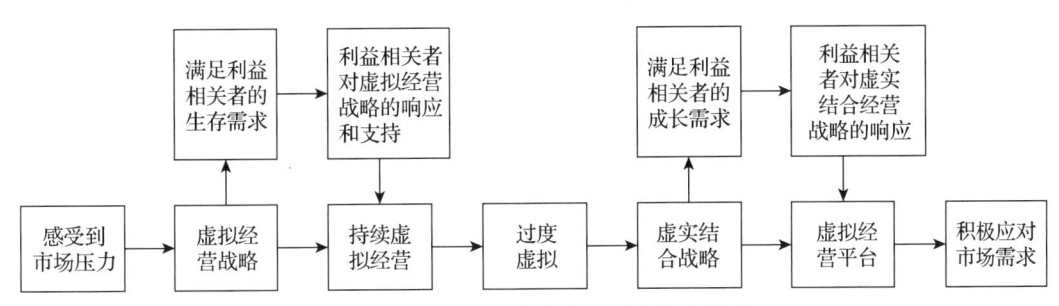

图 2-11　虚拟企业战略连续动态演进模型

资料来源：衡量，贾旭东，李飞.扎根范式下虚拟企业战略演进过程及机理的研究［J］.科研管理，2019，40（7）：152-162.

但研究工作并没有结束，接下来我们还要跟现有文献进行比较，这就是扎根研究后期的文献比较环节，通过这种比较使我们所建构的理论模型具有更好的普适性，能够覆盖已有文献的研究成果，也通过与既有文献的比较对扎根理论研究的成果进行修正、补充和完善。在文献比较中，我们发现有一个"浴缸模型"和我们这个模型的形式非常接近。"浴缸模型"里有从社会层到组织层、个人层的分层，能够更加清晰地表达虚拟企业战略演进的规律，所以我们把前面这个模型再进行抽象，重新组织，最后得到了如图 2-12 所示的"虚拟企业战略演进'W'模型"，这就是最终研究成果。

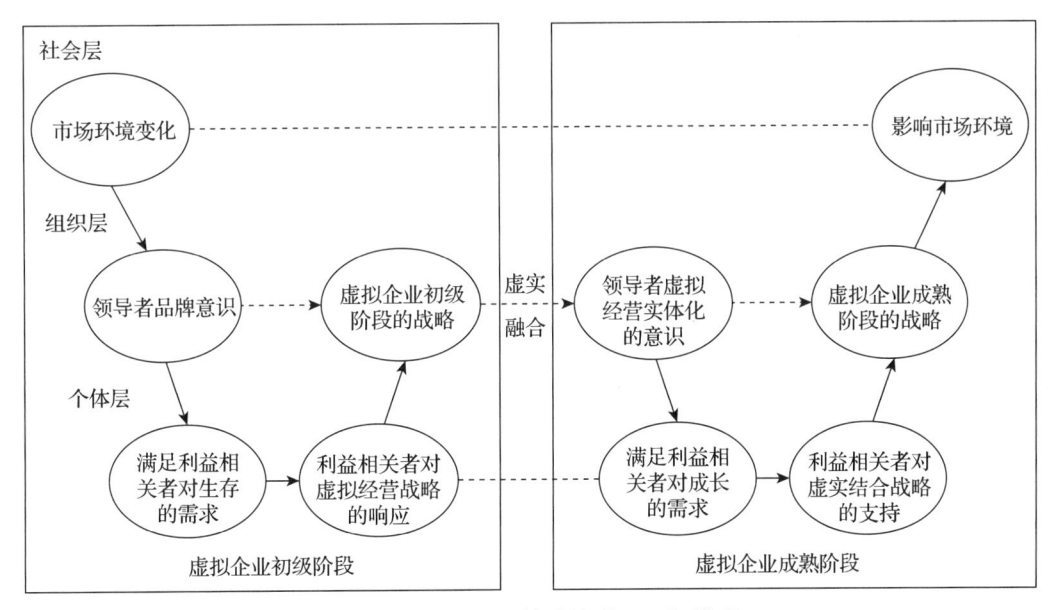

图 2-12　虚拟企业战略演进"W"模型

资料来源：衡量，贾旭东，李飞.扎根范式下虚拟企业战略演进过程及机理的研究［J］.科研管理，2019，40（7）：152-162.

三、获取多元数据与三角检验

三角检验（triangulation）是所有质性研究都要做的工作，包括扎根研究和案例研究。斯特劳斯和科尔宾认为："当我们使用非技术性文献时，就该利用其他资料（例如访谈或观察）作为佐证以确定真伪"（Strauss and Corbin，1990）。著名的案例研究专家艾森哈特也认为："运用多种数据收集方法的道理和假设检验研究一样，基于多种数据收集方法的三角测量使得构念和假设具有更坚实的实证依据"（Eisenhardt，1989）。三角检验的作用和意义是：以多种来源、多种形式的数据进行交叉验证，以确认事件的真实、数据的准确、表达的妥当并丰富和深化研究者对研究问题和研究对象的理解，从而建构更加坚实和普适的理论。

所谓"三角"是一种简单的表达，准确地讲应该是"多角检验"，是运用多角度、多方面、多来源的数据进行交叉对比和检验。而"三角"是"多角"的下限，是最低标准。这样做是为了确认事件的真实性、数据的准确性和表达的妥当性。尤其是当我们研究一些比较敏感的、涉及多方的、有争议的问题时，如果没有经过多角检验，我们甚至无法确认某个事件是否真的发生过、当时的情形是否与受访者所描述一致、相关数据是否准确，如果在这样的基础上展开研究，做出的结论可能就会有偏差，不能反映真实情况，也无法发现真正的规律。

扎根范式研究的数据来源至少要有三种：第一个来源是通过访谈得到的一手数据，第二个来源是研究者的观察，第三个来源是其他各种形式的二手资料，三角检验示意图如图2-13所示。为什么要强调这三方面的数据缺一不可呢？这又涉及认识论问题。

图2-13 三角检验示意图

例如，我们看到楼下有两个人在争吵，我们想知道他们争吵的原因，如何对这个问题开展研究，需要哪些方面的数据呢？

首先，我们观察到了他们争吵的整个过程，我们就会有自己的判断。比如，我们看到是谁先开始吵的，等等。我们把这些记录下来，就得到了来自研究者主观视角的观察数据。但是，我们的观察符合实际情况吗？不一定。每个人都有认识的盲区，任何观察视角都不可能是全面的，所以我们还需要其他数据来验证我们的观察以及做出的结论。

其次，我们要对两个当事人进行访谈，问问这两个当事人：你们俩为啥争吵？这是站在研究对象的角度，去倾听他们的回答。我们通过观察获得了来自旁观者主观的数据，而通过访谈获得了来自当事人主观的数据，从研究者和当事人来讲这些数据都是主观的。但对研究者来讲，当事人提供的数据就是客观的；而对当事人来讲，观察者提供的数据就是客观的。因此，有时"当局者迷旁观者清"，也有时"当局者清旁观者迷"，这两个不同的视角各有利弊，都不能单独反映真相，要通过对两个视角得到的数据进行互相验证，得出的结论才更符合实际。

如果两位当事人的答案和我们的观察是一致的，那就证实了我们的观察。如果不一致，可能这中间就有问题，是我们观察有误？还是他们在说谎？比如，我们看到的是张三先伸手指了李四，但在对张三和李四分别进行的访谈中，他们都说是李四先伸手指了张三。怎么办？这时我们就需要来自第三方的数据来验证。我们调取周边摄像头的录像，看看他俩有没有说谎，看看我们的观察是否准确，是否是因为观察视角的原因看错了。

因此，要确认一件事情发生的真实情形，需要这样的三方数据来做交叉检验，对事件的真实性、数据的准确性、表达的妥当性进行确认，使得我们能够准确地理解这个问题。我们的研究不能建构在一个错误的事实基础上，所以三角验证是一项严谨的研究非常重要的前提。

再举一个例子，两车发生剐蹭后报警。当交警来到事故现场后，一定会先观察两个车剐蹭的情况，这时他其实已经能够根据两车的状态做出基本判断了。比如甲车是直行的，乙车转弯剐蹭到了甲车尾部。但他不会现在就下结论，他还要听听两个当事人的陈述。两个当事人可能正在互相指责，都说是对方的责任，甚至还会吵起来，但交警听完他们的陈述也不会马上就下结论。他还要调取两车的行车记录仪或旁边的摄像头数据进行比对和确认。最后，有了这三方面的数据，交警才会做出结论，确认双方在事故中应负的责任。在这个例子里，交警就很好地运用了三角检验的方法。他既没有完全相信自己根据车身刮痕和两车相对位置做出的主观判断，也没有完全相信和听取两位当事人的主观陈述，而是结合以上两个不同视角的主观认知，与摄像头录像的客观数据进行比对，才做出最后的判断。

访谈是扎根范式的核心研究方法，但不等于扎根范式的研究只需要访谈就够了。访谈收集的一手数据非常重要，但一定要加上二手数据和观察所得的数据，甚至更多方面的数据来进行不断比较、编码分析，我们才能做出高质量的研究。

四、记录研究笔记

扎根理论研究要求研究者在研究过程中做备忘录（研究笔记）。随时记录研究笔记也是扎根范式研究中非常重要的工作，直接关系到我们最终研究成果的获得。

很多灵感都会在访谈过程中和访谈刚刚结束时出现，如果不趁热打铁把它们尽快记录下来，这些灵感就会迅速消失。因此，记录研究笔记是和访谈工作同步进行的。

研究笔记并没有固定格式，唯一的必备要素是记录时间，对于其他内容，研究者完全可以根据自己的所思所想来记录。在研究笔记中，我们会记录下在访谈中或访谈后想到的一些问题，包括对数据的初步编码，也可能是已经在脑海中涌现出的理论雏形，只要是我们想到的东西，在我们大脑中出现的与研究相关的东西都应该被写下来。在扎根理论研究的最后阶段，即准备进行理论建构时，我们再重新整理和回顾笔记，可能会发现理论模型的雏形就在笔记中，这时的理论建构就水到渠成了。

记录研究笔记贯穿了研究全过程，和访谈、编码、数据分析同时进行。作为一位扎根研究者，养成记录研究笔记的习惯能够培养和发挥研究者的创造性、想象力以及抽象思维能力，提高研究者的理论敏感性，也有助于将脑海中自然涌现的研究灵感及时保存下来，很多理论模型都是在做研究笔记的过程中或在研究笔记的积累中逐步成型的，所以我们一定要坚持记录并且养成习惯。

五、理论建构

通过选择性编码使得核心范畴饱和后，扎根范式的研究就进入了理论性编码阶段。

还以买水果的例子来理解。当我们得到"南方水果"和"北方水果"这两个核心范畴后，要进一步分析，这两个范畴之间有什么关系？可以总结出什么规律？比如学校周围的水果店里为什么只卖这两类水果？如果我们从中发现了某种规律，通过理论模型、理论命题或假说的方式表达出来，就初步建构了我们的理论。所谓理论性编码，就是要发掘编码和编码、概念和概念、范畴和范畴间的关系，实际上在我们绘制认知地图时已经在做这个工作了，只是最后在理论性编码阶段把我们发现的关系或规律通过理论模型形象化地展示出来。

1. 理论基模

在经典扎根理论的理论性编码环节，格拉泽提出了一个非常重大的成果，就是18种"理论基模"（coding family），意思就是基础性的理论模型。他提出了如过程（process）、程度（degree）、维度（dimension）、类型（type）等18种理论基模。也就是说，格拉泽认为社会科学理论模型的内容或形态就在这18种理论基模的范围之内。

除了这18种理论基模之外还有没有别的社会科学理论形态？社会现象中的规律不可能只有这18种，所以社会科学的理论形态也一定不止这18种，否则我们就可以宣布人类已经发现了终极真理，发现了社会运动的终极规律，其规律就表现为这18种理论基模。如果你有一些科学哲学的基本常识，就知道这显然不成立，人类还没有发现终极真理。因此，这18种理论基模的作用其实是有限的，仅供大家参考，通过学习这些理论基模当然有助于我们提升对社会科学理论的理解，提高理论敏感性，但对我们扎根研究的作用不大。扎根研究所建构的理论模型如果在这18种之内当然很好，超出这18种也没问题，扎根范式可能建构的理论形态一定是多元的，不一定非得是这18种之一。

2. 理论饱和

当实现理论饱和时，我们就可以宣布理论建构完成了。什么叫理论饱和？当建构的理论已经能够解释现在所得到的所有数据，已经能够解释研究的社会现象时，就可以认为理论饱和。

关于理论饱和，有两个重要的方面。第一，理论饱和是相对的。因为理论的普适性是相对的。如果我们建构的理论是一个绝对普适的理论，那就叫作公理了，公理是绝对饱和的，因为它绝对普适，能够解释所有的事情。但在我们现在所做的社会科学研究中，到目前为止我们都不敢说已经得到了一个绝对普适的理论，得到了公理，所以我们的理论普适性都是相对的，那么理论饱和也就是相对的。

所谓理论饱和，是建构的理论可以解释目前已有的数据，可以解释现在观察到的这些样本、这些现象，但能否解释更多的现象？不一定。比如，研究者观察了一万只乌鸦后建构了一个理论：天下乌鸦一般黑，成立吗？从科学哲学角度来讲不成立，因为这是以偏概全。研究者只观察了一万只乌鸦，而天下乌鸦肯定不止一万只，研究者从对一万只乌鸦的观察中建构的理论不一定能够解释天下所有的乌鸦。因此，研究者只能建立一个"中层理论"：观察到的这一万只乌鸦都是黑的，这么讲肯定没问题。因此，理论饱和与研究范围密切相关，在研究者的时间、精力、资金都有限的情况下，当我们的研究无法覆盖所有研究对象时，我们所建构的理论就总是相对的，它的普适性有限，所以我们建构的理论都是在相对意义上的饱和。

第二，理论饱和与样本数量无关，样本数量与理论普适性相关。理论是否饱和与样本数量没有关系，不是样本数量越多理论就越饱和，即便是一个单案例研究，只要建构的理论把收集的所有数据都解释了，也可以宣布理论饱和。但样本数量和理论普适性相关，样本数量越多，意味着理论能够解释的现象和数据量越大，理论的普适程度越高，这二者密切相关。

3. 评价理论的标准

如何评价一个社会科学理论的好坏和水平高低呢？学术界提出了很多不同的标准。经典扎根理论提出了四项标准：可用性（workability）、相关性（relevance）、适宜性（fit）、可修改性（modifiability）。可用性就是这个理论是有用的。理论的第一个作用是解释，第二个作用是预测。我们通过理论来解释已有的现象，让我们能够理解社会现象，满足我们的好奇心。理论还能够帮助我们预测未来，指导我们的行动，使我们在实践中做得更好。相关性是指理论跟我们研究的社会现象密切相关。适宜性是指理论能够适用于我们研究的社会现象或某个领域。可修改性就是前文所述的理论饱和相对性，意味着扎根理论研究所建构的理论是一个中层理论，是一个在一定程度上具有普适性的理论，但其普适性还没有达到公理的高度，所以我们仍可以对它进行修改，继续提升其普适性，使它能适用于解释更多的社会现象，直到我们最终获得一个公理。

格拉泽和斯特劳斯认为："理论能切合被研究的情景且能运用"（Glaser and Strauss，1967）。我们可以明显地看到，从扎根理论到扎根范式都有着非常鲜明的实用主义导向，体现了理论源于实践、高于实践、指导实践的原则。

好的理论能够真实反映我们的日常生活和社会实践，当研究者很严谨地从各种资料中归纳出理论后，这个理论就应该能很好地解释该研究领域的社会现象和实践，这个理论就有足够的解释力。这种解释力如何体现呢？把理论拿回到现实情境中，让实践者去检验，如果他们觉得增进了他们对我们所研究问题或现象的理解，解答了他们的困惑，能够帮助他们更好地实践，这样的理论才是好理论，才有价值。

4. 理论假说与检验

通过扎根研究或其他质性研究建构的理论本质上都是一种有待进行大样本实证检验的假说。因为扎根研究、案例研究，包括其他一些质性研究都一定建立在有限样本的基础之上。因为只有样本数量有限，我们才能扎得深，才能对少量样本进行深入的挖掘和探究。

因此，扎根范式研究的第二阶段是理论检验，要采用实证研究方法进行大样本统计检验，只有这样才能提高我们理论的普适性。第二阶段的工作由实证研究工作者去设计实证研究方案，进行大样本的实证检验。假定我们能够通过大数据得到研究对象总体的数据，那就不存在抽样检验了，就可以直接用总体的数据来检验前一阶段提出的假说。通过了检验，这个理论就具有普适性。

第三节 扎根范式研究中的访谈方法与技巧

一、访谈是扎根范式的核心研究方法

在扎根理论中，不论经典扎根理论还是其他学派的扎根理论，都没有特别强调访谈。但在扎根范式的方法体系里，我们要把它上升到核心研究方法的高度。因为在社会科学研究中，研究者和被研究者之间的互动是获得研究结论最直截了当、最高效的方法和必须经过的路径。

研究者与被研究者的互动是在社会科学研究中发现事实真相的关键，是得到研究成果的关键，是做出理论贡献的关键。这就是为什么访谈是扎根范式的核心研究方法，其实访谈也应该是社会科学研究的核心研究方法。

访谈是研究者和被研究者之间的交流，其本质是人与人之间的互动。通过访谈，我们要从被研究者那里得到一手数据，如果得到了高质量的数据，就为理论建构奠定了坚实的基础，否则，理论建构就是无源之水、无本之木。研究者如果不能跟被研究者进行有效的访谈和互动，就很难得到高质量，甚至真实的数据，那就很难实现有价值的理论发现和理论贡献。可以说，访谈的水平和质量决定了扎根范式研究的水平和质量。

二、扎根范式研究的访谈方式与走向

扎根范式研究中的访谈一般采用开放式或半开放式，至少是半开放式，一定不能是封闭式访谈。所谓封闭式访谈就是预设了答案，比如给受访者提出的问题预设了两个答案：是或否。比如你问一位路人，这段时间你是否感觉幸福？他说：是。访谈就结束了。所谓半开放式访谈，是提前设置了一些问题，但这些问题没有预设的答案或选项，是围绕着一些核心问题而展开的开放式交流，答案都是开放的。比如，问企业经营者，在经济不景气时，你在企业经营方面做了哪些调整？你对未来的经济形势怎么看？你的企业准备如何应对经济结构的变化和新的挑战？这些问题都围绕着企业如何应对经济环境的变化，是有方向的，所以它不是完全开放的，但又没有设置封闭的答案。开放式访谈是完全放开的，不设置任何主题，获取的信息面广。

在实际操作中，大部分时候做扎根研究还是采用半开放式访谈，因为研究者和受访者的时间精力有限。在扎根研究的访谈过程中，访谈的走向是随机展开的，没有预设的方向。访谈开始时会提出一个研究者感兴趣的问题或现象，访谈就围绕这个问题或现象展开，但在访谈中随时有可能会谈到其他一些问题，这些问题完全有可能是研究者没有事先想到的。例如，在霍桑实验后期的访谈中，员工谈到了组织内部的人际关系问题，这就是研究者事先没有想到的。而这些研究者没有事先想到的事件或问题恰恰最有可能导向重要发现，所以研究者一定要对此保持开放并高度敏感，应当自然地与受访者就此展开交流，鼓励受访者讲出更多事实和现象，陈述他的观点。因此，在扎根范式研究的访谈中，虽然有一开始设定的谈话问题，但不能预先规定只能谈什么问题，什么问题坚决不谈，谈话的内容和主题要完全根据访谈的进展而动态调整，保持访谈走向的开放性。

三、访谈前的准备

1. 确定访谈对象

在开始访谈之前，研究者要先做一些准备工作。首先，我们要确定访谈对象，就是根据我们的研究兴趣和问题确定第一个访谈对象。选择访谈对象要有一个标准，这个标准当然还是跟我们的研究问题相关。比如，我们的研究问题是一家企业为什么在经济下滑的情况下逆势增长，那么选择访谈对象的标准就是了解企业这方面情况的人。如果我们去问一位在这家企业工作的清洁工，他可能就不了解相关情况。

2. 了解访谈对象

首先，我们要了解访谈对象所在的单位，我们要知道这家单位大致的情况。这个功课做得越扎实，越有利于我们进入这家单位进行访谈后能够拿到有价值的数据，也越有利于我们与受访者的沟通。如果我们不了解这家单位的情况，就需要花费宝贵的访谈时间了解基本情况，很多问题都谈不深；如果我们已经对企业发展史非常熟悉，知道企业在哪一年创立、创业中遇到过哪些困难、有哪些重要事件，等等，当受访者发现我们对其企业历史非常熟悉时，他能感受到我们是在用心地研究其企业，他会对我们肃然起敬，共同语言就多了，我们就能获得高质量的数据。

其次，了解受访者。了解的信息越多，我们与受访者访谈时的话题就越多、共同语言就越多，就越容易建立信任、切入主题。当我们发现和访谈对象有一些共同的兴趣爱好，比如都喜欢练太极，这时就增加了共同语言，很容易通过对这些共同的兴趣爱好的讨论切入到访谈主题，也很容易得到对方的信任，拉近双方的心理距离，化解访谈一开始的生疏和尴尬，使访谈非常顺利和愉快，这样的访谈必然能够得到高质量的数据。

在我们收集到这些信息之后，要消化这些信息，对一些重要的时间节点、重要事件、重要人物心里有数，要做到不用看资料就可以跟受访者聊起来，这就是前期功课要达到的标准。

3. 准备访谈材料与工具

（1）访谈提纲。在现实的科研工作中，因为时间精力所限，我们很难进行开放式访谈，即便我们有时间，访谈对象也没有足够的时间来跟我们进行完全开放的聊天。所以一般情况下我们都要准备一个提纲，列出访谈关注的重要问题。

有时，访谈对象会主动要求我们提供访谈提纲。这样的做法一般有以下原因：第一，他想知道访谈的主题和内容，需要事先准备资料，好让我们的访谈达到理想的效果，得到满意的数据。但在这种情况下，访谈对象也就有可能对那些比较敏感的问题预先准备好了答案，而这种答案未必是真相，这可能会使访谈得到劣质的数据，甚至误导下一步研究的方向和最终的结论，研究者要充分考虑到这一可能性。第二，访谈对象所在组织有相关制度或规定，要求任何组织成员在接受外部机构或个人的调研或访谈前，必须事先提供访谈提纲和调研说明，以确保不会泄露组织机密。作为研究者和数据收集者，我们要积极配合受访者并确保不会泄密。

（2）名片。对于首次见面的受访者，在对方对我们的身份不了解，没有建立起基本的信任之前，加微信好友显然过于唐突，所以名片仍是在这种场景下让对方了解我们的最佳工具。名片介绍了我们的身份，也留下了我们的联系方式。同时这也是访谈开始时的一个礼节，有助于化解受访者面对一个陌生人时的那种不安感。

（3）介绍信。介绍信是由研究者所在的单位开出的，可以证明研究者的身份。仅靠名片不足以让访谈对象对我们产生足够的信任，所以我们的身份需要更有公信力的文件来背书，这个文件就是介绍信。

（4）保密协议。保密协议是我们要提供给受访者的一个郑重的书面承诺，承诺我们的访谈数据只用于科学研究，绝不泄露给第三方、绝不应用于商业用途，在将来发表论文或出版专著的时候，绝不出现受访者的名字，绝不出现任何可以让他人联想到受访者的信息。这个书面的保密协议是让受访者愿意接受访谈，并且愿意说真话的关键。如果没有这份保密协议，受访者跟我们谈的时候心里可能就不踏实、不放心。如果有这些顾虑，受访者也会说假话，这个访谈就没有什么意义了。

（5）受访者信息表。这是访谈前就设计和打印好的一个表格，记录了受访者的主要个人信息，在访谈结束时请受访者填写，以纳入数据库并便于以后更多的访谈。信息表中需要填写的是受访者的基本信息，不要太多，否则需要太长的填写时间，可能让受访者不耐烦。主要信息就是姓名、性别、单位、职位和联系方式，联系方式主要是电子邮箱和电话。如果访谈结束后，在数据分析过程中发现数据有缺失，或者录音中有些话听不清楚，可能需要再向受访者求证，那就可以直接打电话给他。收集电子邮箱的目的是把录音文件发给他。所以这两项信息是最重要的，要确保准确无误。

（6）录音设备、笔记本和笔。不论是否录音，都要准备笔记本和笔。访谈如果是由一位访谈者单独完成，那么访谈过程中最好只用笔在笔记本上进行记录，不要带笔记本电脑。在计算机上输入时，会让访谈者经常间断与受访者的交谈，虽然这样的间断时间可能很短，但只要我们在计算机上输入就必然有间断，一定会对访谈的连续性产生微妙的影响。两个人谈话时，双方精神的投入最重要。如果谈话时总在低头记笔记或时不时地在计算机上敲字，那么访谈的效果一定不会太好。录音是最优选，但如果录不了音，只能用笔在笔记本上做记录，那么我们就要练一种功夫——一边眼睛看着受访者，一边和他互动，还能一边做笔记，把谈话中的关键词和当时自己的编码记下来。不要在意笔记有多么潦草，只要访谈后整理笔记时自己看得明白就行。这样才能尽量减少做笔记对访谈过程的影响。

如果访谈者由两位及以上人员构成，那么主谈者还是用笔记本记录，而辅谈者完全可以用笔记本电脑进行记录（此时主谈者只需要在笔记本上记下重要信息，由辅谈者负责主要记录工作）。

这些工作细节准备得越充分，访谈就越有效，成果就可能越丰硕。

（7）着装。访谈时访谈者要穿着得体和适宜，这要根据访谈的情境和对象来决定。比如，我们要对某位著名企业家、某集团公司总经理进行访谈，而且他会在公司会议室正式地和我们见面，那我们就要穿正装去谈，这样显得正式，是尊重对方的表现，穿休闲服去就不太严肃。但假如还是访谈企业家，而这位企业家平时的穿着一直很休闲，比如互联网公司的企业家往往在很正式的场合都穿T恤等休闲服，平时根本不穿西装。那我们也可以穿得休闲一点，和他的穿着习惯比较协调，谈起来也就比较容易进入状态。再比如，如果某位企业家喜欢国学，平时总穿着唐装，那我们也不妨穿一身唐装去访谈，可能很快就能切入主题。

如果要对企业员工进行访谈，比如访谈生产一线的基层员工，可能就会在他车间旁边的办公室里谈，这时我们的着装反而不能太正式。或者，我们在受访者工作场所之外的非正式场所访谈，比如咖啡厅和茶屋，如果我们穿得太正式也和环境不协调，这都可能导致受访者紧张，这种情况下我们都要穿得休闲一点。因此，访谈时的着装没有具体规定，要根据访谈的对象、访谈的情境、访谈的内容来决定。

以上的准备都服务于一个目标——让受访者轻松、愉快，对访谈者产生信任，愿意说真话，愿意谈出真东西，让我们获得高质量的数据。

四、访谈过程与技巧

1. 开场

开场要为后面进入正式的访谈打下基础、做好准备。开场阶段的主要内容有：访谈者和受访者的互相介绍，对访谈缘起和需求的介绍，对访谈过程和环节的沟通，适当的寒暄。

第一，访谈者要向受访者介绍自己的身份。这时往往会有第三方在场，就是介绍我们来访谈的介绍人。有些时候，介绍人也是访谈对象之一，那就可能变成一个小型座谈会。

第二，向受访者出示介绍信。看过原件之后，留给受访者一份复印件，他就可以留底备查了。单位盖章的正式介绍信能确保我们身份的真实性，这时受访者对我们的身份就比较确定了。

第三，我们要向受访者出示并讲解保密协议。保密协议是事先复印好的，要提供给每位访谈者。

如果项目负责人没有参加此次访谈，而是项目组的其他成员去做访谈，那么项目负责人就要事先在保密协议上签字，项目组的访谈者拿着有项目负责人签字的这份保密协议在访谈现场签字，签字后再交给受访者。我们要向受访者特别强调，这份协议是留给他的，如果他发现我们把访谈数据用于不当用途，就可以拿着这份协议走仲裁甚至法律程序。

为什么要做这些动作？都是为了让受访者对我们建立充分的信任，有了信任他才愿意跟我们谈，才会说真话，我们才能得到有价值的数据。只要受访者对我们的身份、意图、访谈数据的使用、访谈可能产生的后果有一丝怀疑和不安，他就很难敞开心扉说真话，那么我们的访谈可以说从一开始就失败了。因此，从递名片到出示介绍信再到提供保密协议这三个动作连续推进，都是为了解决访谈中最难解决的信任问题。

在这个阶段，受访者会有一个心理调适过程。经过前面这几步互动，受访者知道了我们的身份，又有两个白纸黑字的文本留在手里，受访者心里一般就会踏实一些，应该已经对我们产生了足够的信任，这就为下面要开始的访谈打下了很好的基础。此时访谈者要观察对方的状态，是否已经足够放松，据此判断是否可以切入话题，开始访谈。

如果已经解决了信任问题，我们就要向受访者介绍此次访谈的意图和主要问题，就是我们为什么要做这次访谈，我们对什么问题感兴趣、想要了解哪些情况、想要谈点什么。但这还不够，不要一上来就开始问问题，太生硬，我们还要跟对方寒暄一下。寒暄会把受访者慢慢引入谈话的场景，让他开始愿意跟我们聊，放松下来，有了聊天的状态，这时我们再引回到主题，就很自然地进入了正式的访谈。因此，适度寒暄非常重要，并非可有可无，也不是浪费时间。在受访者状态好的时候，往往会聊出我们事先完全无法想到的东西，甚至也是受访者自己事先没有想到的。

最让访谈者头疼的是碰到那种城府很深的人。我们已经把前面的所有动作都做到了，也跟他寒暄了一会儿，但这种人始终都是一种很冷淡的态度，或者表现地很官方，客客气气，但出言谨慎甚至字斟句酌，那怎么办？只有先切入主题，在谈的中间再找机会。人总有兴奋点，总有自己喜欢或关心的东西，我们如果在谈话中找到他的兴奋点或感兴趣的话题，哪怕和我们的访谈主题关系不大，但他很喜欢，那就围绕这个话题谈，等他进入放松的谈话状态后再拉回到主题上。否则他始终处于高度警惕的状态，就很难得到好的成果，甚至数据的真实性都要打个问号。

2. 切入

寒暄要适度，毕竟这只是"开胃菜"而不是"正餐"，是为正式访谈进行的"热身"，当我们发现受访者已经进入了轻松愉快的谈话状态时就可以切入主题。作为访谈者，我们要始终把握好访谈的主题，不要跑题。不论是完全没有预设的开放式访谈，还是围绕一个比较宽泛的主题半开放地谈，我们的头脑都要始终保持高度的警觉和清醒，谈话的主题和方向是我们始终要把握住的。寒暄到什么时候开始引回主题，也是我们要在访谈现场灵活掌握的。

有些受访者属于"慢热型"，我们需要在谈话中慢慢切入主题。如果寒暄得还不够，对方的话匣子还没有打开，那就再多聊一会儿。

有些受访者属于"开门见山型"，我们跟他寒暄反而让他觉得浪费时间，那我们就开门见山，直接切入主题。

有些受访者属于"健谈型"，一讲就是一个小时，怎么办？碰到这样的人，我们要想办法把他拉回来，不能就随着他这么谈，否则真把访谈变成了聊天，这次访谈就失败了。但是，我们又不能粗暴地打断对方，硬拉回到主题上，我们要很巧妙地找到切入主题的节点，最好从他谈的内容上、从他的话里自然地引入访谈的主题，或者逐渐向主题靠近，最后回到对主题的讨论上。

针对不同的受访者，我们要灵活地把握时机和分寸，要用不同的方式引回主题。但如果在访谈中我们发现，虽然他谈的内容不是我们一开始关心的问题，却跟这个问题相关。比如，我本来是想研究他在这家企业为什么工作表现很好，是准备从他来到这家公司开始谈起的。结果受访者跟我谈起了他读书求学的经历，似乎跑题了，但我们可能会发现，其实他现在在企业里的工作表现跟他读书时的一段经历有关。那么这种看起来好像是跑了题的谈话内容，就可能是极有意义和价值的数据。因此，我们要在对方陈述的过程中高度专注地聆听，要听清楚对方在讲什么，同时头脑里其实已经在进行记忆、消化、比较和编码了，如果发现了有价值和意义的数据，就要及时引入主题，或者在这里追问下去，让受访者谈出更多的内容。

3. 结束

我们要对每次访谈进行一个简短的总结，愉快地结束访谈，也为以后有可能再次进行的访谈做好铺垫。总结的内容一般是对访谈的回顾，我们今天谈了哪些问题，有哪些收获，等等。做总结的一个目的是告诉对方，你讲的我听明白了。如果我们理解得不对，对方也可以马上纠正，确保我们不要误解了对方的意思。对访谈者来讲，总结一下自己也会加深受访者对我们的印象。

最后要致谢受访者，要感谢对方花了这么多时间，提供给我们宝贵的信息和数据，分享宝贵的观点，使我们很有收获，等等。再请他填写信息表，留下联系方式。同时，我们要告诉对方，录音文件会发给他，请他注意查收留档。他手上拿着我们的介绍信、保密承诺书，还有访谈录音文件的原件，心里就很踏实。这是对访谈对象负责任的表现，是对他的尊重和保护，这样他才能真正对我们完全信任。

第一次访谈留下一个好印象，下次再找他谈就会很愉快，或者如果还有不清楚的问题，可以通过打电话或视频谈，就简单很多了。此外，后面的受访者经常需要前面的受访者来介绍，如果前面的受访者对我们没有基本的信任，那就不可能介绍他的同事、领导或合作伙伴给我们。做好了前面这些工作，就很容易通过前面受访者的介绍，进入一些平时很难进入的渠道。因此，我们的每次访谈都要力争和每个受访者建立良好的个人关系，让他对我们产生充分的信任。

五、访谈应注意的问题

1. 充分了解，充足准备

访谈前我们越充分地了解受访者，准备工作越充分，访谈就越有可能取得成功，越有可能获得理想的数据。

2. 信任是成败的关键

如果受访者对访谈者不够信任，访谈基本上就是失败和无效的，尤其是如果访谈内容里包含一些敏感问题，他根本就不会跟我们谈，或者只会说一些冠冕堂皇的套话，我们就无法得到真实的数据，后面的研究也就无法获得有价值的发现。因此，建立受访者与访谈者之间发自内心的信任是访谈成败的关键。

3. 寻找最佳的切入点

从寒暄到切入主题，访谈者要寻找最佳的时机和切入点。一般而言，我们对受访者的了解越充分、和他的共同语言越多，切入点就越容易找到。比如我们知道他以往的成就、知道他的兴趣爱好、知道他的家庭情况、知道他的很多个人信息，那就很容易跟他聊起来，也很容易建立良好的沟通氛围。

4. 保持客观、中立和开放

在访谈过程中，受访者有时会表达出与我们完全不同的观点，甚至他的观点可能让我们觉得完全错误。此时，我们要有开放的心态，保持客观和中立，不要带入自己的观点甚至情绪，不要把访谈变成辩论，如果跟受访者发生争执甚至吵起来，访谈就完全失败了，而且可能也丧失了弥补的机会。作为访谈者，要始终秉持客观中立的态度，以开放的心态聆听受访者的任何观点，不论我们是否认同对方的观点，我们的重点都在于聆听。我们访谈的目的是让受访者谈出他的思想和观点，让我们知道他在想什么，而不是让他接受我们的观点，那就不是访谈而是授课、讨论甚至辩论了，这是我们在访谈之初一定要搞清楚，在访谈过程中一定要把握好的。

5. 灵活运用沟通方式

我们不论跟什么人交谈，都要善于用他能够理解和接受的语言来沟通。我们要根据受访者的知识水平、人生经历、生活地域和工作场景来切换我们的话语体系。比如，虚拟企业就是一个比较学术的概念，而企业界的实践者很少有人能够准确理解什么叫虚拟企业。如果我们去找一位企业家访谈，总是用虚拟企业这个概念来表达，他可能无法理解。我们一定要先用他听得懂的语言，跟他来解释这个基本概念。我们可以说："你们这家企业有业务外包，我对你们外包这件事儿比较感兴趣，你们是怎么外包的？或者你们是怎么承接别人外包的业务的？"我们不用虚拟企业这个概念来跟他谈，但他谈的这些内容就是我们研究所需要的数据。因此，我们一定要用受访者容易理解的语言来访谈，他才能觉得跟我们在一个平台上，才能聊出有价值的东西。

6. 选择合适的时间和场所

访谈的时间、场所和访谈的质量与成果密切相关。在访谈时间的安排上，要尽量选择受访者轻松自如、时间充裕、不受打扰的时候。如果访谈时受访者工作很忙，效果就可能不理想，他不能静下心来、很放松地跟我们谈话。

访谈场所分为正式场所和非正式场所。正式访谈一般在会议室或访谈室，比如去企业访谈，他们可能会安排一间很大的会议室，有一张很大很宽的桌子，气氛一下就变得正式起来了，要让受访者放松、非正式地聊，难度就很大。但有时我们没有其他选择，只能先听从企业的安排。有时企业越重视，越把访谈场所和形式搞得正式，越违背了访谈的原则。但我们不能打击对方的积极性，只好再想办法。

非正式的访谈就在非正式的场所，如茶屋、咖啡厅等。一般情况下，非正式访谈效果优于正式访谈。在这些非正式的场所里受访者容易放松，一些在正式场合不好说的话也容易表达出来。

7. 合理的访谈人数

作为访谈者，我们是组成一个两人、三人小组一起去跟受访者谈，还是就我和他两个人面对面谈，这也要有所考虑，要根据研究对象和研究问题来做出决定。如果我们研究的是一个比较私密的问题，涉及企业机密或个人隐私，那么访谈时就不宜人多，两个人私聊受访者可能才愿意谈，多一个人他就不愿意说话了。而有些问题可能不涉及隐私，那么多一个人就没关系。一个人跟受访者谈、提问题，另一个人做记录，这样能够获得比较全面准确的访谈数据。

小型座谈会有利有弊。几个人一起谈的好处是可能会互相启发，如果其中有一个人很健谈，他就可能带动其他几个人，都能谈出一些东西，而且能在现场互相印证，让我们获得有价值的数据。但这种小型座谈会的弊端是受访者之间容易产生相互影响。因为有另外几个人在，他们就肯定不会谈私密的问题，表达个人态度和观点时就可能有所顾虑和保留。

8. 控制时间，纠正跑题

在访谈之初，我们一般都会有一个计划的访谈时长，在访谈过程中我们就始终要心里有数，把握好时间，在计划的时间内把想问的问题都谈到，想收集的数据都拿到，以免时间不够，没有得到预期成果。在访谈过程中，受访者经常会出现跑题的情况，而且越是聊得愉快越有可能出现这种情况，这就有可能浪费我们宝贵的访谈时间。

在有时间约束的情况下，一种比较有效的方式是一开始就规定好时间。比如，我们对受访者说："今天要占用您一个小时时间，我有三个问题想要请教。"这就已经明确了大致的访谈时间，也使得对方心里有数，谈的时候不至于离题万里。当访谈进行到一定程度时，访谈者可以根据自己所掌握的时间和进度主动切换到后面的话题，对方会比较容易理解，他没有觉得被你打断，因为事先就知道这个时间约束。

9. 专注聆听，适度互动

专注聆听与适度互动是一体两面。我们要高度专注，让对方从肢体语言和神情态度上都能感觉到我们在认真地听他讲，这就是我们虽然带着笔记本却不能一直埋头苦记的原因。

在专注聆听的过程中，我们也不能只是听，而是一定要与受访者有良性的、适度的回应和互动，切忌一声不吭、面无表情。在访谈过程中，我们要不断给受访者反馈，鼓励对方继续讲下去、讲得更精彩，我们就能得到更多、更优质的数据。如果我们的反馈很及时、很到位，又很贴近受访者的想法，那他就可能越谈越开心、越说越多，甚至谈了很多我们意想不到的事情，让我们有意外的收获。

10. 答案要力求明确

有时，受访者会讲一些模棱两可的话，可能不想太直接地表达观点，或者有所顾虑。这时我们要及时跟进，追问或补充，或者用我们自己的话对对方的观点进行归纳总结，请他来确认，一定要搞清楚对方真实的意思、真实的态度。不要等到访谈完了才发现还没搞明白受访者对某个问题或某件事到底是什么态度，那么访谈就没有得到真实的数据。

六、提问技巧与注意事项

在访谈过程中，访谈者一般处于主动地位，要主动发问，受访者一般都是根据访谈者提出的问题进行回答，二者在此过程中进行适度的交流。因此，访谈中的提问技巧非常重要，善于发问是优秀访谈者的重要素质，问题问得好、问得准确，让受访者乐于、易于回答有助于受访者得到高质量的数据，甚至产生新的发现。

1. 常用的提问方式

（1）封闭式提问。封闭式提问就是有封闭式的答案，比如问对方对某件事的看法，同意还是不同意。或者向对方确认某件事情是否发生过，有还是没有。或者问对方对某个做法的态度，对还是错。

（2）开放式提问。开放式提问没有答案，可以让受访者完全自由地表达自己的观点和思想。

（3）婉转式提问。有些问题可能比较敏感或让受访者尴尬，直接发问过于唐突，就要表达得婉转、柔和、含蓄一些。比如我们去访谈一位企业家，之前已经了解到最近这家企业出现了高管集体离职的问题，我们想了解这位企业家如何处理这些问题，但不好直接问："您如何处理最近公司高管集体离职问题？"可以采用婉转式提问："我知道有时高管离职会给公司带来困扰，您是否碰到过这种情况？可否分享一下您处理这种问题的经验呢？"这样的提问方式有助于建立良好的沟通氛围，增进彼此的理解和信任。

（4）澄清式提问。澄清式提问就是要搞清楚对方真实的意思，尤其在受访者的表达比较模糊甚至模棱两可的情况下，就要对对方的观点进行归纳和总结，然后追问他："我是这样理解您的意思的，您看我总结得准确吗？"

（5）借助式提问。这种提问方式是借助第三方的话或某种情境来提出问题，而不是直接向受访者发问。比如，我们想了解受访者对所在行业发展趋势的看法，可以这样问："最近我读到一篇关于咱们行业发展趋势的文章，它认为目前行业发展已经遭遇瓶颈，对未来的发展前景比较悲观，您怎么看这种观点？"借助式提问的好处是可以让提问者更自然地引出话题，尤其是那些与受访者密切相关又容易引起对方不适的话题，通过让他对第三方的观点进行评价来表达自己的观点，给对方提供了一个相对轻松的回答场景，有助于建立积极的对话氛围，促进双方的交流和理解。

（6）引导式提问。要特别指出的是，引导式提问方式是扎根研究的大忌。这种提问方式有可能误导受访者甚至让受访者陷入提问者预设的陷阱，通过这种方式的提问引导受访者为自己预设的答案提供证据，从而检验自己预设的答案，这显然违反了扎根研究自然涌现的原则，在访谈中绝对不应采用。

2. 提问时要注意的问题

（1）注意提问速度、节奏和态度。提问者要注意提问的速度，掌握节奏，提出问题不要太快，问题不要太多，提问频率不要太高，要给受访者从容回答的时间。如果访谈问题太多，或者在访谈过程中追问或引出太多问题，很可能出现谈了很多问题，但每个问题都点到为止、不够深入的情况，那访谈就难以获得预期成果，难以获得高质量的数据。当然问题也不能太少，如果谈到无话可说，无题可问，那么访谈就只能结束了。

在提问和交谈的速度、节奏、态度上要跟受访者处于同一个高度。尤其在跟社会底层人士交流时，一定要把姿态放低，即便对方讲得不对或水平不高，也切忌用给他上课的态度来交流。

（2）始终关注受访者的状态和心境。访谈者在整个访谈过程中都要对受访者的状态保持关注，要注意他的语气、神态和肢体语言，据此判断对方此刻的心境。如果他表现得很烦躁或情绪不佳，可能谈话就不会太深入，甚至是在虚与委蛇地应付，那访谈就基本没有效果，数据质量肯定很差。也有可能在访谈开始时对方很积极，谈得很深入，但到了一定时间，对方开始频频看表，可能他此时已经不耐烦了；当对方把一只手或两只手插到了衣服口袋里，却不是去拿什么东西时，就说明他的潜意识已经想要有所隐藏了；如果他把双手抱在胸前，说明他潜意识里已经有了一种不安全感，有了防卫意识。当我们发现受访者出现这种肢体语言时，就要尽快对问题和访谈内容进行调整。如果准备访谈的问题还没有问完，就要尽量简短地发问，缩短后面访谈的时间，或者挑选能够引起对方兴趣的问题先问，等对方状态稳定后再问其他问题。如果对方始终难以进入状态，那就只能结束访谈，再找时间谈其他问题了。

（3）在对方发言完毕后、停顿或间歇时提问。访谈者要把握好提出新问题的时机，自然地切换到下一个问题。如果我们想插入、追问新的问题，或者受访者跑题了，我们想将话题拉回到主题上，都要在受访者讲话停顿或间歇时切入。不要让对方感觉话还没说完就被强拉到了另一个话题上。

（4）提问后给对方足够的时间来回答。在提出问题后，要给对方留出充裕的时间来表达观点，不要让对方感觉很局促，在自己的观点没有充分表达的情况下就转换问题或被打断，不利于受访者理清自己的思绪，清晰、明确、完整地表达自己的观点。

七、访谈录音

1. 录音的好处

录音最大的好处就是可以完整地记录访谈过程，为以后的数据整理和编码工作提供原始数据。录音文件是最有力的研究证据，能够体现扎根研究在一定程度上的可追溯性。此外，过一段时间后，当我们把某次访谈的录音拿出来再听一遍时，完全可能又有一些新的发现或体会，甚至我们可以对原来的数据重新进行编码，也许可以得到新的研究发现和理论建构。

录音能让访谈者全神贯注地投入谈话过程，解放我们的眼睛和手。如果不能录音，我们必然要做笔记，因为生怕漏下一些重要信息，但频繁地低头做记录就使得我们不能一直专注地聆听受访者的谈话，一定会影响我们和访谈对象的互动，会影响访谈的质量。如果有录音解决数据记录问题，我们就只需要放松地谈话，偶尔用关键词和编码记录一下就行，访谈的质量肯定会高很多。

2. 录音的风险

录音最大的风险是有可能导致我们的数据完全失效。如果我们的研究问题涉及企业机密、个人隐私、敏感话题，那么就一定不能录音，只要录音，受访者就一定会有顾虑，不敢说真话，甚至不愿接受访谈，那么我们的访谈就等于失败，即便见面谈了也等于浪费时间。

3. 实操的经验和解决方案

在不能录音的情况下，我们只有用其他方法来替代。

第一，练速记功夫，全靠自己把访谈内容记下来。但这个方案非常难。

第二，访谈时带一位速记员同行。我们和受访者谈话时，速记员可以一字不落地把我们的对话全部记录下来。

在录音过程中还有一个重要细节，就是如何运用录音笔。传统的访谈者一般都会带着录音笔去录音，有的录音笔是在录音状态下录音指示灯常亮，但有的录音笔是在不断闪烁，表示它正在录音。如果把这个不断闪光的录音笔放在受访者的正对面，他一边跟我们谈话，一边总是看到那个录音笔的灯在闪，等于不断地提醒他我们正在录音，这必然会给他带来下意识的紧张感，影响到数据质量。因此，我们要么别买那种灯光闪烁的录音笔，要么别让受访者看到录音笔闪烁的灯光。如今，手机的录音功能已经完全可以替代录音笔了，直接用手机录更方便。我们在和朋友聊天时也经常会把手机放在桌面上，大家都不会有任何违和感，也就不会让受访者紧张，从而保证了数据质量。

八、访谈后的工作

每一次访谈结束后，我们都要尽快完成以下工作。

第一，整理访谈记录和信息表，撰写研究笔记。我们要尽快整理好访谈记录和信息表，并且趁热打铁撰写研究笔记。

第二，发送感谢邮件及录音文档。假如在访谈中录了音，要在访谈结束后尽快给受访者发一份电子邮件，除了再次表达感谢外，还要把导出的录音文件以附件形式发送给他。受访者对此是非常认同的，他会觉得这是我们专业、负责任的表现。对我们来讲，这样做也是为了避免自己遗忘。这样迅速地整理数据和发送邮件会给受访者留下很专业、很细致、很认真的良好印象，那么下次再约他访谈的时候就很容易被接受。

  法无定法，以上方法和技巧都不是绝对的，都是经验的总结，我们在实践过程中要懂得灵活把握。核心原则就是要让受访者能够轻松地谈出他想谈的东西，我们能够获得研究需要的高质量数据。

  为什么访谈是扎根理论的核心研究方法？因为这个工作直接决定了我们的数据质量。如果我们得到的数据是劣质甚至虚假的，我们的研究就成了无源之水、无本之木。但我们访谈的对象是千变万化的，在这个世界上找不到两片完全相同的树叶，更找不到完全相同的两个人，我们访谈不同的人，谈的方法、技巧、切入的方式都不会完全一样。我们只有经常进行访谈，在这个过程中去进行经验的积累和总结。谈过的人越多，经验就会越丰富。经验丰富的访谈者能在受访者坐在访谈桌前或进入访谈室后很短的时间内，或者经过前面简单的介绍和寒暄就做到心里有数，就能判断出受访者是一个什么样的人，应该采取怎样的访谈策略，而且能够在随后的访谈过程中灵活地调整访谈内容和提问方式，让受访者在轻松的氛围中愉快地交流，让受访者知无不言，言无不尽，使研究获得高质量的数据。

第三章 扎根研究的相关讨论与论文写作
CHAPTER 3

第一节 扎根研究相关问题及与其他质性研究方法的比较

一、围绕扎根研究的争论与初学者常见的困惑

1. 定性研究和质性研究有何不同

北京大学的陈向明教授是把扎根理论引入中国社会科学研究领域的第一人，早年国内介绍扎根理论的书和文章都是陈向明老师写的。陈老师在她的著作和论文里对质性研究和定性研究分别有过以下阐述："定性研究方法指的是在自然环境下，使用实地体验、开放型访谈、参与型和非参与型观察、文献分析、个案调查等方法对社会现象进行深入细致和长期的研究；其分析方式以归纳法为主，研究者在当时当地收集第一手资料，从当事人的视角理解他们行为的意义和他们对事物的看法，然后在此基础上建立假设和理论，通过证伪法和相关检验等方法对研究结果进行检验；研究者本人是主要的研究工具，其个人背景及其与被研究者之间的关系对研究过程和结果的影响必须加以考虑；研究过程是研究结果中一个不可或缺的部分，必须详细加以记载和报道"（陈向明，1996）。"（质性研究是）以研究者本人作为研究工具，在自然情境下采用多种资料收集方法，对社会现象进行整体性探究，主要使用归纳法分析资料和形成理论，通过与研究对象互动对其行为和意义建构获得解释性理解

的一种活动"(陈向明，2000)。

我们比较这两段话会发现，其实定性研究与质性研究没有什么本质区别，核心内容都是要以归纳的思路，关注当事人的视角，在当时当地收集第一手资料，等等。此外，规范的定性研究、质性研究强调采用第一手资料，如果完全通过二手资料做研究，严格讲就不能归于定性研究范围之内，就不符合这个定义了。这是定性研究、质性研究或扎根研究的认识论所决定的，访谈是最基础的跟研究对象或当事人的互动方式，不访谈就无法收集一手资料，无法从当事人的视角去理解社会现象。

2. 扎根理论是不是定性研究方法论

对于扎根理论是不是定性研究方法论这个问题，我们先引用徐宗国教授的一段话："GT（扎根理论）虽是由资料开始建立理论，但在每一次归纳之后，就是演绎，二者交替运行，直到把田野资料缩减、转化、抽象化成为概念以致理论"（徐宗国，1997）。

为什么她说扎根理论研究既有归纳也有演绎，每一次归纳之后就是演绎？理解这句话要从理论性抽样开始。

按照理论性抽样原则，我们先找到了第一个样本，对他进行访谈，收集数据，对访谈数据进行编码，这个时候就是归纳的思维——对原始数据不断比较，通过理论抽象归纳出一些编码。当第二天再去进行理论性抽样，再去访谈第二个样本的时候，已经有了演绎，就是基于第一天的归纳演绎出要对第二个样本进行访谈。

还用前面举过的例子来解释。我们在对一家企业总经理的访谈中发现，他认为企业的业务逆势增长是因为新产品研发的成功，我们从数据里归纳出了"研发成功"这个编码。第二天，当我们去找研发总监做访谈时，已经在第一天得到的编码基础上进行了演绎——我们认为可能在研发部门这里找到答案。这时其实也已经有了假设——这个企业的发展一定是因为研发做得好吗？不一定，我们只是因为第一天获得的数据提供了这个信息，才觉得可能答案在研发，这就是一个假设。而我们找研发总监做访谈就是在进行假设检验。有可能研发总监在访谈中说："不是的，至少不全是，我们研发做得好是因为人力资源管理做得好，招来了优秀的工程师，再加上我们的财务部门提供了支持，给了他们丰厚的薪酬。"这时，我们又提出了新的假设：因为有优秀的人才，并且给优秀的人才提供了有竞争力的薪酬。接着，我们再去做访谈,再去检验这些假设,直到最后完全建构起能够解释这家企业逆势增长的理论。

因此,扎根研究的确是在循环不断地进行归纳演绎、假设验证,只说扎根理论是一种归纳的方法不够全面。同时,扎根研究既采用定量数据也采用定性数据,因为扎根研究的数据形式是多元的。我们常用的是定性数据,尤其是通过访谈录音整理的文本数据。但实际上我们也完全可以对定量数据进行编码。比如,我们收集了企业的报表,对报表里的数据进行分析,如比率分析其实就是一种编码,就是从数据中找到它的规律。我们可能得出结论,这个公司的资产负债率过高、财务风险过大,等等,这就是对定量数据的归纳。

因此,在扎根理论、扎根范式的方法里,因为兼容所有数据类型,所以定性定量数据都可以处理。从这个角度来说,扎根理论也好,扎根范式也好,都是一种综合性的、定性定量相结合的方法论,这是一个比较全面的理解。

如果有人讲扎根理论是一个定性研究方法论,也没有什么问题。因为虽然在扎根研究过程中既有归纳的思维,也有演绎的思维,它的研究脉络总体还是归纳,演绎存在于它的研究细节、技术性的操作过程中。从整个方法论的角度来看,从数据、编码、概念到范畴再到理论,这整条线、这个思路都是归纳的路线。整体来讲,扎根研究显然是基于有限样本的个案研究,从数据中逐步进行归纳而提出理论或假说,这个大逻辑就是归纳。按照我们一般对定性定量方法的理解,定性研究的归纳思维多,是从有限样本中归纳出一些定性的结论来建立假说。而定量研究就侧重演绎,比如通过假设检验的方式对假说进行验证,这当然要用定量数据。所以从这个角度来讲,扎根理论是一种定性研究方法,传统上大家都把它定位为质性研究方法也完全没有问题。

综上所述,扎根理论研究方法是定性研究方法论或定性定量相结合的方法论,这两种说法都可以接受,都没有什么原则性的错误,最重要的是我们要知道这两种说法的真正内涵。同时,不论我们说扎根理论研究方法是定性研究方法论,还是说它是定性定量相结合的都无损于这个方法的应用。

3. 扎根理论是否适合初学者

扎根理论不是初学者不能碰的所谓的高级研究方法,恰恰我们要多用才会从初学者变成一个熟练的研究者。

只要秉持着"扎根精神",不论是精通质性研究的资深专家还是刚刚开始学术研究的初学者，都可以运用，也都可能改进扎根理论，为这一方法论的发展做出贡献，格拉泽所倡导的"Just do it"就是"扎根精神"的生动体现。扎根理论从其诞生开始就是供学者进行研究实践的工具，越多人使用才越发凸显其价值，也只有在实践运用中才能使其得到发展。

4. 如何培养理论敏感性

第一，要扎根实践，深入实践。如果我们没有实践经验，不知道在实践情境中那些实践者们在做什么事情，只是在书本上去研究这件事，理论敏感性就很难提高。比如前面提到的百香果，不管它的名字叫"鸡蛋果"还是"百香果"，假如我们从来没吃过这种水果，我们对这种水果的理解就仅仅停留在图片和文字上，我们根本无法想象它的编码为什么叫"百香果"。从这个编码看，这种水果肯定很香。但它的香味是什么样的？我们必须要尝一口才能真正理解这个编码。因此，实践永远是理论敏感性的第一来源，这是毫无疑问的。

第二，运用扎根研究方法做研究是培养和提升理论敏感性最直接、最高效的途径。我们每一次采用扎根理论研究方法、扎根范式来做研究，都是在提升理论敏感性。做过每一项研究后，我们的理论敏感性就一定会得到提高，因为在研究过程中我们在不断进行理论性的思考。在整个编码过程中不断对数据进行理论化的、抽象化的归纳和提升，这就训练了自己的理论抽象能力，我们的理论敏感性就得到了提高。

当我们不断训练自己，不断通过理论研究提升自己的理论敏感性后，我们就会对原有的问题、原有的理论、原有的研究结论有新的思考，有可能会促使我们去做更好的理论建构。

5. 怎样的研究才能被称为扎根研究

就像《扎根理论之所非》那篇文章所写，很多声称是扎根理论的文章实际上并不完全符合扎根理论研究的规范（徐淑英、任兵、吕力，2016）。准确地讲，这篇文章的标题应该是《什么不是扎根理论》，这篇文章就是在澄清怎样的研究才能被称为扎根研究（详见附录）。

从诞生开始，扎根理论就是一种方法论，而不仅仅是一种方法。但学术界太多人不关注方法论，只关注某种方法和工具怎么使用，却很少去思考这种方法之上的方法论是什么。

方法论就像一个工具箱，不同的工具箱里有些工具是可以借用的，比如制作家具的工具箱和修车的工具箱里都有扳手、螺丝刀、榔头，扳手就是工具，但制作家具的工具箱里不会有千斤顶，这个工具只会出现在修车的工具箱里。

方法论就是这些工具的组合，当它组合成一个工具箱的时候，这些工具就往往有一个使用顺序。比如，我们要制作一个家具，把它从一根圆木做成一个家具。要先用锯子把一棵树锯断。之后，要在木头上打孔来铆接，那就要用凿子了，用凿子和榔头配合打出孔，然后把家具的部件套在一起。因此，当我们说用了一种方法论时，意味着我们完整地或大部分地应用了这个方法论工具箱里的大部分工具。当然不是必须按照一个确定的顺序，或者必须把每种工具都用到，里面可能会有一些灵活的变化，但肯定要用到大部分工具，而且是根据这个工具箱的用途来使用它。

按照同样的逻辑，既然扎根理论是一种方法论，那么如果采用扎根理论这种方法论，或者用扎根范式作为方法论进行研究，就要基本按照它的研究过程和思路来进行研究。但现在常见的问题是，经常有人把扎根理论当成一种研究方法，尤其是把它简单地理解为编码，好像只要进行了编码就是扎根理论研究，这就完全错了。这只是采用了扎根理论工具箱里的一种工具而已，并没有按照它的方法论要求进行研究设计和展开整个研究过程。

总的来说，一项研究可以被称为扎根研究的基本条件有三个，具体如下。

第一，要把扎根理论或扎根范式当作方法论而不是方法来运用。也就是说，研究者要按照扎根理论或扎根范式的整体操作流程展开研究。从问题的产生和确认，到数据处理、理论建构，这个完整的程序都要采用扎根理论或扎根范式的程序和方法，而不是只采用其中某一个方法和技术。

第二，研究问题的产生或确认来自实践情境。不管扎根理论哪一派还是扎根范式，都强调研究问题来自实践情境，而不仅仅是相关文献。很多实证研究都是这样的：前面全部是文献比较，从文献中互相比较、逻辑推理，最后得出一个研究问题，或者提出研究假设，这肯定不能叫扎根研究。扎根研究首先要讲清楚，这个研究问题在实践中表现为什么现象，要到实践情境中去调研、访谈、拿到一手数据来确认这个问题，当然这时也需要和文献做比较，如果发现文献中也没有研究过这个问题，或者研究的结论不能令我们信服，那么这个研究问题就成立。

第三，必须要有深入现场的访谈、观察和一手数据。扎根理论本来就重视访谈，扎根范式更加强调访谈不可或缺。这是我们的认识论决定的，也是社会科学研究的根本特征决定的，研究者必须和社会现象的当事人沟通互动。仅靠观察可以吗？观察是一种辅助研究手段，是站在研究者的主观视角进行研究。比如非参与式观察，跟研究对象不发生联系，不去跟他沟通，完全不干涉，只是冷眼旁观，这种观察只能为我们的研究提供辅助证据。因此，从社会科学研究的特征和认识论原理上分析就可以得出结论，访谈和一手数据必不可少，否则就不能叫作扎根研究。

6. 扎根研究的风险和困难

这里的扎根研究是广义的，包括扎根理论研究和扎根范式研究。扎根研究真正的风险和困难不在于方法，不在于编码，这些技术都可以通过反复训练来提高。真正的风险和困难有以下两个方面。

第一，能否发现一个适合进行扎根研究的问题。如前文所述，扎根方法适合的研究问题有两种，要么是新问题，要么是老问题、老现象，但现有理论没有给出理想的理论阐释，这两种情况都适合进行扎根研究。然而，这样的问题是不太容易找到的，如果找不到这样的问题，就没法采用扎根方法去进行研究。

第二，能否进入研究对象进行调研。对于扎根研究的初学者（研究生、博士生）来说，通过与企业家访谈获取一手数据的难度非常高。如果无法进入研究对象做调研，那就无法获得数据，后面的研究更无从谈起。

我们在扎根研究或质性研究中遇到的这些困难在相当程度上来自"管理三界"（管理学术界、企业界、咨询培训界）互动不良。（贾旭东 等，2018）很多企业家通常没有主动与来自学术界的学者与专家交流和讨论的意愿，他可能觉得这是在浪费时间。事实上，当企业发现我们是真正愿意扎根实践，真正能够帮助企业解决问题的专家时，就会非常欢迎我们。

对初学者而言，可以通过导师、学校或其他社会关系联系研究对象。只要能进入第一家企业，那就可能进入第二家，能得到第一家企业的认可，再进入下一家就会减少很多难度。时间久了，我们通过与受访者的良性互动和有益交流，获得了他们充分的信任，他们就会介绍新的研究对象给我们。通过这些企业家之间的相互介绍，我们进入研究对象就会越来越容易，慢慢就能打开局面了。

二、扎根研究与田野调查的比较

"田野调查"是社会学常用的研究方法。"田野"是指实践的情境,研究民族学的人有民族学的"田野",研究社会学的人有社会学的"田野",研究管理学的人也有管理学的"田野",这些"田野"就是这些不同研究领域的实践情境。

田野调查的含义很宽泛,访谈、观察、调查问卷都可以称为田野调查方法。"扎根精神"强调一定要深入实践情境做研究,所以从这个层面来讲,扎根研究就是田野调查,扎根理论研究方法就是一种田野调查的方法。而扎根研究有着规范的程序,不管是广义的扎根范式还是狭义的扎根范式,都有自己的一套流程,所以从研究程序上来看,二者还是有所不同的。

三、扎根研究与民族志研究的比较

民族志研究不以建构理论为目的,其目的在于对一个民族或族群的生活方式、文化习俗等进行全面记录,同时也进行一些诠释。比如,国外有些民族志专家在研究一个小岛上原住民的生活方式时,可能会在那个地方和当地人一起生活很多年,最后写出一本专著。那么在此期间他要记录下这个民族的生活方式,他不光要做访谈、观察,还要收集很多实物的证据。比如,这个民族在生活中会用到的一些器具、他们的服装、祭祀用品等与他们生活相关的东西。通过这些物证,民族志学者就完整地记录下了这个民族的生活方式、风俗习惯等。然后,研究者还可以诠释这个民族形成这种生活方式的原因。这些工作完成以后,一项民族志研究就完成了,但它不一定非要建构一个理论。

但扎根研究和民族志研究目的不同,在扎根研究中,即使只研究一个样本,都想要得到一个带有一定普适性的理论,希望通过这个理论来解释更多的现象,在这一点上两种研究方法是有区别的。

二者类似的地方是,扎根理论和民族志都需要长时间深入情境做研究,一样遵循"扎根精神",而且民族志研究中也会采用和扎根研究中相似的工具,如访谈、观察。

四、扎根研究与传记研究的比较

传记研究是要搜集与研究对象相关的传记资料,来考察、分析和诠释研究对象的心理和行为。比如研究一个著名的人物，就要搜集跟这个人物相关的所有资料，包括文献、物证等。接下来，对他的人生进行总结，对他的思想和行为进行剖析，通过这些研究工作来解读这个人，从而得到某些启示。当然，传记研究也可以进行理论建构，我们也可以从对一个个体的研究中总结出一些理论性的东西。

扎根研究跟传记研究的目的不同，扎根研究中的记录、描述、诠释都服务于建构理论这个最重要的目的，扎根理论研究方法要解决的是共性的问题、普适的问题，是通过构建理论来解释更多的个体行为或社会现象；而传记研究基于对个体的深度理解、记录和诠释，不一定非要建构理论。此外，传记研究往往没办法拿到一手数据。比如对一个已经离世了的名人进行研究，要写一本他的传记时，就与他做访谈，只能收集二手数据。但扎根研究不一样，我们不太会去研究一个已经不存在了的事件或现象，不可能所有当事人都离世了，所以肯定会有一手数据。

五、扎根研究与案例研究的比较

第一，按照广义的案例研究定义，扎根研究就是一种案例研究方法。如果我们对"案例研究"的定义是：在研究中应用了案例、应用了个案，这样的研究方法就是案例研究，那么就可以认为扎根研究是一种案例研究方法。

第二，按照狭义的案例研究定义，二者不在一个层面。案例研究（case study）是方法，而扎根研究（grounded theory methodology）是方法论。

第三，二者的研究目标不同。扎根研究旨在理论建构，但案例研究有两种用途，一种是用来做理论建构，一种是用来做理论检验。也就是说，案例研究既可以做理论建构，也可以做理论检验，但扎根研究只做理论建构不做理论检验，这是两种方法用途或目的的差异。当然，扎根范式已经把理论建构和理论检验结合了，但传统的扎根理论研究都没有后面的检验环节，都侧重于理论建构。

第四，从研究过程来比较，扎根研究是"探险式研究"，案例研究是"旅游式研究"。在抽样时，案例研究可以一次计划好案例的数量，然后进入这些案例，按计划逐一收集数据，最后统一进行数据分析。就像我们会在旅游前根据自己的时间和预算做好一个攻略，然后按照这个预先定好的攻略展开行程。

扎根研究不是这样的逻辑。扎根研究的抽样原则是理论性抽样，要根据研究的进展确定下一步往哪里走。扎根研究是"探险式研究",整个研究过程像探险一样。比如我们准备到一个森林里去探险,我们事先不可能知道这片森林里有什么,我们也不可能知道里面会发现什么、会看到什么,只能根据每天的行程、根据我们进入森林之后的发现来决定接下来的探险方向和路线。我们只有一步步地往前走,才能做出明天的计划。等我们走出这片森林就可以告诉外面的人,这片森林里有什么动物、有什么植物、风景如何等,这才是扎根研究的方式,就像探险一样去探索一个未知的领域。

第二节 扎根研究实例分享

下面以本书作者贾旭东的著作《虚拟政府视域下的公共服务外包:基于中国城市基层政府的扎根理论研究》(贾旭东,2016)为例具体介绍一项扎根研究的全过程。

一、研究问题的涌现与确认

在我进行这项研究时,很多中国城市基层政府都在做公共服务外包工作,现实中这种现象很多,成功案例也很多,但对此现象的理论研究不够。因此,第一个问题就是:中国的城市基层政府为什么要进行公共服务外包?做这件事的动因是什么?这就是最初的研究问题。这个问题从何而来?来自现实与理论的比较。在现实中有公共服务外包的现象,而另一方面对此理论研究不足。

我通过研究国外文献发现,国外的研究成果对政府为什么要进行公共服务外包的答案是矛盾的。有的研究证明政府公共服务外包的动因是经济原因,是为了降低政府运行的成本;而有的研究证明,政府公共服务外包是出于政治原因,是出于迎合选民等目的而选择外包,其实并没有降低政府运行成本。很明显,这些研究结论互不相容,当然就无法给出一个有足够普适性和说服力的理论解释。同时,国外的理论研究成果解释不了中国的实践,因为中国的政府体制和运行机制与西方政府不同,我们不能照搬西方的政府理论来解释中国的现象。当时国内学术界对这个问题的研究很少,大多数文献都只是进行了一些理论性的分析,案例研究都很少,更没有用扎根理论这种方法来研究的,也没有给出一个有说服力的理论解释。

二、研究方法论的选择

通过上述文献研究足以证明一点：这个研究问题完全符合扎根理论的适用场景，用扎根理论研究方法来进行研究是最适合的。政府公共服务外包虽然是一个现实中已经存在的现象，而且学术界也已对此进行过理论研究，但现有理论还不能充分解释这个现象，对于政府公共服务外包的动因这个问题，现有的理论研究甚至还有矛盾之处。显然，我们这时就能做出判断，也有充分的理由做出研究方法论的选择：扎根理论是研究这个问题最恰当、最有效的方法论。

三、研究对象与研究过程

政府公共服务外包这个概念很大，政府外包的公共服务类型也很多，可能都研究到吗？不可能，这需要太多的时间和精力，只能在政府公共服务外包的诸多职能中选择一个有代表性的——以政府公共卫生服务外包作为整个政府公共服务外包的代表。

这就是在现实中研究兴趣和研究方案可行性的权衡，任何研究者都希望研究一个有高度、有深度的大问题，但再远大的理想都要一步一个脚印地去实现，研究大问题就需要进行大量调研，需要大量数据，我们是否有可能做到？如果做不到，在进行研究设计时就只能做出取舍，在一个项目中只研究一个小问题。不论是申请一个项目，还是完成一篇学位论文，其实也都遵循这个逻辑——根据项目或论文规定的时间、项目提供的经费，把项目或论文的研究内容和范围确定在一个合理、可行的范围之内。

当时这项研究调研了两个样本——广州 F 区和深圳 H 区。这两个样本也不是在研究的一开始就选好的，而是在研究过程中逐步出现的。第一个访谈对象是深圳市卫生局，但因为突发的政治风险，对方拒绝接受访谈，只好选择其他样本。为什么最后只研究了这两个样本？实际上是已经没有时间和精力去寻找和研究更多的样本了，必须要开始写论文了，那就只能宣布研究结束。

在整个研究过程中，其实研究问题是在不断变化的。最初的研究问题是中国城市基层政府公共服务外包的动因，因为在调研中发现了新现象而转向研究政府公共服务外包机制以及政府公共服务的"不完全外包"、政府公共服务的利益相关者，后来发现了政府公共服务外包与虚拟政府的关联后，又转而研究虚拟政府，最后建构了虚拟政府的理论模型。这个理论发展过程与扎根研究中研究问题自然涌现的过程完全一致，也完全是一个扎根实践进行理论"探险"的过程。

四、研究发现与理论建构

通过研究，最初提出的研究问题得到了圆满解决，发现中国城市基层政府公共服务外包的动因既有外部动因又有内部动因，在外部动因里既有政治动因又有经济动因，最后建构了一个模型进行总结，这个研究发现就补充完善了现有的理论，也比较全面地解释了中国城市基层政府为什么要实施公共服务外包。

根据这些新发现，论文里提出了很多新概念、新范畴，后来发现政府的公共服务外包实际上是虚拟政府建构的一种形式，因此在研究中就把它从理论提升到了虚拟政府的高度。最后，站在虚拟政府的理论视角来看待公共服务外包，建构了一个虚拟政府模型，对政府公共服务外包中存在的问题就能看得非常清楚，也就有了非常具体的解决方案。在实践应用层面，论文对公共服务外包机制等实务操作问题提出了改进措施和政策建议。

整体来看，这个研究的前半部分是通过扎根研究进行理论建构，解决理论问题，后半部分是根据前面的理论研究给出现实中的实践建议，理论联系实践，充分体现了扎根精神。

五、研究成果的撰写与呈现

这项研究采用的数据形式是非常多元的，有通过访谈得到的一手数据、二手数据，还有受访者提供的很多相关资料，比如单位领导的报告、他们自己的工作总结、相关的新闻报道等。

在写论文时，有限的篇幅决定了我们不可能呈现所有的原始数据，这项研究共计834个一级编码，因此只能选择性地展示和核心范畴直接相关的那部分数据。最后完成的开放性编码图非常大，即使用小五字号打印，这张图都有5米长，一折叠就是一本书了，因此没办法附在论文后面。

开放性编码完成后，核心范畴涌现，研究进入选择性编码阶段。当核心范畴饱和后，研究进入理论性编码阶段，开始进行理论建构。研究发现，公共服务职能的外包实际上是政府职能的虚拟化，这就联系到了虚拟政府的相关理论和文献。而虚拟政府又与虚拟企业相关，因此又跟虚拟企业文献进行了比较，建构了一个虚拟政府的理论模型，完成了理论建构。

在研究的最后部分，基于虚拟政府的理论视角分析现实中政府公共服务外包机制设计中存在的问题，为其提出实际操作的政策建议，实现了从实践中建构理论，又以理论指导实践的完整闭环。

第三节　扎根研究论文的写作与发表

一、科学研究与论文发表

论文写作与发表永远都不应该是我们做研究的第一目标，它只是我们做研究而自然产生的结果。我们还是要尽量正确处理好研究和论文发表的关系，不要本末倒置甚至舍本逐末。

二、扎根研究论文的呈现逻辑与基本框架

扎根理论或扎根范式具有严格规范的研究过程，使它可以进行一定程度的重复检验，这使得扎根研究具备了相当程度的科学性，因而被称为定性研究中最科学的方法。因为这个特点，所以扎根研究论文的呈现逻辑和思路就是完整呈现研究过程和建构理论的内在逻辑。扎根研究论文要呈现的不仅仅是研究结果，更要完整呈现研究过程和建构理论的逻辑。

以下是一个扎根研究论文的基本框架。

1. 引言

论文开始的部分就是引言。引言就是要讲清楚研究问题的产生背景和意义。本文的研究问题是怎么来的？在什么样的背景下产生了这个问题？为什么要研究这个问题？研究这个问题的意义是什么？为什么研究这个问题很重要？要把这些问题交代清楚，引出后面的研究，也引发读者读下去的兴趣。

在引言中，既要讲论文研究的现实意义或实践意义，也要讲理论意义。好的引言要让评审专家、审稿人一看之后就感兴趣，认为这是一个有价值的问题、有趣的问题。因此，首先要描述在现实中有什么样的现象，出现了怎样的问题；然后要讲理论界对这个现象或问题的既有研究，是否解决了这个问题？如果已经完美解释了这个现象、完全回答了这个问题，那后面的研究就没有必要了，之所以有下面的

论文，肯定是因为既有研究还没有对这个现象做出满意的理论解释，没有完全解决这个问题。要么这是一个全新的现象，尚未得到理论解释，因为没人研究过；要么虽然是一个早就出现了的现象，已经有人研究过，但既有文献还有某些方面的缺陷和不足。下面就顺理成章地引出了论文的研究问题——研究这个问题就是想要弥补以往研究的空白或不足，想要对实践做出更好的解释，建构更好的理论来指导实践。

因此，在引言中要从现实和理论两个方面进行阐述，进而推导出、引出论文的研究问题，讲清楚研究这个问题的意义。

2. 文献综述

扎根研究的论文和其他论文一样，也要在引言后进行文献综述。接着引言的陈述，文献综述部分要更加全面和明确地阐述既有文献对论文研究问题的研究现状。

通过这样的展示和论述，最重要的是证明这个研究问题值得本文进行研究，同时证明这个问题适用于扎根范式。例如，引言说现实中有某个现象或问题，文献综述部分对既有研究进行评述后发现，第一种情况是对这个现象还没有开展理论研究，存在理论空白；第二种情况是既有文献对这个问题有过研究，但现有成果不能很好解释这个现象，或者研究的结论还相互矛盾；第三种情况是国外有过研究，但他们的研究结论不能拿来解释中国的现实。毫无疑问，对这样的研究问题，最适合的研究方法就是扎根范式。

3. 研究方法

文献综述引出了论文的研究方法，下面就要介绍本文采用了怎样的研究方法开展研究。要介绍扎根研究的方法论、具体的研究技术，包括整个研究流程分为几步？如何获得数据？数据包括哪些类型？数量有多少？等等，总之，要清晰地介绍论文的研究方法和技术。

4. 研究过程

这部分的逻辑就是要呈现从数据、编码到核心范畴再到理论的这个完整过程和证据。什么是证据？要让读者看到原始数据，看到对原始数据进行编码以及逐级编码的方法和过程，通过开放性编码让核心范畴逐渐涌现；然后，让读者看到开展选择性编码的方法和过程，进而让核心范畴饱和。当把每个核心范畴从涌现到饱和的全部过程都呈现出来后，就为下一步的理论建构打下了坚实的基础。在理论性编码阶段，当论文呈现出表现核心范畴间关系或规律的理论模型时，就向读者展现了研究者是如何从原始数据中通过逐步的归纳和抽象，得出最终理论的完整过程。

5. 理论建构（研究发现）

在扎根研究论文里，如果发现了全新的现象，就要把它呈现出来、描述清楚。如果没有发现新的现象，而是对现有的现象重新进行了理论诠释，就要呈现最后建构的理论，在前面呈现的核心范畴的基础上给出理论模型并进行阐释。

6. 理论对话

理论模型建构完成后，应该有一个理论对话环节。在扎根研究开始时已经通过阅读文献确定了研究问题和研究方法的适切性。那么，等到扎根理论建构完成后，当然需要再次阅读文献，跟理论进行对话。一方面，通过与既有文献的比较对建构的扎根理论进行一些修正，另一方面来凸显这个研究的理论贡献和创新（价值和意义）。理论对话部分如果写得好，与既有文献的比较充分而深入，就能起到画龙点睛的作用。

7. 不足与展望

论文最后要写研究不足与未来展望，为未来的研究打下基础。一般来讲，我们做质性研究或扎根研究，研究不足里肯定会有一句话，就是样本数量有限。这是必然存在的问题，因为人的时间精力有限，研究经费也有限，除非我们研究现象的总体数量有限，否则大多数情况下我们一定是针对有限样本展开研究，就必然存在局限性，即基于有限样本提出的理论只能是一个有待检验的假说，其普适性不高。

在展望部分要对未来的研究方向做一个规划。比如，通过这次研究有了新的发现，这个新发现就是下一步要研究的问题。或者将来要进行实证研究，对本文提出的理论进行检验，等等。这部分的目的就是让读者看到研究者将来会继续沿着这个方向做哪些工作，也为其他感兴趣的学者提供参考。

扎根研究的论文框架大致如此，具体的论文内容一定要跟准备投稿的期刊要求相匹配。不同期刊的论文框架和侧重点多少有些差异，但扎根研究的呈现逻辑是一致的，就是要呈现完整的研究发现和理论建构过程。

如果要把上面这些工作都呈现得比较充分，写成一篇期刊论文大概需要至少1.5万～2万字。期刊的字数要求越少，论文呈现的时候就越要精练，只能少展示一些数据，但基本框架还是遵循这样的逻辑，要让读者看到多级编码、核心范畴和理论从涌现到饱和的完整过程。

在多年的扎根研究方法教学中，本书作者在工作坊、会议或直播中回答过很多关于扎根理论研究方法的问题，现将其中较为典型的 70 个问题归纳为 10 个方面，供读者学习参考，具体内容详见第四节。

第四节 扎根研究典型问题与解答

一、关于研究对象的选择

1. 作为在校博士，如何找到想研究的企业呢？

回答：第一个方案就是找你的导师，你的导师肯定可以帮你联系。如果他找不到，无法给你提供帮助，你就想办法去认识一些 MBA 或 EMBA 专业的往届生，到他们的企业去调研。如果这还不行，那你就找亲戚朋友来帮忙。总之很简单，要让这些企业认识你、信任你、愿意接受你来研究。

2. 单案例和多案例的扎根研究有没有什么区别？多样本选择是否有偶数要求？

回答：在扎根研究中，单案例、多案例、偶数案例、奇数案例都可以，案例的数量取决于你的理论发展，这是理论性抽样的结果而不是事先计划好的。不论你的案例数量最后是 2 个、3 个还是 20 个，这都是随着你的理论研究过程而自然产生的结果，从建构理论而言没有区别——你通过 1 个案例、2 个案例或 20 个案例都可以建构理论。但可以肯定的是，案例数量越多，你最后所建构理论的普适性就越高。

3. 假设研究企业的战略性人力资源管理，在进行理论性抽样时，根据探险式的研究思路，选取了一个民营企业、一个国有企业、一个外资企业，而这三类企业的人力资源管理是很不一样的。这样可以吗？

回答：你现在已经选好了三个样本，那就已经不是"探险式研究"了。你已经决定要去分别研究一个民营企业、一个国有企业、一个外资企业，对不对？这是已经把准备去看的景点都计划好了，这已经是"旅游式研究"的逻辑了。

所谓理论性抽样应该是这样的：我现在研究一个企业的战略性人力资源管理，那就先进入这家企业做调研。这家企业也许是民营，也许是国有，也许是外资，都有可能，这取决于你最初的研究问题。然后，你就这样研究下去，等进行到一定时候，根据前面的研究发现再选择新的样本，假如要找一个其他性质的企业，比如国有企业再继续研究，那就再选一家国有企业，就这样一直到完成整个研究过程，实现理论饱和。所以扎根研究的案例选择不是你现在就做好了这些计划，提前计划的研究就不是"探险式研究"了。

4. 选择样本要不断找新藤、摸新瓜，但对很多老师、学生而言，找到第一篮水果、第一个西瓜已经不容易了，短期内很难找新的，怎么办？

回答：那你就好好地研究这一个案例，等你最后宣告理论饱和时，就意味着你建构的理论已经能够解释这一个样本的现象和问题，这也很好。当然，这样建构的理论普适性有限，但不是不可以这样做，这也是扎根研究，单案例也没有任何问题，可以以后有条件的时候再扩充更多样本，继续研究下去。

5. 一个企业样本能否容纳理论性抽样和选择性抽样？即"探险式研究"能否在一个企业样本中完成？

回答：扎根研究只讲理论性抽样，我没听说过选择性抽样的说法。"探险式研究"能不能在一个企业样本中完成？完全有可能。所谓案例研究里的样本，既有可能是把一家企业作为一个样本，也有可能把一个企业里的一个人作为一个样本，要看你的研究问题是什么。如果你的研究问题是比较具体的，那么完全有可能通过研究一个企业中的多个个体的样本来完成研究。

二、关于研究方法的选择

1. 我有了锤子，到哪里去找合适的钉子？

回答：这个问题就完全错误。我们经常形容一些科研人员，当自己掌握了某种方法或工具时，不论什么问题都要用这种方法或工具来进行研究。就像当你有了一个锤子时，你就看什么都是钉子，都要拿锤子来敲一下。

我们做研究一定要有问题导向，当你需要敲钉子的时候，你才去找锤子来敲钉子。如果你现在面对的问题是要把一个螺丝钉拧进木头里，你就不能只找锤子、找榔头，还要找螺丝刀，你如果用锤子把螺丝钉敲进木头就肯定错了。所以，我们要从问题出发，研究问题适合采用什么样的研究方法，根据这个逻辑去寻找和运用适当的研究方法和工具进行研究，而不是反着来。

2. 如何辨别研究问题更适合采用扎根理论研究方法还是更适合采用内容分析法？

回答：你的问题是不是一个新问题？是不是一个有冲突的问题？是不是一个既有理论还没有给出很好解释的问题？如果你研究的是这样的问题，当然更适合扎根理论研究方法。内容分析法是一种文本数据处理的方法，而且我的观点是，在扎根研究中一样可以用内容分析法。比如，我跟一个人做了访谈，谈完后我对访谈数据进行了编码，那就是用扎根范式的编码方法来进行编码。但除此之外，我就不能对这段访谈数据再做一个内容分析吗？当然可以。我可以用软件再对这段数据做一个内容分析，抓一抓关键词。有可能会发现受访者谈话中的一个高频关键词，那至少能够说明这个关键词在他的思维里很重要。比如他反复谈创新，就说明他对创新这个问题很重视。

所以，尽管在扎根理论现有方法里没有内容分析，在扎根范式里现在也没有用这个方法，但你把它用进来，作为一个数据处理工具也是没问题的。内容分析是一种方法和工具，而扎根研究是一种范式和方法论，是一个工具箱，扎根研究是完全可以包容内容分析的，相当于在工具箱里多放了一种工具，只要这种工具有助于解决问题，那就可以用。

3. 请问在解答"What"问题的时候适合采用哪种扎根理论研究方法？

回答："What"的问题意思就是"是什么"，对吧？研究这种问题不一定适合采用扎根理论研究方法。"是什么"更多是一种诠释和描述，就是在现实世界中发生了什么。用类似民族志这种方法就更好，民族志就是要解决"What"的问题——这个民族、这个族群的生活方式是什么样的，他们怎样生活等，所以用诠释学或类似的方法比扎根理论研究方法还好。扎根理论研究方法不光要解决"What"，更要回答为什么——"Why"，还有将来如何做，也就是"How"。

三、关于扎根理论研究方法的特点及其本体论、认识论

1. 关于扎根理论的本体论我有以下疑问：扎根理论的本体论（ontology）一般是唯物论（materialism）还是唯心论（idealism）呢？此外，根据不同的研究课题，针对不同的研究对象，诠释主义（interpretivism）的哲学观点或批判现实主义（critical realism）的哲学观点是否都有可能适用于对扎根理论研究的理解？

回答：到目前为止，扎根理论各大学派都没有对本体论展开充分论述。卡麦兹

曾经把本体论和认识论放在一起，说她的本体论和认识论就是建构主义，但没有涉及唯物唯心的问题，所以我认为目前的扎根理论并没有真正涉及和讨论本体论问题。

当然你提的这个问题很重要，我有一篇文章讨论过，谈到了中西方学术范式的差异并且提出了一个"中华学术范式"的概念（贾旭东，2018，2019），澄清了关于唯物论和唯心论的一些误解，你感兴趣的话可以参考，但这个目前跟扎根理论没有直接关系。

至于你说的诠释主义和批判现实主义，诠释主义就是程序化扎根理论的认识论，它的哲学观点就是这样的。但据我所知，三大学派扎根理论没有哪一个是基于批判现实主义的认识论或哲学观，所以批判现实主义在扎根理论研究中没有体现或应用。

2. 扎根理论虽然涉及定量数据，但并不是通过定量处理得出结论，又怎么能叫综合性的研究方法呢？我还是觉得不太准确。

回答：是的，扎根理论虽然涉及定量数据，也可以对定量数据进行编码，但它的确不是通过定量处理得出结论的，所以你把它看作一种定性研究方法没问题。扎根理论研究就是通过总体上是归纳的逻辑来得到定性的结论，因此叫它定性研究方法当然是合适的，我的论文里也经常这么说。但扎根理论有些学派的有些人就认为扎根理论是定性定量相结合的方法，理由就是它也可以处理定量数据。

所以，我觉得我们不用纠结扎根理论研究方法是定性研究方法还是定性定量相结合的方法，我们知道这是什么意思就对了，能把扎根理论研究方法用对就好了，争论这个问题并没有太大的意义，就像给你戴上两个不同的但都很好看的帽子，对你其实并没有什么影响，你还是你。

3. 您觉得扎根研究与警察调查案件有相似之处吗？

回答：当然有。我常把扎根研究比喻为探险之旅，就是在探索未知。警察调查案件也是在探索未知，比如发生一起凶杀案后，我不知道这个事情是怎么发生的、谁干的，要去揭开谜底，所以扎根研究和警察调查案件在这一点上有相似之处。

但从研究过程来比较，扎根研究和警察调查案件也有不一样的地方。在扎根研究中，我是知道研究对象的，而且我能够进入研究情境，跟研究对象产生互动。我在这个过程中去思考和分析，发现社会现象背后的规律，在此基础上进行理论建构。所以，从整体而言，扎根研究的思维是一种归纳性思维，从数据到最后的理论是一个逐渐归纳、抽象的过程。

但警察调查案件却主要遵循演绎逻辑。为什么？除非罪犯来自首，否则在破案之前不会有人主动承认自己是罪犯，也不会主动告诉你他是怎么作案的。警察就只能大量地进行演绎、推理和假设检验。比如某案件的嫌犯报案说他的妻子失踪了。警察肯定要做逻辑推理：这个人不可能是被外星人劫走了吧？不可能人间蒸发吧？既然摄像头没有拍到她走出小区，那就不论死活一定还在小区范围之内，否则怎么会莫名其妙消失了呢？所以最大的嫌疑人就是她的丈夫，就是这个报案的人，我相信以警察多年破案的经验一定能够产生这个怀疑和猜测。但问题是你要有证据才能定罪，这就是一个假设检验的过程，要找出物证才行。最后终于找到了物证，用物证来审犯罪嫌疑人，他只能招了。这个过程主要是演绎思维，是一个不断假设检验的过程，这跟扎根研究的思维还是不太一样的。

四、关于扎根研究方法与其他研究方法的比较

1. 一些定性研究需要连续一段时间观察被观察者的行为，从而提炼变量之间的影响关系。扎根理论研究方法怎样在这种研究中应用呢？除了对访谈数据进行编码，连续一段时间的行为观察可以应用扎根理论研究方法吗？

回答：这种连续性的观察方法是民族志研究常用的，扎根范式当然也可以用，这涉及扎根研究方法和民族志研究方法的关系。在这种连续观察过程中扎根研究方法怎么用？你连续观察到的一切都是数据。你每天做观察，肯定要做记录吧？这种记录就是研究笔记，就是扎根研究的备忘录，你可以对这些数据进行编码。所以，扎根研究的数据处理方法，也就是编码的技术是完全可以应用到民族志或这种连续观察的研究中去的。

2. 国外的一些行为观察研究只是用于机理的介绍，观察的结果也是用于解释机理，但是未提出命题，这样的研究没有基于案例或扎根理论形成一些命题，只是对一些问题进行解释和讨论这是怎么回事儿呢？

回答：这就是基于诠释主义认识论的研究。诠释主义认识论只是观察现象，对现象发生的机理给出一个解释，而不建构理论也不去验证。这种研究就是告诉其他人，我观察了某个现象或研究了某个问题，我告诉你这个现象是什么样的，谈一些我的理解，但我并没有建构出什么理论。这就是典型的诠释主义研究，也是一种研究方法。这样的研究有没有意义？当然有意义，至少让我们了解了某个现象或事件

的来龙去脉，也增进了我们对这个现象或问题的理解。

3. 用民族志研究方法进行研究时，参与、半参与式观察哪个合适？是否需要暴露自己的观察身份，还是完全以一个参与者的身份进行观察和体验？

回答：这个问题你最好去问民族志专家，因为我没有做过民族志研究，说得不一定准确，只能根据我的理解给你一点参考。在我的理解里，应该根据情况来选择，两种方法都可能适用。有一些研究是参与式观察，研究者完全参与到研究对象的生活或活动中去，不告诉研究对象你的研究者身份，你完全成为他们中间的一员，你在这个过程中进行观察和研究。也有半参与式的，就是在你参与过程中别人知道你是一个观察者、一个研究者，意味着你公开了自己的观察者身份。

采用这两种方式中的哪一种，作为研究者需要考虑的最核心问题应该是：公开自己的研究者身份会不会对研究对象的行为产生影响。如果他们知道你是一位研究者，会不会出现一些虚假的、伪装出来的言行，如果有这样的可能性，那么这种方法就有可能影响数据的真实性，那么参与式观察就比较好。但采用参与式观察方法又要考虑科研伦理问题：这是否侵犯了被研究者的知情权？尤其是在涉及个人隐私问题时，不让对方知道他已经成为研究对象是合适的做法吗？这些都需要慎重考虑。

不管怎么说，我们总体应该把握一个基本原则：不论研究者认为这项研究多么重要，如果研究过程或行为会对被研究者产生不利影响或伤害，那么就不应该进行这样的研究，这是科研伦理的底线。

4. 请问民族志研究方法观察研究的理论贡献和创新点在哪里？因为诠释主义并未提出或验证相关命题。

回答：对这个问题，我的回答肯定不权威甚至不准确，只能谈谈我的个人理解和认识，因为我不是专门做民族志研究的。以我的理解，民族志主要通过观察和研究来描述一个族群的样貌、状态、生活方式等，它不追求理论贡献和创新，也不提出命题，但这样的研究仍有价值、有意义。为什么？因为它满足了我们的好奇心，让我们知道了一个族群的生活方式、风俗习惯，让我们了解了这个族群的社会和文化，这已经对丰富人类的知识做出了贡献。

5. 如果用民族志研究方法进行研究，同时采用扎根理论研究方法，采用哪种扎根理论研究方法比较合适？

回答：我理解你的问题是，你在做民族志研究，同时想用扎根理论研究方法进行一些数据处理，做一些编码，对不对？如果你在做民族志研究，那你的主要研究方法肯定就是民族志。是否可以引入扎根理论或扎根范式的工具？肯定可以，你可以用扎根理论或扎根范式的编码程序和技术，对通过民族志研究获得的数据进行编码，这会让你的民族志研究更好，甚至有可能做出一些理论建构。采用哪种扎根理论研究方法？经典扎根理论、建构主义扎根理论、扎根范式都可以，因为这几种方法的扎根程序比较多元，最后可以得出各种类型的理论模型，不像程序化扎根理论只能得到因果关系。

6. 扎根理论可以与案例研究方法结合做研究吗？就是一篇论文中同时出现这两种方法？

回答：不建议这样做，为什么呢？这是两种不同的方法，做法不一样，视角不一样，你很难在一个研究里把它们结合起来。

从广义的案例研究方法来讲，扎根理论研究方法就是一种案例研究方法。扎根理论有三大学派，还有我们的扎根范式，都有各自的方法规范，你用哪一学派的方法都可以，但不管你用哪一学派，都已经是一种案例研究，就不存在结合的问题了。

在狭义的案例研究方法中也有不同派别，你用艾森哈特的程序还是用殷的程序，思路都不一样。事实上，艾森哈特的案例研究方法就已经是结合了扎根理论研究方法而产生的一个新的研究程序，比如编码。所以我建议你不要同时用这两种方法，要么是案例研究，要么是扎根研究，结合这两种方法既不好操作，也没有必要。要过河，一条船就够了。

7. 如果要在案例研究中运用扎根理论的数据编码技术，应该选择哪种扎根理论研究方法？

回答：这要看你在案例研究中使用编码技术的用途和目的，如果只是通过编码来进行一般性的数据处理，那就不存在运用哪一种扎根理论研究方法的问题，因为扎根理论各学派在进行编码时的底层技术是一样的，都是对数据进行抽象化和理论化的归纳和提炼。但是，如果你要按照一定的程序来进行编码，那就要有所选择，因为扎根理论三大学派的编码程序不一样，侧重点也不一样。通过经典扎根理论编码程序得到的理论模式是多元的，各种形式都可以；程序化扎根理论的编码程序得到的一定是因果关系；而建构主义扎根理论也是多元的，前两个学派的理论模式它都接受。所以，要根据你案例研究的目的来决定用哪一学派的程序，如果你要研究某种现象背后的因果关系，那么程序化扎根理论的编码程序就是最适合的；如果你不确定最后会得到怎样的理论模型，那么其他两大学派的编码程序，包括扎根范式的编码程序都可以用，你都可以选择。但不论你最终选择了哪一学派的编码程序，都要规规矩矩地按照这一学派的程序来，不能把不同学派的编码程序混用，在论文中也要阐述清楚用的是哪一学派的理论。

8. 扎根理论能否部分地使用？如果能，需要注意什么？比方说我整篇论文使用的可能是定性比较分析方法，我只在定性材料编码时使用扎根理论研究方法。

回答：这个问题非常好，而且是一个很普遍的问题，也是经常会被误解的问题。

我经常审稿发现大家把扎根理论误以为是方法，很多人以为做了编码就叫扎根理论，就叫扎根理论研究，这肯定是不对的。扎根理论是方法论，是 methodology，不是 method。如果你的整个研究是在扎根理论研究方法论的指导下进行的，那就不是部分而是完整地使用了扎根理论，只有完整地使用扎根理论才可以说该研究是一个扎根理论研究或扎根研究。

如果我是用定性比较分析方法做的研究，但我对定性的材料做了编码，怎么办？能不能部分地使用扎根理论呢？可以！你是使用了扎根理论这个方法论里的编码技术。你的整个研究不能叫"扎根理论研究"或"扎根研究"，你可以说这是一个定性比较分析研究，但是在进行数据处理时使用了扎根理论某一学派的编码程序、编码技术，这是完全可以的，把这个说清楚就没问题。但你不能编了码就说我这是个扎根研究或扎根理论研究，这就肯定不行。

9. 在质性研究的数据分析中，是否可以说：我用扎根理论的编码技术进行了数据的处理？

回答：可以。在各种质性研究中，你都可以运用扎根理论的编码技术进行数据处理，当然就可以这么说，你甚至可以直接说我进行了编码。因为编码技术虽然是经典扎根理论首次提出的，但在后来的案例研究方法里也采用了这个技术，比如艾森哈特的案例研究方法就从扎根理论里引入了编码技术。现在来看，不一定只有扎根理论才有编码技术，但这种技术是扎根理论发明的，我们必须尊重这个首创者。但作为一种科学研究方法，发明出来的目的就是推动科学研究的进步，将编码技术广泛应用到各种质性研究方法中，就是扎根理论对质性研究的重大贡献。

需要注意的是，如果你的编码程序是按照扎根理论某一派的流程进行的，比如按照经典扎根理论的开放式编码、选择性编码、理论性编码程序，或者程序化扎根理论的开放性编码、主轴编码、选择性编码程序，那你就要讲清楚，我是用了扎根理论某一学派的编码程序进行了数据处理。

五、关于扎根范式的研究程序

1. 扎根范式的研究程序包括两部分，建构理论和检验理论，是不是建构理论可以形成一篇论文，检验理论又可以形成另外一篇论文呢？

回答：完整的扎根范式研究程序是从无到有，从研究一个全新的问题，到最后形成一个经过验证的理论，所以要先进行理论建构，后进行理论检验。但在实际工作中，建构理论和检验理论往往形成了两个研究阶段。我做一个研究，很难既完成了前面的质性研究——进行理论建构，又完成了后面的实证研究——实现了理论检验。当然，如果你能做到这些，你就很强大，但事实上不太容易做到。

所以，质性研究方法，包括传统的扎根理论都是在做前面的理论建构工作，而把理论检验工作交给专门从事实证研究的学者去做，这是学术界的一种科研分工。这当然可以写成两篇论文，因为是两个阶段、两个团队或两个作者分别做的工作。很多定性研究论文只做了理论建构部分的研究，理论建构出来他的工作就完成了，论文就写这些。理论检验部分的实证研究通常是从提出假说开始，到最后完成检验。当然，如果这两部分工作是全部由一个研究者或研究团队完成的，那就可以写成一篇论文，这两种情况都可以。

2. 当无差别地将范畴提炼出来后，范畴间的因果关系勾连是根据什么原则进行排布的呢？是依据访谈还是自己的逻辑和理解？

回答：当然是根据你的逻辑和理解嘛，这肯定是你的理论建构。当然，你的逻辑和理解的依据是来自数据的，如果数据里没有这样的关系、体现不出这样的因果关系，你硬要给他套一个关系，那就叫先入为主、牵强附会。如果数据里本来就有这样的关系，你把它提炼出来、表达出来，那就是规律的自然涌现，也是你的研究发现和理论贡献。

3. Nvivo 这类软件在编码过程中能起到什么作用呢？

回答：Nvivo 软件我试用过，但我自己不那么习惯，所以后来就没有再用，我更多用的是思维导图软件。但这个软件肯定可以用，而且任何一款思维导图软件都可以用。为什么？在扎根研究中，软件的功能只是为了方便我们进行数据整理，提高数据整理的工作效率。甚至你用 Excel 都可以，虽然要稍微麻烦一点，但一样可以做数据整理。要注意的关键问题是，千万不要以为软件可以代替人进行编码！用软件把数据导进去，它自动给你生成编码，这就不是扎根研究的编码技术而是关键词提取了。扎根研究的编码一定是从人的脑袋里产生的，体现了人的研究视角和理论敏感性，对同一段数据，不同的人编码可能还不一样，这个工作不可能由软件或机器来完成。

4. 在程序化扎根理论中也可用认知地图吗？

回答：认知地图是我们在"中国管理扎根研究范式"里引入的工具，这个工具并不是我们发明的，这是一种心理学工具，现在我们又把它引入扎根范式，来体现程序化扎根理论想要探索的因果关系。那么，在程序化扎根理论研究方法里能不能用呢？我个人觉得完全可以。如果用了，跟程序化扎根理论原本的那些方法可以形成互补，我个人觉得完全没有问题，方法应该是开放的，只要能解决问题，应该就可以用。当然，如果你要用的话，得说清楚来源，因为这原本不是程序化扎根理论的工具，而是对程序化扎根理论进行了方法创新的结果。

5. 在认知地图里呈现出来的逻辑链条中，只涉及概念或范畴吗？还是有核心范畴间直接的逻辑关系？

回答：这是有个过程的。最初的认知地图里呈现出来的东西可能有编码、有概念，也有核心范畴。当你经过不断的研究，从开放性编码、选择性编码，一直到理论性编码，认知地图就会不断得到精简、优化和再组织，到了最后的理论性编码阶段，基本上呈现出来的就是核心范畴之间的关系了。

6. 假设有 A 和 B 两个项目，研究者在做 A 项目的时候收集了一些访谈数据，其中一部分恰巧可以用在 B 项目上。那么，在做 B 项目的时候，把 A 项目中相关的数据拿来使用，这样符合扎根理论的研究规范吗？

回答：不知道你的项目 A 和 B 之间是什么关系，假定没关系，那就肯定不符合，毕竟是两个项目，意味着在研究两个问题，那就各是各的数据。

7. 理论抽样一定要顺藤摸瓜，还是可以对某个群体进行集体抽样？举个例子，假设要研究员工的工作投入度（假设这个研究问题适合做扎根研究），可以访谈一家公司一个部门的全体员工么？

回答：与你的研究问题相关，还要看你的研究样本。你的样本是这一家公司、这一个部门，还是这个部门里的某一个人？比如，你研究员工的工作投入度，我的理解是，这应该是在研究个体，因为一个个体的投入度和另外一个肯定不一样。你说一下把全体员工都叫来访谈，你怎么研究？他们肯定投入不一样嘛，有的人投入度高，有的人投入度低，你就只能一个一个去研究。

8. 一个访谈结束后，在做编码之前，是不是大概就可以发现一些关键点？然后根据这些关键点去判断该访谈是否有效？编码是发现更多更详细的概念和类别吗？

回答：经常是这样的。当一个访谈结束时，可能你在访谈过程中就已经有一些关键点出现了。所以，在做访谈时你一定要记得拿笔记本，即便你在录音，你的编码、你的灵感都会随时在访谈过程中从脑海中自然涌现，这就是所谓的"关键点"，你要赶快把它记录下来。根据这个，你可以判断今天的访谈是不是有效，下一步往哪里走，在这个基础上进行编码会更有收获。

9. 您的博士论文中是访谈了两个单位，也就是两个案例，那这两个案例的访谈资料您是分别进行开放性编码、选择性编码、理论性编码这样的流程，然后在对两个案例分别编码（就是不是放在一起编码）后进行比较再进行理论建构吗？访谈对象数量是越多越好吗？有大概数量吗？您当时大概访谈了多少个样本？

回答：我是先去第一个地方，就是广州那个区调研。我每天访谈、收集并整理数据、做编码，一开始就是一个开放性编码过程。对政府官员、企业都访谈过了，还收集了一些二手数据，也做了观察，但觉得数据量还是不够。这时就需要找第二个案例，于是我就联系到深圳那个区，然后就到第二个案例里去调研，再一边调研一边编码。这个过程还是在进行开放性编码，但是已经有了一些貌似核心范畴的概念出现，等到从第二个案例里收集了足够的数据后，某个时刻我觉得核心范畴差不多能够饱和了，那就进入选择性编码阶段。

在选择性编码时，前面的所有数据要再过一遍，要把第一个案例、第二个案例的数据，包括后面收集的二手数据等，通通拿来进行比较，让核心范畴变得饱和。所以编码不是一次完成的，它是个循环往复的过程。

当时我研究的案例是两个，就是广州和深圳的这两个区。如果把访谈对象作为样本，大概访谈过的有二十多个人。案例的数量和受访者的数量都没有一个绝对标准，从建构理论的普适性角度来看，数量应该越多越好，但从现实而言，我们的时间、精力、研究经费都是有限的，所以不能过于理想化，发现核心范畴饱和了就可以停下来。你再想想那个买水果的例子就容易理解这个过程了。

六、关于研究问题的涌现与确认

1. 我们如何在平时发现问题？

回答：这是个好问题，也是对研究者而言非常重要的问题，因为所有的研究和理论建构都从发现问题开始。我给博士生、硕士生上课时经常讲，你们最大的问题就是没有问题！为什么没有问题？就是没能从社会现象中发现问题，发现有理论研究价值的真问题。发现问题是一种能力，可以通过训练来提高。要解决这个问题，提升研究者发现问题的能力，只有一个答案——提高理论敏感性。

2. 在进入管理情境前如何聚焦研究问题？

回答：这是一个非常好的问题，而且是大家在硕士、博士论文研究或项目申请过程中，采用扎根理论研究方法会经常碰到的问题。

基于"扎根精神"，研究问题应该是进入研究情境，通过观察和访谈，同时进行文献研究后逐渐确定的。但写学位论文或申请项目都需要我们先提交研究计划，这时就要确定研究问题了。我听说有学校甚至规定要先完成博士论文前三章并开题通过后才被允许进入数据收集和数据分析阶段，这也就意味着，博士论文的前三章，从研究问题的提出、文献综述到研究设计都是在博士生进入管理情境之前就完成了的。那如何保证我们选定的研究问题是社会实践中的真实问题呢？在这种制度环境下，我们怎么才能在进入管理情境前就提出好的研究问题呢？

从某种程度上来说，我们现在的研究体制和科研管理制度，都要求研究人员写各种研究计划，包括我们申请项目都要写一个研究计划，这个逻辑和扎根范式尤其是和经典扎根理论是有矛盾的。按照经典扎根理论的要求是不会预先进行计划的。按照扎根范式，研究过程是不可能事先设计的。但这个问题又很现实，我自己写博士论文的时候也曾经碰到过这个问题。根据我的经验，提供一些建议给大家参考。

一项扎根研究在开题的时候，我们要完成什么工作？关键是确定研究问题，这是开题的主要目标。其次，要确认我准备采用什么方法开展这项研究。比如要用扎根范式，那么我就要论证，这个研究问题是适合采用扎根范式这个方法来做的。然后，我要给出一个大致的研究方案和计划。完成了以上工作，我们就可以写出开题报告或项目申请书，提交开题或评审了。如果评审专家认为，这个研究问题成立，很重要、有意义；研究方法是妥当的，适合用来研究这个问题；研究方案是可行的，那就会允许我们开题或批准这个项目。扎根范式的问题涌现阶段，我们可以理解为在做开题论证和项目申请的工作，就是在确认研究问题、研究方法和研究方案，所以二者是能够找到共同点的。

博士生如何在进入管理情境前先提出好的研究问题？扎根范式的回答是：很难！你最好先进入研究情境去发现问题，也就是说，最好先做一个预调研，同时进行文献研究，从二者的比较中来确认你初步的研究问题，至少得有一个比较具体的研究方向，这使你可以写出博士论文的开题报告。当然，这是比较理想化的要求，如果条件不允许进行预调研怎么办？那就只有收集现实中已有的案例来进行比较。

比如，我的博士论文是研究政府公共服务外包问题，这就是当时我感兴趣的问题。最好的情况是我先进入一个样本单位做调研，但当时我没这个条件怎么办？我要收集一些案例、一些真实的故事、真实的管理现象来证明，现实中的确有这样的问题。同时我进行文献回顾，发现文献中对这个问题的研究有漏洞——要么没有研究，要么研究的结论是矛盾的，或者我认为解释力不足。在这些工作的基础上，我就可以证明扎根理论研究方法是适合研究这个问题的。到这里我就可以写开题报告了。

扎根范式研究要进行理论性抽样，意味着我现在还没法确定要调研几个样本、它们都在哪里，我只能确定要调研的第一个样本在哪里。但是在写研究计划的时候，这就是问题了——研究过程和计划写不清楚怎么办？评审专家能认可吗？我觉得可以折中一下：我要强调用扎根范式来进行研究，抽样方式是理论性抽样，所以后面样本的选取要根据研究进展来决定，但我现在已经有了一个大致的样本范围，大致会有多少个研究对象在这个范围之内，它们有可能会成为我的调研对象，但究竟调研谁要根据后面的研究进展来决定。这样表达就能证明，我对这项研究的推进和走向是有一定计划的，虽然现在我不知道会发现什么，后面要去往何方，但我有计划、有预案，那么这个项目就值得探索。

这就像准备去探险一样，我准备进入某片森林探险，想要募集资金，得到别人的支持，那么在募资阶段，我要证明的是这次探险的意义和价值，我也要写类似开题报告这样一个文件跟投资方说明白，让他们知道我有计划、有能力、有把握顺利完成这次探险，并且可能有所发现。但在这时，我肯定不知道进入这片森林后一定会发现什么，因为没人进去过，谁也不知道里面有什么？从这片森林的入口进去以后，我该往哪儿走？现在也不知道，只有走进去以后再决定。这才是探险，这才是在探索未知，如果还没进去就已经知道会有什么发现，甚至承诺做出什么发现，那就不是探险，而是骗人了。

但这不等于我们不需要做一些必要的准备，不等于我们可以没有任何计划地贸然进入这片森林。如果出现各种危险情况怎么办？比如有野兽出没，比如出现恶劣的天气，所以我们要做出一个非常清晰的探险方案，其中要包括应变计划，同时要展现开放的心态，当面对新的问题时能够灵活调整。探险计划的目的是证明这次探险具有重要的意义和价值，同时我和我的团队有能力完成这次探险，至于探险中会发现什么，现在可以估计、猜测，但无法承诺，这和开题报告与项目申请书是一个道理。

实际上，当你能够证明你想研究的是一个新问题，或者这个问题前人虽然做过研究，但他们的理论解释我不满意时，那你就证明了这个问题适合用扎根范式来做研究。这时就基本可以肯定：你不可能没有研究发现。什么意思？如果你到一个地方去探险，这是一块未经探索的处女地，别人谁都没进去过，那就意味着，只要你进去了就一定会有发现，哪怕发现里面什么都没有，这也是有价值的发现，因为后人就可以不用再进来了。所以，如果你能写出这么一份探险计划，就一定会得到支持，这个问题也就解决了。

3. 之前听一位老师讲，很多从实践中来的问题，并不一定能提炼为学术理论，是这样的吗？会不会有这种可能，我们访谈、编码之后，得不到一个比较有意义的理论。

回答：当然有可能。比如你到实践中去，发现有个问题对企业来说很重要，你的受访者就是这么认为的，也这么告诉你。但完全有可能，你经过研究后发现他提出的问题或实践并没有什么新意和理论研究价值，这个问题早就在理论上得到了解释，在以往的研究中已经得到了解决，只是实践中的人不知道而已，这是完全有可能的。如果是这种情况，你研究之后可能就得不到有贡献的理论创新。

所以，为什么扎根范式强调在开始研究之前要做文献研究，因为不看文献你就不知道这个问题前人是否已经做过研究。如果你不看文献，还以为自己发现了重大问题或重大的理论创新机会，以为那个实践问题很值得研究。然后你去扎根了、访谈了、编码了，搞了半年，建构了你的理论。这时你才看文献，可能发现这个问题前人早都研究过了，而且人家的理论建构比你的还好，这不是白费工夫吗？

4. 扎根研究基本条件之一"研究问题来自实践情境"感觉可能会吓跑一批人，是不是可以放宽为"研究问题来自实践情境和理论间的对照比较"？感觉这样更符合初学者的状况，也可以避免做无用功。

回答：是的，也许会"吓跑一批人"，但我认为仍要坚持。任何一种方法论都不是万能的，既然它是一种工具，就肯定有它的适用条件，我们不能因为这种条件或要求会"吓跑一批人"，就放弃或放宽这个基本条件。被吓跑的就是没资格留下来的，而且跑了是好事。

我已经讲过为什么"研究问题来自实践情境"是扎根研究的基本条件之一，这是基于它的认识论，基于我们对社会科学研究本质的理解。如果我们把这个标准放宽到你所谓的"来自实践情境和理论间的对照比较"，就肯定会有一些人不去实践情境中做研究了，而只是拿文献来做比较，这和闭门造车、胡思乱想的那些研究有什么区别呢？如果大家都这样做研究，这个方法还怎么能叫"扎根"、叫"扎根范式"呢？这个方法论就废掉了。所以我认为要坚持这一点，这个标准不能放宽，这是底线，而且这并不是一个很高的、遥不可及的、过分的要求。

尽管在当前中国的现实中，对有些群体而言，做到这一点确实有点难，尤其对初学者，比如硕士生、博士生。但扎根范式的特点就是理论来源于实践，这种认识论思想直接贯穿于从研究问题产生到最后理论建构的全过程，所以我们不能放弃这个基本原则，不能为了吸引更多人就放宽这个底线。如果这个底线失守，吸引一批人冲着这个而来，看起来难度是变小了，但因为没有了这样的标准，大家就不会再去做真正扎根的研究了，因为人都是会本能地选择容易的事情去做，那最后就一定会得出很多无趣的、无聊的、浪费时间和精力的研究，这还有什么意义？即便这些初学者通过这种貌似扎根的研究发表了论文、得到了学位甚至评上了职称，他们其实也都背离了社会科学研究的基本态度和精神。而且他们会养成一种错误的科研习惯，让他们认为社会科学研究就是可以这样闭门造车地去做，如果培养出这么一批研究者，对学术研究的进步绝对没有任何好处，还不如早点就把他们"吓跑"。

七、关于访谈

1. 您对访谈新手有什么建议吗？我有可能是个"社恐"，但是做研究怎么办呢？

回答：其实谁第一次访谈都是新手，谈得多了你就是老手。如果你是"社恐"的话，那我的建议是，你先从熟悉的人那儿开始谈。你先跟你比较熟悉的朋友、甚至家人谈。

我鼓励我的学生，你上完我的研究方法课之后，回去先跟宿舍里的同学做访谈，先找跟你熟的人。你跟他谈起来之后，慢慢就有感觉了。有了感觉之后，你再去找半生不熟的人。让你的舍友给你介绍一个他的朋友，你不直接认识，但是中间有介绍人，你再跟他谈。谈得多了，慢慢你就不太"社恐"了，扎根研究是能治"社恐"的。

终于，你要做一个项目了，做一项正式的研究了，你要去找一个企业里的陌生人去谈，有了前面的基础你就不太会感到恐慌了，也慢慢就有经验了。一回生两回熟，所以对新手的建议就是多练，练得多就变成老手了。

2. 怎么找研究企业和对象？如何让一个陌生人接受访谈？访谈时自己有点紧张怎么办？

回答：怎么找研究企业和对象呢？当然是要根据理论性抽样的原则去寻找。要让一个陌生人愿意接受我们的访谈，的确是很有难度的。最关键的是要解决信任问题，否则人家凭什么跟我们谈？谁都不会轻易接受一个陌生人的访谈，这也是人之常情。有时我们找到了理想的研究对象，但人家不理解、不信任、不想谈，不愿意接受我们去做调研，那就肯定没办法了，换下一个吧。所以，案例研究做得好的老师，一般都是给 MBA 或 EMBA 上课的。通过认识的这些学生，就比较容易找到合适的企业进行研究，或是我们一直在跟踪研究某个企业，跟某个企业一直有联系，那就比较容易了。

访谈者自己有点紧张，对刚开始访谈的新手来说很正常，因为你不熟悉访谈工作，或者在不熟悉的环境里进行访谈，总之是缺乏经验，心里没底。这个没办法，只能靠练，熟能生巧，你练得多了就有经验了，肯定就不紧张了。还有一种可能，我们去访谈一位很著名的企业家，他有着耀眼的光环，比如你去访谈任正非了，你对他充满了敬仰，你可能就有点激动和紧张，这也是正常的，没关系，自己调节就好。

3. 进行扎根研究主要是要进行两大模块采访，第一模块采访是为了发现研究问题（这一轮采访数量可以不用太多），第二模块就是理论性样本收集，进行相对大量的样本采访来收集数据。这个理解对吗？

回答：对的。在发现和确认研究问题之前做的访谈，我们一般叫预调研，数量可以不用太多，只要你发现和确定了研究问题就好；所谓第二模块当然是开始正式研究了，访谈数量可能就会比较多，但仍要遵循理论性抽样原则，根据研究的推进和理论的发展来确定。

4. 研究涉及多种行业的企业的共性问题，该如何确认访谈对象？

回答：如果你采用扎根范式进行研究，就要根据理论性抽样的原则来选择研究对象，也就不能事先计划好要研究多少个行业、多少家企业，更不可能多个行业多家企业同时撒开去做访谈，那就不是扎根研究而是案例研究了。你首先要从第一个行业的第一家企业开始进行访谈，这个访谈对象的选择很简单，只要符合你的研究问题就可以，不需要考虑是否典型、是否具有代表性，因为这都不是扎根研究的标准。你研究到一定时候，发现有同一行业的其他企业需要研究，你就有了新的研究对象，进入新的企业继续访谈；再研究下去，可能你发现其他行业的某家企业也值得研究，你就自然地进入了其他行业。最后等你得到研究结论的时候，可能发现你的研究涉及了若干个行业的若干家企业，这就是扎根研究的理论性抽样过程。如果你一开始就确定了要研究五个行业，再从每个行业里选择五家所谓有典型性、代表性的企业，那就不是理论性抽样了，案例研究可以这样选择研究对象，但扎根研究完全不是这样进行抽样的。

5. 您觉得马拉松运动员这个访谈对象跟您企业的访谈对象是否不同？面对马拉松运动员的这种特质，我在访谈时需要注意什么？

回答：那要看你在哪里访谈，是他跑完之后跟他谈吗？还是专门再找时间谈？

提问者：跑完之后谈。

回答：跑完之后，大家都休息了，你去对他进行访谈，那就没关系，和其他受访者也差不多。如果我来设计这个访谈，可能会这样考虑。比如有个城市举办了一场马拉松比赛，有1万人参加，我会做一个抽样计划，1万人里我要选多少人做访谈。假如我计划谈100个人，可能就要考虑性别、年龄、职业等统计特征。然后，要考虑访谈的时间和场地问题。一种方案是刚跑完，在大家休息的时候，我们过去谈，这就是一种即兴的、随机的访谈。这种访谈时间肯定不能长，人家刚跑完步，很累的，有些人可能已经累得没法说话了，谈也谈不出来什么。当然也可能有人刚跑完很兴奋，可能有很多想法，也能谈出来。另外一种方案就是先在运动员中选好受访者，然后约时间谈。这个方案的成本当然就高了，你要跟他约时间，再坐下来谈谈他对马拉松运动怎么理解，什么时候开始跑步的，这次比赛觉得怎么样，等等。

如果我设计这个项目，可能这两种访谈都需要。跑完就谈很及时、有现场感，人可以多一点，比如谈 100 个人。如果在这 100 个人中谈过以后发现有几位很有思想，跑马拉松很多年，那可以再约一个时间谈，可能就会谈得更深入。

当然，也要看你准备问什么问题，我们关心的是他对马拉松运动的理解，还是对赛事举办过程的看法，还是其他什么东西，要根据我们研究的方向设计好问题。也可以在现场先发问卷，请运动员做一些简单的填空和勾选，中间筛选出适合做访谈的对象，或者找到有意愿做访谈的人，进行更加深入的访谈。有些人跑完步以后很有精神，就可以马上在旁边找个棚子或小凉亭，喝着饮料马上聊。总之，事先要做设计，要准备不同的方案。你还要看马拉松比赛结束地点的周围有没有这样的场地，你可以把他带到这儿来坐下来谈。

提问者：比如说比赛结束以后，那些运动员可能来自天南地北，有时你选的这个对象，他并不是本地的，很有可能就没有机会进行下一次访谈了。

回答：完全有可能。比如广州的马拉松比赛，涵盖珠三角各个地区，我们对各个地区的运动员都有抽样，希望每个地区都有访谈对象。这种情况的一种替代方式就是电话访谈。他是外地的，今天跑完就回去了，现场没法谈但又觉得他很合适，他也愿意谈，那就留个电话，约时间通过电话谈。

提问者：还需要制订一些人口统计学方案吗？

回答：我的看法还是要制订的。如果是像扎根理论那种理想化的要求，就不用这么制订，因为数据无所不在，随处都有可能涌现，这个谈不出来，你就找下一个谈，下一个谈不出来，你再找下一个谈，总会发现理论的。但这么操作的前提是没有时间和资金的约束，我研究这个问题用 10 年的时间也可以。但在现实中，任何项目都有时间约束、有资金约束，不可能这么理想化。所以，我觉得只能事先制订一个抽样计划，尽可能在时间和资金允许的范围内选择理想的受访者。

6. 如果没有从第一个访谈对象的访谈中整理出明确的第二个访谈对象的话，我们又该怎么去寻找第二个访谈对象呢？

回答：一般不会没有。以我的经验而谈，一般都会有下一步的方向或对象，因为你是带着问题去的，第一位受访者一般都能给你线索。即便他没有明确告诉你，但你从对他的访谈数据的编码中也会发现这样的线索，会启发你下一步的方向。就像你去探险的时候，当走完第一天的路，你总要想想第二天往哪里走吧？第一天你不可能把这片森林全部探索完，那就肯定会有下一步继续探索的方向。

7. 如果访谈前不预设主题，那么如何准备访谈问题和提纲呢？

回答：不预设主题是指你在访谈前没有一个确定的、具体的研究问题，但你肯定有一个讨论的方向或讨论所围绕的领域，那就可以进行半开放式访谈了。在半开放式访谈中，围绕这个感兴趣的方向或领域就可以准备一些开放性的问题。

比如我们研究一家企业，在行业不景气的环境下经营业绩为什么逆势增长？我们关心的肯定是这家企业如何做到了这一点。围绕这个现象，我们就可以准备一些开放式的问题，拟一个提纲。不预设主题的意思是你不要还没开始谈就想好了要谈出个什么结果，谈到哪个方向去，这就是先入为主，这是扎根研究之大忌。扎根研究的研究者的心态始终是开放的，我们随时准备接受各种可能性。

如果连这样一个方向或问题都没有，那就只能先进行开放式访谈，这就不需要准备访谈提纲，先聊起来再说。也许在开放式访谈中你会逐渐发现问题，也就是研究方向和问题自然涌现，那就再围绕这个方向和问题深入讨论。

8. 访谈提纲是否要提前提供给受访者呢？

回答：这要看情况。访谈提纲实际上主要是用来提醒访谈者自己的，以确保自己不会漏掉一些问题。但有时，受访者会在访谈前跟我们要访谈提纲，尤其是在这个人对访谈比较慎重的情况下。实际上是他想有所准备，怕谈不好，有时他还想准备一些资料。比如我们准备访谈一个企业的总经理，他可能会想："你想了解我们企业的一些情况，我要先看看你问的问题跟哪些部门有关系，我提前通知他，访谈时如果你需要，我就把他们叫来一起谈"。当然，有时受访者是不放心访谈的问题，他想心里先有个底。

这时我们就要事先给受访者提供提纲，让他知道我们想了解哪些情况。当然也要说清楚，提纲不是访谈的束缚，不是必须照这个谈，提纲是开放的，是访谈聚焦的大致问题和方向，当访谈中发现有价值的新问题时，随时可以抛开提纲，沿着新的方向谈下去。

9. 访谈后我们要为受访者提供录音文件，那么整理后的录音文本也要提供吗？

回答：提供原始录音文件就可以了，文本一般不用提供，因为从录音文件整理出文本需要花很多时间。我写博士论文的时候，所有的访谈录音文本都是我自己整理出来的。我的经验是：5min 的谈话录音，至少要花半个小时才能整理成文字并且校对无误。这会花费大量的时间和精力，不可能很快就出来。所以我们在结束访谈的当天就只能发给受访者原始的录音文件，他回去一听是今天说的这段话就行了，他心里就踏实了，主要目的是建立信任。当然在我们最后的研究成果出来以后，我们如果把发表的论文也送受访者一份，他一定会非常高兴，而且我们的研究发现和理论观点可能也会对他有所启发，甚至还能对他的实践有所指导，我们科研的价值就体现出来了。

10. 我们做访谈的时候，是否需要看受访者的表情，把他的表情记下来？

回答：应该记。他的表情，他整个人的态度和状态，是表现紧张、有戒备心理，还是比较放松，这些非语言的行为都是数据，都应该记下来。

你的研究问题如果涉及他对这件事情的态度，这些就是非常重要的数据。比如他嘴上说烦死这件事了，但可能肢体语言表现出是很乐意接受的。或者，他嘴上说的是我好幸福，实际上却苦着个脸，你就知道他在说假话。

现场记录对方态度的一种方式是用文字写下来，或者你发明一个自己明白的符号。比如他很开心就用笑脸，他不开心就画一个向下的圆弧，你就能很快记下来。因为访谈现场不好录像，所以只要你自己知道这些符号的含义，回来再整理就行。如果录了音，你回去听录音也能想起来他当时的表情和体态。

11. 请贾老师分享一次访谈不太成功的例子。

回答：我做过很多访谈，不成功的例子不止一个，可以跟大家分享。

有次我访谈一位政府官员，我做过了前面讲的访谈前的所有动作：递名片、给介绍信、提供保密协议、介绍来意等。但这位受访者戒心很强，我问的问题他明显不想谈，不想告诉我真话，要隐瞒他的真实态度。所以我用了各种方法都很难调动他，我问的任何问题，他都跟我打官腔、敷衍，说的话都正确，冠冕堂皇，但没什么有价值的东西。一问到有些敏感、有点重要、真正我关心的实质性问题，他就开始兜圈子。要么说我不知道、我不了解，要么说我不记得，你问下另外哪个部门吧。怎么办？这全都是无效数据，再谈下去就是浪费时间了。既然这样，我们就不能强人所难，不论他出于什么原因不想谈，我们不需要知道理由，必须尊重对方，实在不想谈就不能勉强，这次访谈当然就是失败的。

类似情况在我对一家国企进行访谈的时候也遇到过。当时是因为一个横向项目，和这家公司的一位高层领导谈，我猜他是对支持这项课题的另一位领导不满，所以从一开始就目无表情，冷冰冰地，一种完全不配合的态度。问他任何问题，答案都是"不知道""不清楚""不了解"，那还怎么谈？我记得那次访谈大概 10 多分钟就结束了。

访谈是研究者和受访者的互动和沟通，这需要双方相向而行，至少要相互配合，如果有一方完全没有交流的愿望和态度，这样的访谈就必然是失败的。

八、关于数据与编码

1. 编码能否用于撰写文献综述？

回答：我们在做文献综述时一般不太会进行编码，但我倒觉得这也是一个不错的尝试。因为按照扎根理论的理念，尤其是经典扎根理论，特别强调一切都是数据。既然这样，那么文献当然也是数据，所以你对文献进行编码没有问题，完全可以把文献当作数据来进行编码。当然，在写文献综述时不能仅仅在编码的基础上来进行综述，这个不太常见，但用一下编码的方法我觉得完全可以，这也是进行文献综述的很好方法，有助于我们对文献更加深入的理解和分析。

2. 一般编码的级数大概是多少？有没有参考范围？

回答：这个没有标准，也没有参考范围。为什么我前面提醒大家注意所谓的三级编码，只有程序化扎根理论才会说我经过三级编码得到了什么理论。而程序化扎根理论说的三级编码其实是程序化扎根理论研究的三个编码步骤。如果按这个逻辑，经典扎根理论就既可以叫两级编码，也可以叫三级编码，叫两级编码是因为经典扎根理论的编码程序是实质性编码和理论性编码两个步骤。如果叫三级编码，那就是开放性编码、选择性编码和理论性编码三个步骤，因为实质性编码又分为开放性编码和选择性编码这两步。但扎根范式说的几级编码是指从原始数据到最后得到的核心范畴之间经过了几个层级的抽象，这就没有绝对标准。面对不同的数据，让具有不同理论敏感性的研究者来进行分析，他们的抽象程度和水平肯定是有差异的。但我们的原则是什么呢？希望这个级数尽量多一点，这就意味着你的抽象过程没有太多的跳跃。比如水果的那个例子，你不要从"苹果"这个数据直接跳到"食品"这个概念，这个级数就太少了。

在同一个研究中，不同数据的编码级数可以不同，这个没问题，同一项研究编码抽象的级数都一样反而是不太可能的。有些数据你可能编上三级以后觉得抽象程度就够了，有些数据可能就要五六级。

3. 如何判断哪个维度的编码更好？

回答：这个没有标准，所谓的维度是看你的研究问题和研究方向。比如，我们观察那位女性管理人员的工作情形的例子，你是在研究她的性格还是在研究她的工作内容？你从哪个维度来研究就从哪个维度来编码，这个没有好坏对错。

4. 一个词语或短语可以在多个编码级别中采用吗？

回答：可以，这个没有绝对的标准，只要能够充分体现数据的特点就行。

5. 请问多案例分析是每个企业单独做扎根编码，还是混合在一起做编码？

回答：这个问题就要看你现在说的"多案例分析"是在案例研究中还是在扎根研究中。如果是做一般的案例研究，是一种"旅游式研究"，那就是混合编码，把数据都收集好了一起做编码。但如果你说的"多案例分析"是在做扎根研究，情况就不一样了。扎根研究里的多案例其实是先研究一个案例，再研究一个案例，一步步走下去，最后研究了多个案例，这个过程是"串行"的，当然是每个企业单独做，在对每个企业做调研的时候就已经开始编码了，不会一次收集几个案例的数据一起做编码。想想探险和旅游的区别，你就理解了这两件事。当然，扎根研究在完成了对所有样本的编码、已经建构了理论后，还要对数据进行回顾和比较，这时就会对以前的所有样本数据进行综合分析了。

6. 我想研究某上市公司，但又联系不到公司高管，只能用二手数据，比如新闻和公开媒体的采访，可以吗？

回答：这是很常见的情况，你只能拿到二手数据，怎么办？那就可以做文本研究，也可以做案例研究。案例研究方法没有特别强调必须要有访谈、必须要有一手数据，只用二手数据也可以做。但这种研究不能叫扎根研究，为什么？你事实上没扎根啊，没有一手数据，全都是二手数据啊，你甚至都无法确认那些二手数据的真实性。新闻和媒体的报道是别人采访的，你不知道当时的场景，为什么受访者那么说，等等。就像警察破案，你都没审过犯罪嫌疑人就给人家定罪了，这怎么行？按照扎根理论的要求，这肯定是有缺陷的。你可以说我采用了案例研究方法，用扎根范式的编码程序或编码技术进行了数据处理，这样的做法和表述完全没有问题。

7. 如果我在案例材料编码之前就指定了编码的研究视角或维度，那么这就是程序化扎根理论吗？

回答：你在对案例材料进行编码之前已经有了研究视角或维度，这几乎是肯定的，因为你的研究问题已经放在前面，数据都是围绕你的研究问题而收集的，所以你一定会有你的研究视角或维度，但这和程序化扎根理论是两回事情，程序化扎根理论是一套完整的研究方法论，你可以从不同的视角或维度去运用。

8. 您对于线上访谈的数据收集有什么看法？我只能进行线上访谈，这会在多大程度上影响我的博士论文质量？

回答：线上的视频访谈当然和线下面对面地聊有差异，但总体而言差异还不算太大，因为你和受访者可以看到彼此，你从他的表情可以看到他的态度，包括他的一些肢体语言，基本上还是可以判断出一些东西。如果只是电话访谈就不理想了，因为他传递给你的信息就只有声音，这肯定会影响你的数据质量。当然，这是不得已的情况下才这样做，有时只能视频访谈，有时甚至只能电话访谈。这也算一手数据，尽管数据的丰富性有点差。如果实在无法线下访谈，就多收集补充其他数据来进行三角检验吧。

9. 老师，我在期刊上看到了一些运用扎根理论编码技术做的文献综述，请教一下如何对文献进行编码？感觉这对理论敏感性要求太高了。

回答：文献也是数据嘛，也可以进行编码的。感觉这对理论敏感性要求太高？你编码的过程就是在训练和提高理论敏感性。理论敏感性没有太高，只有更高。不管你现在理论敏感性有多高，做几年研究后你就一定会发现，你的理论敏感性还不够高。不管你现在的理论敏感性有多低，过几年你也一定会发现，你的理论敏感性提高了。所以就是要多练，没有别的办法。对文献编码也是一样，逐字、逐行、逐句、逐段来编，把文献当成数据来进行理论归纳和抽象。

10. 利用二手数据进行补充编码的时候，它的介入阶段有没有一般性的经验或要求？比如在开放、选择、理论编码中的哪个环节？

回答：二手数据在开放性编码阶段就可以用了。你在收集一手数据的时候，在做访谈的时候，其实已经在同步收集二手数据了。访谈结束后我们一般都会请对方提供一些相关数据，这就是二手数据。在你回来对今天访谈获得的一手数据进行编码时，你可能就会发现核心范畴，这时你就可以用今天得到的二手数据来进行检验了。经过更多的访谈和编码，当你确认了核心范畴后，在进入选择性编码阶段时会再次对所有这些数据，包括一手数据和二手数据进行比较，让你的核心范畴获得饱和。到理论性编码阶段，你可能需要重新审视前面的研究过程，补充一些编码，让你建构的理论更加饱和，这时还会用到二手数据。所以，一手数据和二手数据在编码的各个阶段都需要，而不是只在某个特定阶段才使用。

11. 阅读国内很多既有的扎根理论研究，发现很多采用程序化扎根理论进行研究的三级编码，也就是选择的核心范畴都是和研究的题目中的关键词高度吻合的，这种情况您怎么看？

回答：这很正常，在他最后完成研究以后，发现了一些核心范畴，在这些核心范畴的基础上建构了理论。在这个研究基础上写论文的时候，他就把这些关键词放到了题目里，因为题目应该体现论文最核心的理论建构成果，这是非常正常的，没问题。

12. 之前也看到一些文章提到，说很多人的扎根研究最后研究出来的那些属性或概念，看上去就特别像一个理论当中的概念。但是有一些人可能认为，应该将那些非常具有本土化的、活生生的词汇，甚至可能是访谈对象说的这些词汇，用来作为核心的类属或概念，这个问题您怎么看？

回答：一般来讲，扎根理论的编码一定是对原有数据的理论化和抽象化。这也就意味着，你建构的编码和原来的原始数据应该是不一样的，因为你对原始数据进行了抽象，编码的抽象程度要比你的原始数据高。在编码过程中，上一级编码的抽象程度一定高于下一级，就这样逐层抽象上去，最后得到的核心范畴的理论抽象程度、概括程度就应该是最高的，一般情况下应该是这样。在这种情况下，很少会在最后建构的理论里出现你的数据或低层次编码里的原词。

但这不是绝对的。有时你会发现，在访谈中得到的某段数据非常好，访谈对象已经给你讲了一个理论性、抽象性很高的词汇，很传神，很符合核心范畴的特点。你编码后发现，核心范畴就是这个词，受访者讲的这个概念已经非常准确了。那么，你就可以把它当作最后理论建构里的一个核心范畴。

所以，这种情况不是绝对不可以的，还是要看那个编码本身，它是一种像我们口头语这样比较通俗的表达呢，还是需要你进行理论的抽象，还是访谈数据里已经有了这么一种带有高度理论抽象性的词汇，或者你稍微修改一下就很好的一个概念？甚至受访者的原话就已经有了无法替代的一种理论抽象的价值，那你就可以直接用这个词汇。这都要根据具体情况来定。

13. 在扎根研究的编码过程中，什么情况下需要考虑对二手资料进行编码以补充编码？

回答：二手资料是一定要补充的，就是要实现三角检验。虽然一手数据不可或缺，但并不意味着二手数据就可以没有，多种数据来源才能形成三角检验，才能更好支撑你的理论建构。一手数据、二手数据都是数据，都要进行编码，所以从开放性编码开始，你就可以对二手数据进行编码了。当然，在核心范畴涌现的时候、在建构理论的时候，也都要用二手数据来进行比较和补充。

14. 我记得听一个老师讲过，扎根理论中最核心的技术除了编码还有对比，您能否讲一下对比是什么？应该如何做、应该注意什么吗？

回答：这个我也讲过，是"不断比较"，这是扎根研究的核心思维方式。你编码的时候要不要比较？还用水果那个例子来讲。你拿一些水果，比如苹果、橘子、香蕉、梨子、火龙果、杧果，当把它们放在一起进行编码的时候，得到两个核心范畴，一个是"南方水果"，一个是"北方水果"，这是不是比较出来的？你在把这些水果进行比较的时候才能发现它们之间的差异——有的生长在南方，有的生长在北方，这样才能得到这两个核心范畴。

所以，扎根研究做编码时的思维方式就是不断比较，这是它的核心思维方法。但我没有把它当成一个核心技术来讲，因为编码是可以操作的一个技术或工具，而"比较"是在我们脑袋里发生的，是思维方式，所以我不把它理解为一种技术。当然，你说的这个老师把它说成一种技术也没问题。

至于应该如何做，那就是要发现异同，通过比较发现不同数据和编码的异同，再进行抽象化、理论化的归纳和提升。应该注意什么？注意多练习，熟能生巧，越用越熟练，不断比较非常有助于提升理论敏感性。

15. 三角检验是访谈、观察、资料三者之间的比较，请问对不同途径获得的资料进行相互验证可以算三角检验吗？

回答：理想的三角检验是既有主观材料又有客观证据，还有其他资料，这是最理想的。但如果你得到的数据不太全面，来自不同途径的话，只要能相互验证就可以算。三角不一定非得是三个，意思就是需要不同来源和途径的数据来相互印证，就像警察破案，你只要有充分的证据证明事实真相或你的推断，证据链完备，那就能算是成功破案。

九、关于理论建构

1. 贾老师，能分别说一下概念和理论怎么理解吗？

回答：概念是我们对数据进行抽象后给出的一个理论性概括，我们通过一个确定的词汇，通过抽象的文字来表达和形容一个具象的事物，这就叫作概念。比如，我们把那种植物的果实叫做百香果，这就是概念。内涵丰富、包括很多小概念的大概念就是范畴，理论表达的是范畴之间的关系，体现了事物运动或变化的规律，理论通过范畴之间的关系来实现对规律的抽象化表达。

2. 老师能否结合研究经验，再谈一谈如何从范畴建构理论，其间有哪些技巧或经验。

回答：从范畴到建构理论的过程，是你的理论敏感性的体现过程，这个过程体现了你对所研究问题的理解。你在研究中发现了某些核心范畴，进而发现了核心范畴间的关系，这些关系反映了一些规律，这些规律能够解释你感兴趣的社会现象，能够解答你在研究开始时提出的问题，而你通过建构理论把它表达出来了。

最高的技巧或经验就是多学多练，你做的研究工作越多，你的研究经验就越丰富、方法掌握得就越娴熟，你的理论敏感性就越高，你对问题的理解和理论认识就越深入，也就越有可能做出有价值的理论贡献，建构好的理论。

3. 用扎根理论研究方法或扎根范式做的研究，评阅人是否会就所得出的结论的外延推广效度提出质疑？如广东的案例是否适用于辽宁的案例？即结论的普适性问题。

回答：这个问题我们经常会碰到，尤其在前些年。你用扎根研究写了一篇论文，投稿之后评阅人经常会提出这样的质疑。但现在这样的质疑越来越少了，为什么？之所以提出这样的质疑，是因为这个评阅人并不完全理解定性研究和定量研究的区别，这一点我的体会很深。我在发表扎根研究论文的过程中被拒绝了无数次，说起来是一把辛酸的血泪史，所以大家也要有思想准备。但是，现在学术界对扎根研究、定性研究、质性研究方法的认识越来越准确，很少有人再会提出什么外延推广效度的问题。为什么？因为扎根研究的结论就是基于有限个案提出的理论假说，它当然不够普适，它的普适性仅限于我现在研究的这几个案例。你当然不能认为基于广东案例得到的结论就天然适用于辽宁，只能把它当作一个假说。

比如我研究了广东的乌鸦，得出一个结论：广东的乌鸦都是黑的。然后，我把这个结论再进行逻辑推演，判断辽宁的乌鸦也是黑的。那么这就是个假说，哪有普适性？没有普适性，需要继续研究去进行检验。这是质性研究和实证研究的分工不同，质性研究到提出假说就完成了，实证研究再拿这个假说到辽宁去检验。如果检验后这个假说被推翻，那就说明它只能解释广东的乌鸦，不适用于辽宁的乌鸦；如果通过了检验，那就说明这个理论既可以解释广东又可以解释辽宁。

4. 老师你文章中提到了格拉泽的 18 种理论基模，请问这部分对理论性编码有参考意义吗？会不会影响不预设假设的原则？

回答：格拉泽当时提出的这 18 种理论基模，叫作 coding family，直译的话应该叫"编码家族"，意思就是一种基础性的理论模型，翻译为"理论基模"是一个意译。当格拉泽提出这个东西以后，的确有人批评说，"你不是让大家不要有理论预设吗？你不是让大家不要有假设前提吗？你不是让大家以开放的心态去研究吗？你不是批评斯特劳斯的程序化扎根理论搞出因果关系的主轴模型是有理论预设吗？结果你现在搞了 18 个模板，等于比人家多搞出 17 个，这不是五十步笑百步吗？"

这个问题我这么看。第一，你仔细看看这 18 种理论基模会发现，社会科学很多理论的逻辑确实在这些基模之中。格拉泽作为一位社会学大师，对社会科学的理论形态做了非常好的一个梳理，我认为这个工作非常有价值。

第二，你既然做扎根研究，既然说不要先入为主，那就完全可以不管这 18 种理论基模，完全不需要在这 18 种理论形态中去对号入座。有没有可能你搞出来的理论模型是第 19 种呢？完全有可能。

所以，我觉得对那 18 种理论基模感兴趣的话可以看看，作为加深我们对社会科学理论的理解，作为提升自己理论敏感性的一种知识。但在实际研究中，我并不强调这个事儿，我觉得你还是抱着扎根精神、以开放的心态去研究，不要想着我的模型一定要在那 18 种理论基模里，这就违背了扎根精神。你就按照你的研究逻辑，按照规范的研究方法来做，最后建构出的理论是啥样就是啥样，不管发现了一个什么东西、建构出一个什么模型，只要它体现了你的理论敏感性，那就是你的理论，不论它是否在这 18 种理论基模之中。你看我的论文里建构的理论模型就是各种各样的，我有"导弹模型""W 模型"，还有"轴承模型""闪电模型"，等等。

5. 理论基模是不是就是研究范式？

回答：不准确，所谓"理论基模"是格拉泽提出来的"coding family"，我们意译为"理论基模"，它提供了一些基本的理论形式，可以理解为理论形态的模板。但研究范式是指整个研究的过程，像扎根范式就是一个完整的研究流程，也涉及相关的认识论，所以不是一回事。

6. 提出一个新的概念，如何才能让学术界接受呢？

回答：这个不容易，任何一个新概念都不是很容易让学术界接受的，因为科学研究必须要有一个质疑的过程，只有经受住了质疑和挑战的新概念、新理论才能被学术界广泛接受。但从研究方法和过程的角度来看，如果你提出的这个新概念是通过扎根范式的研究得来的，就意味着你有充分数量的、坚实的数据，有从数据到理论的严谨的归纳过程，有严密的逻辑推理来支撑你的这个新概念，那么学术界就比较容易接受。如果你只是拍拍脑袋就提出一个概念，学术界接受起来当然就有困难。

十、关于论文写作与发表

1. 写博士论文是否需要后半段的理论检验环节？

回答：在写博士论文时，理想的情况是把扎根范式两个阶段全部完成，你既做了理论建构又做了理论检验，这是最好的。你既建构了理论、提出了假说，又对这个理论或假说进行了检验，那就证明这个理论是成功的、有效的，你就可以基于这个研究有自信地提出一个自己的理论。

有时，你可能时间、精力不够，那博士论文的研究就会有所侧重。所以，有的论文侧重做理论建构，有的论文侧重做理论检验，也完全可以。但以我的经验，如果只做理论建构或只做理论检验，在工作量上可能会显得不太饱满，尤其是只做实证研究进行理论检验的论文，作为一篇博士论文可能会显得有些单薄。博士论文需要在理论上有所创新，而理论创新首先要通过质性研究来建构理论，如果你只用实证研究方法进行了理论检验,那么理论创新可能就不太够。如果只做理论建构,也就是论文的主要内容是质性研究,那就需要做得比较扎实,只要有明显的理论创新,实在顾不上做理论检验倒也问题不大,当然做了肯定更好。

2. 在博士论文中使用扎根理论的研究方法可以提出理论基础吗?该怎么表述才符合要求?

回答:这个问题其实没有问清楚,但我理解你想问什么。有一些论文,在前面先提出一个所谓的理论基础或一个理论模型,后面说我用扎根理论来研究,这是不符合扎根研究要求的。扎根理论包括扎根范式,最大的特点就是不预设理论前提,不预设立场,没有假设。你就是一张白纸,完全带着"空杯"的心态去研究一个全新的现象和问题,这才是扎根研究。一旦前面预设一个理论框架或理论基础,再去研究的时候就已经先入为主了。扎根研究最反对的、最怕的就是先入为主,带着旧地图怎么能够发现新大陆?

你去看看我 2010 年《管理学报》的那篇文章(贾旭东、谭新辉,2010),它回顾了霍桑实验。我们学管理的人都知道霍桑实验,这个实验做了八年,但前面五年没有任何成果。为什么?因为已经预设了立场,结果现实推翻了前面预设的所有假设。怎么办?后面三年的实验虽然没有用扎根理论研究方法,那个时候还没有扎根理论,但他的精神、思维、逻辑是完全符合扎根精神的,就是不预设立场,而是到现实中实事求是地去看看到底发生了什么。最后发现,原来影响员工积极性的不是薪酬待遇,不是什么房间里灯光亮了还是暗了,不是工作环境,是什么?是人际关系!这才发现了人际关系对员工工作绩效的影响,从而提出人际关系理论,产生了行为科学。所以扎根研究一开始一定不能预设立场,不能有什么所谓的理论基础。

3. 备忘录在正式发表论文时有什么具体要求吗?

回答:从目前期刊的要求来看,还没有对此提出什么要求,作者可以根据需要来决定是否展示。备忘录是研究者自己做的研究笔记,与最后理论模型的形成密切相关。写备忘录伴随着整个研究过程,每天的研究进展都可以通过备忘录记录下来。比如,每次访谈回来记下访谈中的感想和发现,平时有了灵感也要随时记下来,这样积累下去,最后的理论模型就会在这个过程中逐渐成型,甚至就写在了备忘录里。所以一般情况下,在正式发表的论文中不太会写备忘录,因为论文里呈现的理论模型其实就是备忘录里的成果,当然如果篇幅足够,你在论文中展示一下备忘录也未尝不可。

4. 在理论建构的时候，经常碰到审稿人质疑理论间的相关性，有些人还问为什么不用实证研究方法。案例研究应该是探索性的理论建构，如果对变量间的相关性已经有很多研究就不会用案例研究方法了。面对这些质疑，要如何回答审稿人呢？另外有些审稿人提的问题一看他就不是很懂案例研究，这时该怎么办？

回答：这个问题非常常见，不光你碰到，我也经常碰到，这反映了学术界的审稿人和专家对不同研究方法的理解程度不同。而且，长期以来在学术界一直有一种所谓实证研究方法是主流的说法，当然这个说法我是完全反对的。任何一种研究方法都有它的适用范围和边界，不存在谁主流谁不主流，而是要看你的研究问题适合用什么样的研究方法。

研究方法就是一个工具。比如前面也提到过的例子，你现在要把一根钉子敲到一块木头里，你就不能用螺丝刀，你就要用榔头；如果你要把一个螺丝钉拧到木头里去，你就要先用榔头敲一下，然后拿螺丝刀把它拧进去。你说榔头是主流还是螺丝刀是主流？方法和工具要服务于你的研究问题。所以你要证明，你的这个研究问题是适合用案例研究方法还是扎根研究方法。你要证明并说清楚，你有一颗钉子要敲进木头里，所以不能用螺丝刀，必须用榔头。

具体而言，如果你研究的是一个新的现象，那么就要进行探索性的理论建构。对新现象、新问题当然没法用实证研究，用实证研究就肯定错了，就变成你用螺丝刀去敲钉子了，你就得用榔头。扎根研究就是做探索性理论建构的，用扎根理论研究方法没问题，你只要能把这件事儿说清楚，你的研究方法选择就有了合法性。你只需要证明现在的任务是敲钉子，那就必须用榔头而不是螺丝刀。专家肯定不会问，你敲钉子怎么不用螺丝刀啊？如果这么问他就是外行了，螺丝刀本来就不是敲钉子的，对不对？所以关键是你要把这个问题说清楚。

当然，有些审稿人确实不一定对案例研究和扎根研究很专业，提这种问题的一般都是搞实证研究的，他就会觉得你为什么不用实证研究方法？我们学术界经常有一句话：当一个人掌握了一把榔头后，就可能看什么都是钉子，即便他看到一个螺丝钉也要当钉子敲。那你就要向他证明，这个螺丝钉不能用榔头敲，只能用螺丝刀把它拧进去。你要跟他沟通，要把这个事儿说清楚，我的研究方法和我的研究问题是匹配的，我这个研究方法就是来解决这个研究问题的，用别的方法都不合适，那么一般审稿人也会理解和接受。

这个问题前些年还比较常见，现在不太多了，经过这么多年对定性研究方法、案例研究方法、扎根研究方法的宣传推广，应该说学术界大多数专家都能正确认识案例研究、扎根研究、定性研究和实证研究之间的关系，应该不会还认为用案例研究、扎根研究就不科学，必须用实证研究才科学，持这种观点的专家越来越少了。所以这个问题的关键在于，你自己要把研究问题和研究方法间的适切性表达清楚。

5. 曾经使用贾老师的扎根范式撰写论文，但由于操作流程不清晰，被编辑要求改回来用扎根理论，我感觉他是不是觉得扎根范式和扎根理论不太一样，不知道这是一个什么样的问题？

回答：什么叫扎根范式？扎根范式可以分为广义和狭义的。广义而言，你用扎根理论任何一派都可以叫作扎根范式。所谓范式就是一种研究的模式，大家看我2020年在《科研管理》发的那篇文章《扎根理论的"丛林"、过往与进路》，我把扎根理论主要的三大学派做了一个比较系统的梳理（贾旭东、衡量，2020）。扎根理论至少有三大学派、三个主流，但还是有一些小的分支，或者有一些小的改进。你不管用他们哪一学派提出的扎根理论研究方法，都可以叫扎根范式，这是广义的扎根范式。狭义的扎根范式就是我2016年在《管理学报》发的那篇文章中提出的"中国管理扎根研究范式"（贾旭东、衡量，2016）。如果你说是"贾老师提出来的扎根范式"，那说的就是这个"中国管理扎根研究范式"，狭义的扎根范式。

在这个问题里，你其实已经给出了答案，编辑为啥让你改？因为你的操作流程不清晰。"中国管理扎根研究范式"也有流程图，有可能你在论文里没有把这个流程表达清楚。当然还有可能是因为这个扎根范式是2016年才提出来，编辑和评审专家可能都还不太熟，他们可能更熟悉传统的扎根理论，所以可能说你还不如用扎根理论，但我觉得主要问题是你没写清楚。根据我掌握的信息，我们提出的狭义的扎根范式现在已经被应用到了很多社会科学研究领域，发表了几篇不错的论文。有的发表在国家自然科学基金委员会A类期刊、管理学界的顶刊《管理评论》上（石冠峰等，2022；刘刊、周宏瑞、侯月婷，2022），还有用扎根范式做研究的法学论文发表在法学领域的C刊上（张海、陈爱武，2022）。

所以，问题不在于你是用了广义的扎根范式还是贾老师的狭义的扎根范式，问题是你不管用哪个，都要把操作流程写清楚。比如，你用经典扎根理论研究，那你就要说清楚，我怎么做开放性编码？在开放性编码中如何得到核心范畴？我又怎样进行选择性编码，核心范畴如何实现饱和？最后，我怎么进行理论性编码，如何建构理论，理论又是怎么饱和的？这个过程中的几个关键节点要表达清楚，要让编辑、让读者能够看到，你最后的理论建构确实是从原始数据一步步地抽象、归纳、提炼而得到的，这样你的操作流程才清晰，那他就不会让你改了。所以你还是再去改改你的论文吧。

第四章 扎根范式与其他方法的结合
CHAPTER 4

第一节 以实证研究进行理论检验

自然科学旨在寻求自然界事物间的普遍性联系,其理论往往要通过描述事物运动状态、相互关系等要素数量上的规律来体现。因此,自然科学非常重视研究事物在"量"的方面的特征,这使得定量研究受到高度重视,进而发展出了实证研究方法,其基本规范就是用经验材料证明或证伪理论假说。

在扎根范式的理论建构阶段,研究者已经基于对有限样本的扎根研究初步建构了理论,继而,在理论检验阶段,我们就可以采用实证研究方法进行理论验证,以提高前期建构理论的普适性。

一、实证研究简介及其要素

1. 实证研究简介

实证研究(empirical research)是基于观察和试验取得的大量事实、数据,利用统计推断的理论和技术,引进数量模型进行理论检验,旨在通过数量分析的方法建立和检验知识性命题。实证研究主要进行定量分析,更能反映社会现象中"量"的方面的规律,使我们对社会现象的研究更加精确。

"实证研究"这一概念有广义与狭义之分。广义的在此不做介绍,狭义的实证研究是以经验和观察为前提的量化研究方法,其中要注意两点:第一点是研究根据经验和观察展开;第二点是采用量化研究技术。质性研究更强调第一点,因而也有旨在进行理论验证的案例研究方法;而定量研究更强调第二点。模型研究即运用数学模型的量化研究方法(通过抽象和形式化的方法描述系统和过程的数学表达式),因其缺乏经验和观察要素而不属于实证研究范畴。模型研究、实证研究、质性研究遵循的研究路径完全不同,如图4-1所示。

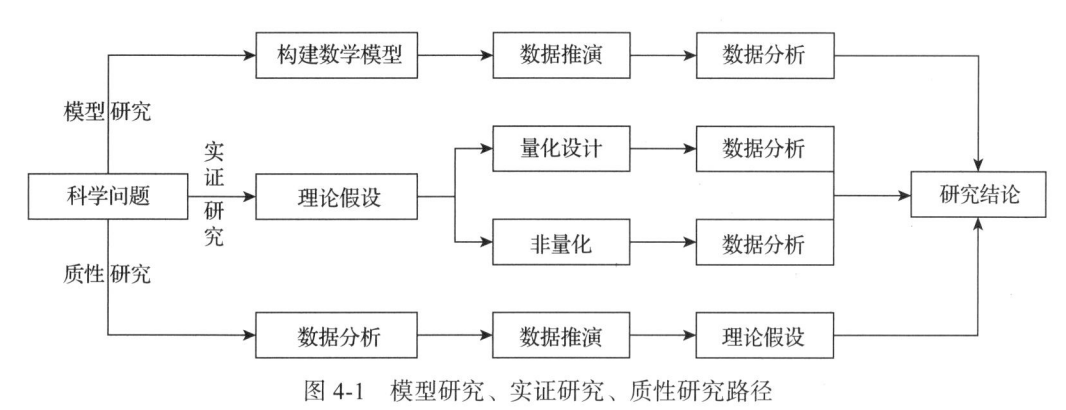

图 4-1　模型研究、实证研究、质性研究路径

资料来源:KERLINGER F N, LEE H B. Foundations of behavioral research[M]. 4th ed. New York : Harcourt College Publishers, 2000.

2. 实证研究要素

实证研究基于理论提出假设,通过收集定量数据并对其进行分析形成结论,对理论假设进行检验。实证研究具有三方面的要素:理论、数据和方法。

(1)理论。理论是实证研究的基础。脱离了科学理论的实证研究就像没有根基的大厦,难以立足。实证研究从提出研究假设、设计研究变量、建构模型到分析结果的各个环节都离不开理论的指导。科学理论为实证研究提供了研究的方向和框架,帮助研究者明确研究问题、提出假设,并指导数据收集和分析的过程。

完整的扎根范式研究程序包括理论建构和理论检验两个阶段,理论建构阶段主要采用定性的扎根研究方法,理论检验阶段主要采用定量的实证研究方法。先扎根于实践情境构建"扎根理论",为后期研究提出假设、设计实证研究方案打下了坚实的理论基础;通过后期的实证研究以证实或证伪前期建构的理论,如果理论被证实,那么该理论的普适性就大为提高。因此,通过完整的扎根范式研究程序,我们能够获得足以指导更加广泛实践的优秀理论。

(2)数据。数据是实证研究的核心,没有数据,实证研究就无法进行。数据的完整性、准确性和可靠性直接影响到实证研究的结论。在实证研究中，研究者需要根据研究假设和理论框架，收集与研究问题相关的数据。一般通过问卷调查、实验、观察、数据库等多种方式收集数据，获得的数据经过清洗和整理后用于分析，以得出正确的研究结论。

（3）方法。方法是实证研究的工具。不同的研究问题、不同的数据类型可能需要不同的研究方法。实证研究主要采用了计量经济学的分析技术，并综合运用统计推断、参数估计等现代统计学方法开展研究，如回归分析、方差分析、因子分析等。研究者要根据研究目的来选择适当的研究方法并收集适合的数据。

综上所述，理论、数据和方法是实证研究的三大构成要素。它们相互依存、相互促进，共同构成了实证研究方法体系。在进行实证研究时，研究者需要充分考虑这三个要素，以确保研究的科学性、准确性和可靠性。

二、实证研究的特点及要求

1. 客观性与价值中立

客观性：实证研究强调以实际经验为基础，通过系统地观察、实验和数据分析来揭示事物之间的内在联系和规律。研究者在进行研究时必须保持价值中立，避免将个人主观价值标准和好恶带入研究过程，以确保研究的客观性和公正性。

价值中立：这一原则有助于排除个人偏见对研究结果的影响，使研究结论更具说服力。

2. 可观察性与可验证性

可观察性：实证研究基于可观察的经验事实，这些事实是通过观察、实验或调查获得的（扎根范式的理论建构部分提供了观察、实验或调查的完整方法和程序）。研究者通过对这些事实的收集、分析和解释来建立和检验知识性命题。

可验证性：实证研究的结果具有可验证性，即其他研究者在相同或相似的条件下可以重复实验，以验证结果的可靠性。这种可验证性确保了研究的普遍性和有效性。

3. 定量与定性结合

实证研究主要采用定量方法，涉及对大量数据的收集和分析，这些数据往往是可量化的，便于进行统计分析和比较。例如，问卷调查、统计分析等定量方法被广泛使用。当然，实证研究有时也会在提出理论假设的阶段采用定性方法，如访谈、观察等。在扎根范式的理论建构阶段提供了实现这部分工作的多种方法和系统程序，能以更加规范、科学的定性研究建构理论或提出假说，与定量的实证研究方法各自发挥所长，建构既扎根实践又具有普适性的优秀理论。

4. 实验性与控制性

实验性：实证研究往往通过实验设计来观察变量之间的关系，从而确定因果关系。研究者通过控制实验条件来排除其他干扰因素，提高研究的内部效度。

控制性：对实验条件的严格控制有助于确保研究结果的准确性和可靠性。

5. 解释性与预测性

解释性：通过实证研究，验证和揭示了社会现象中蕴含的内在联系和规律，可以解释现象背后的原因和机制，为实践提供指导。

预测性：通过实证研究对扎根研究建构的理论进行验证，从而建构具有一定普适性的新理论，这样的理论在其适用范围内具有预测性，能够预测社会现象和事物的发展趋势，从而更好地指导实践。

实证研究方法已在自然科学、社会科学多个领域得到广泛应用。社会科学领域所运用的实证研究方法源自自然科学研究，它在研究社会事物的运动及其相互关系中"量"的方面具有突出优势，能够发挥定性研究所不具备的功能和作用。但我们必须看到，实证研究遵循着假设检验的基本研究逻辑，正如前文所述，将它运用于社会科学研究时要注意其适用范围及其与定性研究方法的先后顺序，应将它与先导性的定性研究相结合才能避免霍桑实验早期犯下的错误。

三、实证研究的常用方法

实证研究实际上已经形成了一种研究范式或程序，其中也经常运用其他多种研究方法，如个案法、观察法、调查法、实验法、文献法、机器学习法等。这些方法各有特点，适用于不同的研究领域和问题。

一般而言，个案法、观察法和调查法中的访谈都是定性研究常用的方法，在实证研究中，一般都在提出假设或命题的前期阶段使用这些方法。而扎根范式的理论建构部分要综合运用这里的个案法、观察法、文献法，并根据扎根范式的认识论，将它纳入扎根研究的总体流程，使它能够更加系统地发挥作用，为后期以大样本统计检验为核心方法的实证研究打下坚实的定性研究基础。

1. 个案法

个案法即案例研究法，是深入探究单个或多个案例的方法，它通过在较长时间里连续对小样本的个体、群体或组织进行调查研究并收集尽可能全面的数据资料，强调对研究对象进行全面、深入的剖析，以揭示其内在的逻辑和机制。通过对特定案例的详细描述和分析，研究者可以提炼出案例的主要发现、启示和局限性，为相关领域提供有价值的见解。

2. 观察法

观察法是由研究者通过参与或非参与的方式，直接观察他人的言行，并将其发现按时间顺序进行系统记录的研究方法。这种方法具有自然性和真实性的优点，因为研究者是在不干扰研究对象正常活动的情况下进行观察的。通过长期、系统的观察，研究者可以深入了解研究对象的行为模式、心理状态等。

3. 调查法

调查法通过问卷、访谈等方式收集数据，并运用统计学方法对数据进行分析和处理。这种方法能够收集到大量一手资料，为深入研究提供丰富的基础数据。调查法常用于市场营销、社会学、教育学等多个领域。如在市场营销领域，研究者可通过问卷调查、深度访谈等方法了解消费者的购买意愿、品牌偏好、消费行为背后的原因等。

4. 实验法

实验法是实证研究中的一种重要方法，它通过设计并营造严密控制的环境条件，有目的地给被试者一定的刺激，在引发其某种心理或行为反应后，对此进行研究并得出结论。实验法的核心在于控制变量，即确保除了研究者感兴趣的变量外，其他所有可能影响结果的变量都被严格控制或保持不变。这种方法能够揭示特定条件下的心理或行为反应规律，具有很高的内部效度，广泛应用于心理学、生物学、医学等领域。

5. 文献法

文献法是通过系统地搜索、筛选和整合相关文献，来梳理研究领域的现状、发展趋势和存在的问题的研究方法。文献法具有全面性、系统性和前瞻性的优点，通过全面梳理研究领域的文献，研究者可以深入了解该领域的理论基础、研究方法和研究成果，通过系统分析文献之间的关联和差异，研究者可以揭示研究领域的热点问题和未来发展趋势。

6. 机器学习法

近年来，随着大数据和人工智能技术的发展，结合机器学习的方法进行实证研究越来越受到重视。机器学习法可以显著提升因果效应估计的可靠性和准确性，与经典的因果推断方法（如双重差分法、合成控制法、断点回归法等）相辅相成。这种方法适用于经济学、社会学等多个领域，通过机器学习法对复杂数据进行分析和处理，研究者可以发现数据背后潜藏的复杂关系，从而得出更为准确的结论。

综上所述，实证研究也是一个开放的方法体系，可以采用多种多样的方法和工具。由于每种方法都有其独特的优势和适用范围，所以在选择研究方法时，研究者要根据研究目的、对象和条件等多种因素综合考虑。而且，不同方法在实证研究的不同阶段扮演着不同的角色。观察法、文献法、调查法为实证研究的调查问卷设计提供了支持；个案法、调查法为实证研究的量表设计提供了支持；实验法、机器学习法为问卷处理提供了支持，如图4-2所示。扎根范式的理论建构阶段可以综合运用观察法、文献法、调查法和个案法，故而调查问卷及量表的设计都可以通过前期的扎根研究来完成。

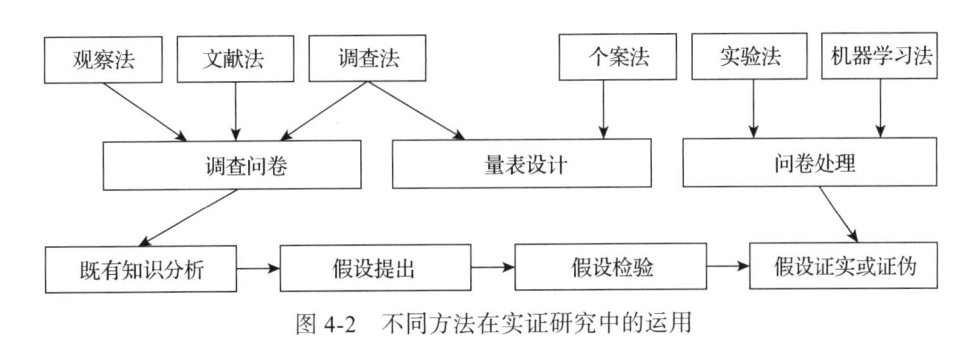

图 4-2 不同方法在实证研究中的运用

资料来源：KERLINGER F N, LEE. H B. Foundations of behavioral research[M]. 4th ed. New York : Harcourt College Publishers, 2000.

四、实证研究的主要步骤

如果把实证研究看作一个完整的研究程序，则其包含了提出研究问题、文献综述、提出假设、问卷设计、数据收集与分析等步骤。

1. 提出研究问题

实证研究一般讨论的是概括性问题、差异性问题、推断性问题、评价性问题和因果性问题。在扎根范式的研究框架中，后期实证研究的理论框架源自前期定性研究所建构的理论，研究假设和变量关系也可由前期的定性研究提出。

2. 文献综述

实证研究中文献综述的内容聚焦于研究自变量、因变量以及自变量和因变量关系的相关文献。研究者应首先找到本领域出现频率最高的文献，再从该文献中找到其他相关文献（引用、被引用）。可借助知网、万方、百度学术等文献搜索引擎，按关键词、主题、作者等进行文献搜索。具体包括以下环节。

（1）确定文献范围。用合理的依据明确需要回顾和不需要回顾的文献范围的理由。

（2）聚焦回顾的领域。区分研究领域已经做了什么以及应该做什么。

（3）研究话题与目标领域对话。讨论研究话题与目标领域的内在关联性，将目标领域作为研究话题的背景。

（4）确定关键词（变量）。对变量的概念范围进行深入探讨，同时，讨论变量中的模糊之处。

（5）表述关键词与现象间的关联。借助现象对其中变量的模糊之处进行描述，并指出现象与变量在模糊之处的假设。

（6）确定实证的研究方法。回顾既有研究对该现象的研究方法，以明确具体的实证研究方法。

（7）表述研究的意义。讨论研究该现象以及与之相关假设的学术意义和实践意义。

3. 提出假设

实证研究的基础关系是因果关系（程序化扎根理论研究得出的理论即为因果关系，因而很容易与实证研究方法对接；扎根范式理论建构阶段的研究既可发现因果关系，也可提出其他假设，故可灵活运用实证研究的方法以检验因果关系或其他假设）。在因果链上，结果变量称为因变量，原因变量为自变量或预测变量，介于因变量和自变量之间扮演媒介作用的变量为中介变量。如果因变量和自变量之间有关系，且因为第三个变量的作用而显著，那么这个变量就是调节变量。除了自变量以外，其他引起因变量变化的变量是控制变量。

实证研究中提出假设的方式常有以下类型：①条件性假设，即类似"如果……就……"的句式；②理论性假设，即根据某理论的逻辑得到某种判定，如"创新会提升企业绩效"这种专有名词组成的判断句式；③必然现象假设，对一个现象出现必然伴随另一个现象产生的假设，如"冬季的到来会带来被子销量的变化"。每提出一个变量都要解释该变量的含义和依据，同时变量内容要与既有文献进行对话。

4. 问卷设计

实证研究中调查问卷的类型有结构式（有明确答案）和非结构式（没有明确答案）两类。问题的形式可分为：是或否式；程度式（非常好、很好、好、一般、不好）；选择式；排序式等。

问卷设计原则以通俗易懂、范围明确、不含歧义、作答时间 20min 以内为宜。在有限时间条件下，样本调查体量至少是题目数量的 5 倍；在时间精力允许的条件下，样本调查体量可以达到 10 至 25 倍；在大样本或机器学习的帮助下，样本量可以放大到更高的倍数。问卷结果的筛除原则是：如果未作答内容过多，则该问卷予以删除；如果问卷选项完全一致，则予以删除；在同一个团队或组织内，如果问卷结果雷同，则予以删除。

5. 数据收集与分析

在扎根范式的研究框架中，前期调研所收集的数据也可以为后期的实证研究所用。如果实证研究数据不足，既可回到前期研究的调研对象或情境中继续收集补充，也可寻找更多新样本，收集更多新数据。

信效度分析。信度是采用同样的技术重复测量同一对象时，得到相同结果的可能性。比如，对同一个研究对象提出相同的问题，早上和晚上的答案不一样，说明信度不高。内部一致性信度是指一个概念的多个计量指标的一致性程度，主要通过多个指标的相关系数分析（常用 α 表示），α 越大表明内部相关一致性越高，越有利于概念的解释。信度关注的是测量结果之间的关系，而效度则强调想要测量的结果和实际测量结果的关系，效度越高越一致有效。

在信效度的基础上，形成了实证研究经典分析方法的框架结构，即描述性统计、信度分析、因子分析、方差分析。

描述性统计是统计分析的第一步，需要对数据的最大值、最小值、均值、方差、标准差、中位数、众数、正态标准差等进行描述，整体观察数据的有效性及分布情况，但不做解释和分析，只进行描述。

信度分析是统计分析的第二步，用于分析测量量表的内部一致性。一般而言，信度系数 α 大于 0.5 说明信度较好，最好是 0.7 以上。

因子分析是统计分析的第三步，其目的在于借助公因子代表不同的行为特征，以解释相应的行为。因子分析有两种：探索性因子分析和验证性因子分析。SPSS 软件中可以用 KMO 检验分析数据是否适合因子分析，一般而言 KMO 值大于 0.7 表明数据适合做因子分析。

方差分析是统计分析的第四步，其目的在于通过一个或几个相互独立变量的均值间的差异性来突出其统计意义。例如，测试顾客满意度在性别因素上是否有差异。对性别因素而言，一般有两种情况，因此可以采用独立样本 t 检验。如果对顾客满意度而言是具有两种以上情况的要素，则可以采用单因素方差分析。方差分析方法的评价标准，主要看显著性概率 sig.（2-tailed）。如果样本数据有 ***（三颗星）或小于 0.001，则在 $p<0.001$ 的水平上显著；如果样本数据有 **（两颗星）或小于 0.01，则说明在 $p<0.01$ 的水平上显著；如果样本数据有 *（一颗星）或小于 0.05，说明在 $p<0.05$ 的水平上显著。

五、实证研究方法的新发展

实证研究方法已经被广泛应用于社会科学研究的众多领域，随着以大数据、云计算、人工智能为代表的新技术迅猛发展，实证研究方法有了更多的新发展。扎根范式作为一个开放包容的社会科学研究范式，完全可以结合这些新的实证研究技术，或对前期建构的理论进行更加深入全面的验证，或实现其他研究目标。

1. 先进的统计分析方法

随着统计学的发展，越来越多的先进统计分析方法被应用于实证研究中。这些方法包括但不限于多重比较检验、多因素方差分析、协方差分析、复杂回归模型（如广义线性模型、混合效应模型等）以及贝叶斯统计方法等。这些方法的应用使得研究者能够更深入地探究数据背后的复杂关系，提高研究的准确性和可靠性。

2. 实验设计与随机对照试验

在实验研究中，实验设计和随机对照试验（RCT）是最常用的方法之一。通过精心设计的实验和随机分配被试者到实验组和对照组，研究者可以探究特定干预措施对被试者的影响。这种方法具有很高的内部效度，能够揭示特定条件下的心理或行为反应规律。随着在线实验平台和移动应用程序的兴起，实验设计和随机对照试验的应用也越来越广泛。

3. 结合机器学习的因果推断方法

在经济学和社会科学研究中，理解"是什么导致了什么"至关重要。机器学习的强大预测能力为这一问题提供了新的研究方法。结合机器学习的因果推断方法可以显著提升因果效应估计的可靠性和准确性。例如，双重差分法（DID）、合成控制法（SCM）和断点回归法（RD）等经典的因果推断方法现在与机器学习相辅相成，让实证分析变得更加准确。通过利用 Lasso 回归、岭回归等技术，研究者能够选择出对因果分析贡献最大的变量，从而得出更为精准的结论。

4. 大数据与人工智能技术

以大数据和人工智能为代表的新技术正在蓬勃发展，为实证研究提供了获取数据的更多方式和更加高效准确的数据分析方法。通过挖掘和分析大数据集中的信息，研究者可以发现隐藏的规律和趋势。如果能够通过大数据技术掌握研究对象总体的完备数据，则在此基础上开展实证研究后建构的中层理论就将对这一研究对象总体具有完全的普适性，可以完整地诠释该特定社会领域的现象并指导实践。同时，人工智能技术如自然语言处理、图像识别等也可以被应用于实证研究中，以提取和分析非结构化数据（如文本、图像等）。

这些方法的应用极大地扩展了实证研究的范围和深度，也使得扎根范式的研究能够获得更高质量的理论成果。本章第二节将对由此而产生的计算扎根方法及其与扎根范式的结合进行更多介绍。

5. 跨学科研究方法

跨学科研究是最新的社会科学研究方法的发展方向，即通过将不同学科的知识和方法相结合，使研究者可以从多个角度和不同层面探究问题。例如，在经济学研究中，可以结合心理学、社会学、政治学等学科的知识和方法来探究经济现象背后的原因和机制。这种跨学科的研究方法有助于更系统和全面地揭示复杂的社会运动规律。

观察当前社会科学研究方法的发展进程可以发现，实证研究与质性研究相结合已经成为一个越来越明显的趋势。与质性研究的结合能够规避实证研究方法两方面的不足：其一，实证研究假设的提出更多依赖既有理论，而既有理论间却不一定有相关性，明确的因果关系更少，在此基础上提出的假设即便得到了数据支持，仍可能来自研究者的主观认知而非真实的社会规律；其二，研究假设的内容与真实的实践场景往往相去甚远，难以广泛应用于实践。

回顾霍桑实验的整个过程足以证明，当面对一个全新的社会现象时，基于既有理论提出研究假设并进行实证研究从根本上就是错误的研究方法，正如拿着旧地图试图寻找新大陆，不但难以提供有解释力的理论，更浪费了宝贵的科研精力和资源，而且最终一定会像霍桑实验的前期研究阶段一样无果而终。只有先采用定性研究方法深入实践情境进行访谈和观察，倾听社会现象当事人和实践者的心声，才有可能获得新的发现。在此基础上提出研究假设，再设计实证研究予以检验才有可能获得有洞见、有价值的新理论。

先通过定性研究方法的归纳逻辑完成从实践情境到提出理论假说的工作，再采用实证研究方法的演绎逻辑完成从假设到检验的理论验证工作，正是"华莱士科学环"所表达的完整的科学理论建构逻辑（陈茁、陈云松，2023），如图4-3所示。相比自然科学，这一逻辑显然更加适用于社会科学研究。

图 4-3 华莱士科学环

资料来源：陈茁，陈云松.计算扎根：定量研究的理论生产方法[J].社会学研究，2023，38（4）：50-73+227.

扎根范式从理论建构到理论检验的两大研究阶段就体现了"华莱士科学环"的科研逻辑，综合了归纳法和演绎法，发挥了质性研究与实证研究方法各自的优势，更通过整合和优化扎根理论三大学派的方法技术，为扎根实践的质性研究提供了科学、规范、系统、清晰的研究程序。

通过扎根范式开展社会科学研究，能够建构起一个既扎根于现实情境和数据，又得到更多数据检验的真正的"扎根理论"，这样的理论既具有明显的理论贡献，又能诠释现实、指导实践，并为未来的实践提供预测，建构这样的理论是我们社会科学研究者应该追求和努力的目标。

第二节 计算扎根方法

一、计算扎根方法简介

随着信息技术的迅猛发展，数据要素已经成为人类生活的重要组成部分，计算机技术在推动社会发展的同时也在推进着社会科学研究方法的创新，计算机科学的研究方法开始逐步应用于质性研究，在社会科学不同领域都产出了相关成果，我们从研究领域、研究方式和研究内容三个维度整理了一些代表性成果，如表4-1所示。

表4-1 计算机方法应用于不同社科领域质性研究的相关成果

研究领域	作者	发表时间
政治学	Grimmer	2010
	Schwartz、Ungar	2015
心理学	Tausczik、Pennebaker	2010
	Yu、Ho	2014
研究方式	**作者**	**发表时间**
计算事件数量	Nardulli、Althaus、Hayes	2015
识别句式	Franzosi	2004
解读文化内涵	Bail	2014
	DiMaggio、Nag、Blei	2013
评估文化意义	Mohr	1998
	Reed	2015
	Spillman	2015
研究内容	**作者**	**发表时间**
社会网络分析与群体传播	Nelson	2017
心理学与情感计算	陈苗、陈云松	2023

1. 计算扎根的定义

大数据的出现为机器学习提供了可以大规模训练的素材，也点燃了社会科学学术界利用机器学习进行内容分析的热情，以机器学习为代表的实证研究方法开始向质性研究领域拓展，催生了计算扎根方法。

计算扎根是指扎根理论结合机器学习的归因算法，是通过知"果"寻"因"的方式，生成因果变量关系的过程（Nelson，2017；陈苗、陈云松，2023）。首次提出计算扎根方法的尼尔森（Nelson）指出，计算扎根的思路是打通从数据到理论的路径，借助机器学习的预测能力和可解释的归因算法，基于因果是可预测性的充分不必要条件这一规律，实现用数据来直接生成关于既定因变量的机制理论（Nelson，2017）。其中要强调两点：第一，计算扎根关注的是计算机科学中机器学习的算法，通过机器学习来提升大数据处理能力；第二，计算扎根是先确定因变量再探寻自变量的过程，更准确而言是从大样本的不同自变量中锁定对因变量影响最大的自变量，因此，这里的因果关系不是不存在而是不确定。

2. 计算扎根的形成背景

（1）数智时代的科学研究新机遇。数智化的时代浪潮彻底重塑了人类社会信息的存在与交互方式，它不仅深度渗透到我们的日常生活，更在科学研究领域掀起了惊涛骇浪，尤其在社会科学研究范畴，引发了一场意义深远的"计算革命"。

互联网的普及让人类的社会活动被全方位记录并数字化。从日常的社交互动、网络购物，到出行轨迹、工作协作，每个行为都在网络世界留下了独特的数字印记。同时，大量行政档案和历史档案也在数字化的进程中重焕生机，这些档案承载着过去的社会记忆与信息，为研究提供了丰富的数据。这些新型数据并非整齐排列在表格中的数字与简单文本，而是呈现出显著的非结构化特征。以社交媒体平台为例，用户发布的每一条动态、每一张照片、每一段视频，都包含着个人的情感表达、生活状态及社交关系等多维度信息。这些信息相互交织，构成了一个庞大而复杂的非结构化数据网络。语言在其中不仅仅是文字的简单堆砌，还蕴含着情感倾向、文化背景及时代特征。位置信息则能反映出人们的活动范围、地域偏好及城市的流动规律。运动数据可揭示个体的健康状况、生活习惯的变化趋势。社交网络结构则展现了人际关系的疏密程度、信息传播的路径及群体的形成与演变。

面对如此复杂且庞大的非结构化数据集，传统的数据分析方法已经显得力不从心，而新兴的计算技术为处理这类数据提供了强大的工具和手段。自动化文本分析技术能够快速对海量文本进行分类、情感分析和主题提取。通过自然语言处理算法，计算机可理解文本中的语义，将一篇篇新闻报道、社交媒体评论等按照不同主题进行归类，判断其中的情感是积极、消极还是中性的，从而挖掘出公众对特定事件、产品或政策的态度与看法。

数据类型和分析方法的双重变化共同推动了社会科学研究领域的深刻变革，催生了计算社会科学（data-driven social science）这一新兴的跨学科研究领域。计算社会科学融合了社会学、计算机科学、统计学、数学以及物理学等多学科的理论与方法，致力于对复杂的、大规模的人类或模拟人类行为的数据进行计算方法的开发与应用。

在社会学领域，计算社会科学为研究社会结构、社会变迁及社会关系提供了全新的视角和方法。研究者可通过分析大规模的社交网络数据，深入了解社会分层的形成机制、社会流动的规律及社会群体间的互动模式。在科学、技术、工程和数学等领域，计算社会科学也发挥着重要作用。例如，在城市规划中利用计算社会科学方法分析人口流动数据、交通数据等，可优化城市布局、提高城市运行效率；在医疗领域，通过对患者的健康数据、基因数据及医疗记录进行分析，可实现疾病的早期预测和精准治疗。

大数据技术已经为知识要素、研究过程、信息处理以及现象的观察和分类带来了深远影响。它打破了传统学科间的界限，使不同领域的研究者能够携手合作，共同探索复杂的社会现象。通过对海量数据的分析，我们可以发现以往难以察觉的社会规律和趋势，为解决社会问题提供更加科学有效的方案。正如博伊德（Danah Boyd）和克劳福德（Kate Crawford）所言，计算社会科学正在重塑我们对知识的定义。

（2）机器学习在多个科学领域的进展。随着科技的飞速发展，机器学习技术凭借其强大的数据处理与分析能力，逐渐渗透到各学科领域，为科学研究带来了全新的视角与方法，通过机器学习辅助科研正在成为一股不可忽视的前沿潮流。

国际顶尖学术期刊 Nature 曾以"AI-guided Intuition"为封面标题，大胆预言人工智能将在引导科学直觉方面发挥关键作用。这一具有前瞻性的观点引发了科学界对机器学习与科学研究深度融合的广泛关注与深入探讨。它揭示了一个全新的研究方向，即机器学习不再仅仅是数据处理的工具，更有可能成为激发科研人员灵感、引导科学探索直觉的强大助力。

在数学领域，机器学习的应用已展现出独特的价值。传统数学研究往往依赖数学家们深厚的理论基础和敏锐的思维洞察力。然而，随着数据量的爆炸式增长以及问题复杂程度的不断提升，传统方法面临着巨大挑战。Davies 等人在 2021 年的研究中创新性地运用机器学习算法，为数学研究开辟了新路径。通过对海量数据的学习分析，机器学习模型能够发现隐藏在数据背后的模式和规律，这些发现不仅为数学家们提供了新的研究思路，还能辅助他们提出更具创新性的猜想。例如，在复杂的数论问题研究中，机器学习模型可以通过对大量数字序列的分析，发现潜在的数学关系，从而引导数学家进行更深入的理论证明。

管理学领域同样在积极拥抱机器学习技术。在当今复杂多变的商业环境下，企业管理者需要面对海量的市场、客户及内部运营数据。如何从这些数据中提取有价值的信息，做出科学合理的决策，成为管理学研究的重要课题。有学者通过构建机器学习模型，对企业的历史数据进行分析，将其用于预测市场趋势、客户需求及企业运营风险，这种基于数据驱动的决策方式较传统的经验决策更加科学和精准。机器学习还可以帮助管理者发现企业运营中的潜在问题和优化空间，为企业的可持续发展提供有力支持。

在实证研究方面，机器学习与可解释性 AI 相结合的方法路径也取得了显著成果。在医学领域，Nemesure 等人在 2021 年的研究中运用机器学习算法对大量的心理数据进行分析，挖掘出与焦虑相关的多种潜在因素。通过可解释性 AI 技术，研究人员能够深入理解这些因素间的作用机制，为焦虑症的预防和治疗提供了科学依据。Moncada-Torres 等人在 2021 年的研究中借助机器学习和可解释性 AI 技术，对乳腺癌患者的临床数据、基因数据等进行全面分析，发现了一系列与乳腺癌生存率密切相关的潜在变量，为乳腺癌的个性化治疗提供了新的靶点和思路。

二、计算扎根方法的研究框架

1. 计算扎根方法的三步框架（尼尔森）

尼尔森提出了计算扎根方法的三个步骤，为高效且科学地处理复杂数据提供了有力的工具。这一框架通过模型识别、模型细分和模型确认三个关键步骤，构建了一个有效的、严格的、可重复的计算扎根理论研究过程。

（1）模型识别。模型识别是计算扎根理论研究的基础和起点。这一步的首要任务是将不同类型的数据进行数字化转换。随着信息技术的飞速发展，我们所接触到的数据来源广泛且形式多样，包括但不限于文本、图像、音频等，将这些原始数据转化为计算机能够处理的数字形式是后续分析的前提条件。

采用无监督机器学习算法检测文本是这一阶段的核心操作。无监督机器学习算法能够在没有预先标记数据的情况下，自动发现数据中的模式和结构。对于大量的原始文本数据，通过对文本特征的学习，将冗长复杂的原始文本简化为一个易读易解的词汇列表。例如，在处理新闻报道时，无监督机器学习算法可以提取出关键的名词、动词等，将新闻的核心内容以词汇的形式呈现出来，使研究者能够快速把握文本的大致主题和关键信息，为后续更深入的分析奠定基础。

（2）模型细分。在完成模型识别，得到数字化的词汇列表后，研究进入模型细分阶段。这一步主要是以词频方式对数字化后的数据进行清洗。词频是指某个词汇在文本中出现的频率，研究者通过统计词频可以发现在文本中占据主导地位的词汇。

对基于词频统计的数据进行清洗，就是去除那些出现频率过高或过低、对文本核心内容表达作用不大的词汇。比如一些常见的虚词（的、地、得等），它们虽然在文本中频繁出现，但传达关键信息的作用较小，通过洗涤可以去除这些冗余信息，使数据更加精练。

在完成数据清洗后，要对文本内容进行细分、阐释和修改。细分是将文本按照不同的主题、语义等维度进行拆解，例如将一篇关于科技发展的文章细分为人工智能、大数据、物联网等不同的技术领域相关内容。阐释则是对细分后的每一部分内容进行深入解读，分析其背后的含义和潜在联系。修改则是根据分析结果对文本的表述、分类等进行调整，使它更加符合研究的目的和逻辑。

（3）模型确认。模型确认是计算扎根方法三步框架的最后一步，也是确保整个分析过程有效性和可靠性的关键环节。这一步要使用自然语言处理技术来评估归纳的模型，该技术能够理解和处理人类语言，可以对经过前面两步处理后得到的模型进行多方面的评估。

例如，通过语义分析来判断模型中词汇间的语义关系是否合理，是否准确反映了原始文本的含义；通过情感分析来检测模型能否正确捕捉到文本中蕴含的情感倾向等。如果在评估过程中发现模型存在问题，如语义不一致、逻辑不连贯等，就要对模型进行调整和优化，直到模型能够准确、全面地反映原始数据的特征和规律，从而完成模型的确认。

2. 计算扎根方法六步框架（陈茁、陈云松）

国内学者陈茁和陈云松在其论文中把计算扎根方法的基本步骤总结为六个步骤（陈茁、陈云松，2023），具体内容如下。

第一步，制定潜在的假设（确定Y），即根据社会调查问卷中的数据指标，结合研究兴趣和需要来确定研究对象Y。

第二步，准备解释假设的数据库（确定X）。大量指标都可能是潜在研究对象Y的因，将它们纳入数据库以通过机器学习算法找到与Y的关系。不同层次的数据可以匹配起来，甚至可以纳入看不出任何与Y有关联的特征。

第三步，数据学习描述不同假设（机器学习），即使用机器学习算法训练 Y 的预测模型。算法可以多种多样，如支持向量机、随机森林、梯度提升树、神经网络等。

第四步，比较不同假设。通过机器学习模型的可解释性算法，对预测生成的黑盒模型进行归因分析，根据 X 对 Y 的预测力排序寻找可能的因。

第五步，寻找潜在模型（确定 X 与 Y 的关系）。根据一组按照预测力排序的 X，寻找以往研究未曾涉及的社会规律。可以依据潜在关系模式，将它们与既有研究比照，验证或澄清理论；也可对相似的解释项进行归类，抽象出概念或归纳理论命题。

第六步，交叉检验。对模型进行稳健性和适用性检验。

三、计算扎根研究范例

计算扎根方法为实证研究开辟了新的路径。陈苗与陈云松在 2023 年发表的论文中以"主观幸福感"为切入点，展示了计算扎根如何推动幸福感理论的发展，诠释了该方法在人工智能背景下实证研究中的重要意义。下面简要介绍该研究成果。

1. 数据预处理，形成所有可能的假设

这项研究选用了 2017 年中国综合社会调查（CGSS）的数据，其中涵盖 12 582 个样本和 783 个变量，为幸福感的计算扎根分析提供了全面可靠的数据。研究将"总的来说，您觉得生活是否幸福——非常不幸福、比较不幸福、说不上幸福不幸福、比较幸福、非常幸福"设为被预测变量，而问卷里除被预测变量外的其他所有变量都作为预测变量。

首先，将"非常不幸福、比较不幸福、说不上幸福不幸福"的填答者记为 0，即非幸福样本；把"比较幸福和非常幸福"的填答者记为 1，即幸福样本，这样的二分式处理有助于提高算法预测的准确度。其次，将类别变量转化为虚拟变量。再次，删除缺失值大于 30% 的变量。最后，由于幸福样本数量明显多于非幸福样本，为避免数据不平衡导致算法偏差，采用 Bootstrap 采样对少数样本进行采样补全，让两类样本数量重新平衡。

2. 模型训练

使用梯度提升算法 XGboost 训练预测模型，设置参数为 1 000 个子决策树，其他参数为默认值。经过 70% 的训练集迭代收敛后，用余下 30% 的测试集检验，结果显示模型准确率为 0.92，召回率为 0.86，F1 分数为 0.92，说明模型整体表现良好。

3. 模型归因

采用沙普利值的 SHAP 模型全局可解释性方法进行分析，以揭示影响预测的关键因素和影响方式。具体来说，针对每个个案的每个自变量 X，计算一个沙普利值（SHAP value），该值表示加入这个 X 相较于不加入时，对预测结果带来的平均边际贡献。若该值为正，则意味着加入 X 会使幸福感增加；若为负，则表示加入 X 会导致幸福感减少。

4. 形成潜在假设

经过前面的分析，从不同维度的数据里发现了以下影响幸福感的五个主要方面。

（1）主观认知。这是人们内心对世界的看法，比如觉得社会是否公平（公平感），是否相信别人（信任感），这些想法会影响幸福感。

（2）主客观地位。人们自己觉得自己处于什么阶层（自我阶层定位），认为自己10年后会处于什么阶层（10年后自我阶层预期），别人认为自己家在当地处于什么阶层（当地家庭阶层定位），自己对自己社会经济地位的评价（自评社会经济地位），以及自己住的房子有多大（住房面积），这些和地位相关的因素都和幸福感有关。

（3）人口学和健康因素。如身体是否健康（健康程度），哪一年出生的（出生年），健康状况对生活的影响（健康影响），这些基本的个人情况和健康因素也在影响着人们的幸福感。

（4）家庭因素。是否和配偶一起住（配偶同住），配偶每周工作多少小时（配偶工作小时），配偶一年挣多少钱（配偶年收入），夫妻间家务如何分担（夫妻应分担家务），这些家庭因素也和幸福感有密切联系。

（5）生活方式。平时有没有时间休息放松，爱不爱看电视、听音乐，每周工作多长时间，这些生活习惯和方式也在影响幸福感。

5. 验证潜在假设并确定假设

发现了这些潜在的幸福感影响因素后，还要对此进行验证以生成理论假说。分为以下五个步骤。

（1）生成潜在假说的经验命题。根据变量预测力排序，发现"配偶每周工作小时"在以往研究中关注不足。由此提出经验命题：配偶工作时间会影响另一半的主观幸福感。

（2）排除虚假相关，确立因果关系。使用双向机器学习算法，以问卷中其他所有变量为混淆变量，通过 Lasso、Random Forest、Decision Tree 和 XGboost 四种算法验证，结果显示两者之间存在显著因果关系。

（3）相关范畴的归纳与概念提炼。把相似的因素归纳到一起，提炼出更抽象的概念。如把公平感、信任感都归纳到主观认知这个大概念里。为排除数据偶然性，筛选与"配偶每周工作小时"内涵相近的变量，如"每周工作小时""家人当面交流时间"。通过比较发现，在 0～40h，配偶和自身工作时间增加，幸福感随之增加；超过 40h 后，配偶工作时间越长，幸福感越高，自身工作时间增加则幸福感降低。论文从这种现象中抽象出"家庭距离"这一概念，即提高幸福感需要配偶间保持一定的家庭距离，距离过近或过远都不合适（从扎根范式的视角看待这一概念的提出，就是研究者基于对定量数据的分析而进行编码，并从中发现了核心范畴）。

（4）与既有理论的对话和逻辑推导。心理学研究认为，时间分配、个体独立自主性及与他人的联系影响了个体幸福感。该文提出的家庭距离假说主张夫妻在时间分配上保持独立和与他人联系的平衡。家庭距离过近会挤压另一半的独立自主性，增加矛盾风险；家庭距离过远又会导致与家人疏离。此外，工作时间短的配偶可能遭受家庭内部污名化，工作时间长的配偶则会让另一半产生相对满足感。但家庭距离过远会减少夫妻沟通，导致情感疏离、矛盾积累，还会使另一半承担过多家庭责任，造成家庭义务分配失衡。

（5）总结理论命题并使用其他数据方法进行再验证。基于上述分析，该文建构了"家庭距离理论"，即夫妻家庭距离过远或过近都不利于提高幸福感，并将其表达为一系列逻辑递进的假说。

6. 交叉检验

为检验通过计算扎根研究做出的结论是否存在罗生门效应，从以下三个方面进行测试。

（1）数据的异质性。通过 Bootstrap 自助抽样，分别在平衡后的原样本中随机抽取原始数据的 50%、60%、70%、80%、90%、100% 再次进行计算扎根研究。

（2）预测算法的异质性。比较 XGboost、Catboost、LightGBM、Gradient Boosting 和 Random Forest 五种算法的计算扎根结果。

（3）算法参数的异质性。替换 XGboost 算法的内部参数，如最大树深度（max_depth）、正则化系数（alpha）、学习率（learning rate）、子样本比例（subsample）等。通过对不同条件下模型计算的沙普利结果计算皮尔逊相关系数，发现这些模型的训练结果高度相似，任意两模型计算的相关系数基本都在 0.95 以上，说明数据异质性和算法参数的内部异质性基本不存在；预测算法虽存在一定程度异质性，但相关系数最低也达到了 0.88 以上。再计算斯皮尔曼等级相关系数，结果与皮尔逊系数高度相似。最后可以得出结论，就幸福感这一案例来说，计算扎根方法具有较高的稳健性。

综上所述，通过这个运用计算扎根方法研究主观幸福感的案例，我们可以看到计算扎根方法在实证研究中的作用，它为深入挖掘海量数据并据此提出和发展理论提供了有力的工具。

四、计算扎根方法评述及其与扎根范式的结合

1. 计算扎根方法评述

计算扎根方法的提出基于数智时代技术迅猛发展的背景，大数据、人工智能等技术使得社会科学研究者可以借助机器学习对以往靠人力无法处理的海量数据进行加工和提炼，以更好地通过对更多数据的分析和洞察发现社会现象背后的规律，是对传统社会科学研究方法的巨大助力和有效补充。同时，计算扎根方法也反映了学术界试图弥合长期以来定性与定量研究方法之争的努力（金鑫、王锡苓，2023；蒋俏蕾、张雅迪，2024），或定量研究学者不甘于"在和质性研究的长期角逐中逐渐失去了理论生产和发展的主动权"，而试图通过方法创新"让定量学者不仅能进行'后置'的科学检验，也能利用数据资料直接助产理论假说"（陈茁、陈云松，2023）。

目前计算扎根方法的核心技术目标是借助机器学习的预测能力和可解释的归因算法，基于因果是可预测性的充分不必要条件这一规律，实现用数据来直接生成关于既定因变量的机制理论（Nelson，2017；陈茁、陈云松，2023）。应该说，面对这一理论建构目标，该方法是适用和可行的。运用计算扎根方法，通过对海量数据的机器学习，发现新的变量及变量间的潜在关系尤其是非线性关系，对传统的实证研究方法形成了有力的补充和完善。

2. 计算扎根方法与扎根范式的结合

与理论假设驱动的传统实证研究不同，计算扎根方法也遵循了扎根范式不预设前提的基本原则，它从大量的原始数据出发而非先入为主地设定理论框架，在对数据的深度挖掘中逐步发现隐藏的规律，这一特点使它具有自下而上的经验研究特质。

不过在传统的扎根研究中，理论自然涌现于研究者的头脑之中，而计算扎根方法则是引入机器学习手段，通过模型训练和归因算法，发现潜在变量及其相互关系，为人脑难以实现的海量数据分析提供了解决方案，在寻找和发现变量关系方面的确很有价值。扎根范式认为"一切都是数据"，强调并用多种形态的数据，大数据当然也在扎根范式所使用的数据范畴之内，而计算扎根显然为扎根范式分析海量数据提供了支持和解决方案，所以在扎根范式研究中完全可以运用计算扎根方法以更好地建构和验证理论。

例如，在处理大规模数据时，可以利用计算技术进行泛读，以快速把握数据的整体特征和趋势，提取关键信息，辅助研究者更高效地从纷繁复杂的数据中产生理论洞察；对关键数据和有代表性的案例则运用扎根范式的定性研究方法进行深入挖掘，以深度诠释其内涵和意义并据此建构理论。

再如，在计算机辅助分析技术中，词频统计和语义网络分析是较为基础且实用的方法。词频统计能够直观地展现出文本中不同词汇出现的频率，帮助研究者快速定位高频词汇，这些高频词往往是文本核心内容的关键线索。语义网络分析则通过分析词汇间的语义关联构建关系网络，使研究者能从整体上把握文本中各概念间的联系，深入理解文本所表达的语义结构。假如我们要研究网络社交行为，则可利用大数据技术收集大量的社交平台数据，包括用户的发言内容、互动关系、社交圈子等。通过对这些数据的分析，研究者可以了解网络社交的基本模式和规律，如信息传播的路径、社交群体的形成机制等。同时，研究者可选取一些代表性用户进行深入访谈，了解他们在网络社交中的动机、感受和行为策略，从而深入理解网络社交行为背后的文化和心理因素。这种将计算思维与扎根研究相结合的方式丰富了扎根范式的研究方法。

在整个计算扎根研究流程中，人工分析和计算分析各自独立运行，但又相互补充。计算分析凭借其强大的数据处理能力和高效的算法，能够快速地对大规模数据进行初步处理和分析；而人工分析则凭借研究人员的专业知识、经验和洞察力，对计算分析的结果进行深入解读、验证和调整，确保整个分析过程朝着正确的方向进行，最终获得一个高质量的、有效的计算扎根理论成果。计算方法与扎根范式相结合将充分发挥定性与定量研究各自的优势，使我们既能高效地处理和分析海量数据，又能深入挖掘社会现象背后的本质和规律，为研究复杂的社会现象和解决复杂的社会问题提供更加有力的武器和工具，推动社会科学研究的不断发展。

3. 运用计算扎根方法应注意的问题

在学习计算扎根方法及将其运用于扎根研究的过程中，我们要注意以下几点。

第一，尽管大数据和机器学习已经在当今社会科学研究中展现出巨大潜力，但它们并不是探索社会科学规律的万能钥匙，也并非通往绝对客观与准确结论的捷径。首先，单纯追求数据规模的扩张，并不必然带来数据质量的提升。例如，在网络舆情监测中，若只是盲目收集海量的社交媒体数据而不加以筛选和甄别，其中夹杂的虚假信息、重复内容及情绪化的极端表达反而会干扰对真实民意的判断，无法准确反映公众对事件的真实态度，说明数据规模大并不等同于更接近客观现实。一旦脱离了具体的语境，大数据就如同失去根基的浮萍，丧失了其应有的解释力。就像一段记录人们在某地点聚集的数据，若不结合当时当地举办活动这一语境，便难以理解其背后的意义。其次，社会运动的某些规律固然可以通过量化形式总结、以数学公式或数学关系表达，但社会现象特征及其规律却不可能全都以定量方式呈现和总结，量化永远是手段而非目的，正如我们可以将任何一种颜色以三原色的数值匹配来实现定量表达却无法量化人眼看到这些颜色时的不同感受。

作为社会科学研究者，始终要理解和把握真实世界的事物本质与人类为认识世界不得已而采用定量方法的关系，否则就会滑入科学主义和逻辑实证主义科学观的泥潭，从而走向科学的反面（贾旭东，2020）。我们必须始终牢记并深刻理解，即便人类社会已经进入数智时代，通过云计算、大数据、人工智能等先进技术可以存储和处理海量数据，定量数据所能反映的仍是真实世界的一部分而非全部。因此，不能因为有了人工智能、机器学习等先进计算能力的"加持"就以为可以"包打天下"、算法决定一切。

第二，计算扎根方法的发展和运用离不开也不可能代替研究者的理论敏感性。通过计算扎根方法可以发现潜在变量及其隐含关系，但对它进行分析和提炼仍需要人脑来完成，设计归因算法的也仍是人脑，即便引入以 DeepSeek、ChatGPT 等大语言模型为代表的生成式人工智能，其底层算法也仍来自人脑的设计。因此，在扎根范式的研究中，采用计算扎根方法进行海量数据的处理并将其作为理论建构和提出研究假设的辅助工具是完全可行的，但不能过分夸大这种方法的作用，尤其要避免将文本分析与扎根研究的编码技术混同的错误，以为只要将数据"喂给"算法或模型，就可以自动生成理论。理论的建构最终源自研究者的理论敏感性，这是任何机器或算法都难以替代的。在社会科学研究中，人类研究者永远处于核心和主导地位，人工智能和算法可以成为人类科学研究的好助手，但永远不可能代替人类去认识社会运行和演化的规律。

第三，任何研究方法都有其适用范围和场景，也自然有其优势和不足，我们研究、开发和改进任何研究方法的目标都不是为了竞争、取代而是为了兼容、互补。正如榔头长于敲钉子但拧螺丝却是螺丝刀之所长，而把一根螺丝拧进木板前却又需要先用榔头敲几下使其固定，这两种工具之间是否存在非此即彼的对立和竞争关系呢？先用榔头再用螺丝刀这个顺序是否需要颠覆呢？研究方法不存在哪个正确哪个错误、哪个主流哪个不入流，用对了场景和顺序、适用于研究问题的就是好方法，用错了使用场景和顺序，再"高大上"的方法也无助于理论创新，正如霍桑实验的前5年。希望擅长不同研究方法的学者，能够战胜非此即彼、二元对立甚至恶性竞争的"心魔"，各自明确定位、发挥所长，共同服务于人类研究问题、认识真理的科学目标。希望学术界终结旷日持久的方法之争，准确认识各种方法的优劣势与使用场景，以合作包容的学术态度共同推进科学研究方法的改进和普及，使它们更好地服务科学研究的进步。

第三节　定性比较分析方法及其与扎根范式的结合

一、定性比较分析方法简介

美国社会学家查尔斯·拉金（Charles C. Ragin）1987年在《比较方法：超越定性和定量策略》一书中首次提出定性比较分析（qualitative comparative analysis，QCA）方法。后又于2000年出版《模糊集社会科学》，2008年出版《重新设计社会科学研究：模糊集及超越》，2009年与Rihoux共同出版《QCA设计原理与应用：超越定性与定量研究的新方法》等系列书籍，使QCA方法逐渐普及，在社会学、政治学、管理学等社会科学研究领域得到广泛应用。

QCA方法以集合论和布尔运算为基础，提出了适合解决复杂因果问题的三个重要假设——并发因果关系、等效性和非对称性，用于探究前因条件间的协同联动如何共同影响被解释结果。并发因果关系即变量并非独立影响结果，其意义和作用取决于它与其他变量间的组合。因此，QCA方法强调研究问题时的整体视角，将研究对象视为不同条件或属性的组态（Ragin，2008）。在集合论指导下，把研究的原因、条件和结果概念化为集合并分析子集间的关系，通过集合分析实现对组态的研究。集合分析中包括必要条件分析和充分条件分析。等效性是指同一结果可能来自多种路径（组态），即达成某一期望结果或出现非合意结果的可能路径是多种多样的，不存在传统分析方法中假定存在的均衡、唯一的最优解。非对称性假设包括因果的非对称性以及条件作用的非对称性（Ragin，2008；Misangyi and Acharya，2014）。

QCA 方法在发展过程中逐渐完善并演化出多种方法，根据变量类型的不同，主要分为清晰集定性比较分析方法（csQCA）、模糊集定性比较分析方法（fsQCA）和多值定性比较分析方法（mvQCA）。

在提出之初，QCA 方法只能实现基于清晰集数据的分析，即 csQCA 方法。该方法是将前因条件和结果条件校准为 0 或 1 的二分变量来进行研究。csQCA 方法的优点是可以通过测量变量是否存在来降低现象的复杂性（Kogut and Ragin，2006），在处理中小规模样本的研究中具有较大优势（李蔚、何海兵，2015），缺点是可能会导致变量信息丢失及矛盾组态的产生（Rihoux & Ragin，2008）。鉴于 csQCA 方法的特点，学者们将它应用于前因条件与结果变量为二分变量的案例研究中，或者在案例选取时排除在某些变量上取值模糊的案例。

由于 csQCA 方法无法处理现实情况中大量存在的定距变量和定比变量，拉金在 2000 年提出了 fsQCA 方法。fsQCA 方法是将前因条件和结果条件校准为 0~1 的隶属得分，从而可以研究某一条件能被观察到的程度对结果变量的影响。fsQCA 方法可以看作对 csQCA 方法的进一步补充和发展，不仅可以处理类别问题，还可以处理程度变化问题和部分隶属问题（杜运周、贾良定，2017）。

二、QCA 方法研究步骤

QCA 方法的研究程序可分为七个步骤，如图 4-4 所示。

1. 案例选择

QCA 方法在案例选择阶段与扎根研究相似，都强调理论性抽样（Berg-Schlosser et al.，2009）。案例选择是一个由潜在研究问题转为"变量导向"研究的重要过程，类似统计学研究以及由此形成的初步假设形成过程，其中的变量选择和模型设定都需要实验和迭代。此外，QCA 方法还强调案例总体的充分同质性和总计内案例之间最大的异质性（Ragin，2008），既强调对研究对象进行统计分析，也强调对研究对象进行整体分析（杜运周、贾良定，2017），通过整体的组态分析解决大样本分析不能解决的因果复杂性问题，不仅适合案例数在 15 个以下的小样本研究，也适合 15～50 个的中等规模样本及 100 个案例以上的大样本研究。因此，在研究小样本、中等样本的情况下，不能简单地采用机械程序（如随机抽样）进行案例选择。即使考虑了案例总体充分同质性和案例总体内最大异质性两个一般标准，纳入的每个案例也都应有理论支持（Manthou et al.，2004）。

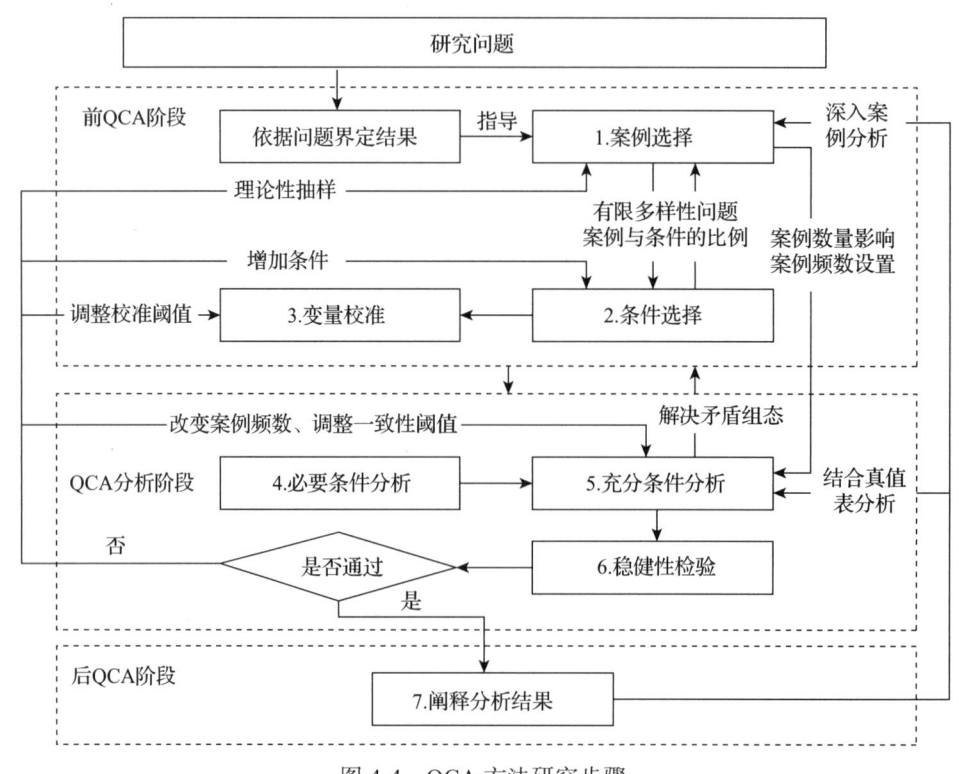

图 4-4　QCA 方法研究步骤

2. 条件选择

条件选择一般基于理论和经验知识（Berg-Schlosser et al.，2009）或采取以下五种方法：问题导向法、研究框架法、理论视角法、文献归纳法和现象总结法（张明、杜运周，2019）。该阶段要回答的问题是：为什么选择这些条件？条件数量多少合适？中等规模样本的研究，理想的条件个数一般为 4～7 个（Berg-Schlosser et al.，2009），大样本研究则可以有更多（Misangyi & Acharya，2014）。为遵循扎根研究强调的"自然涌现"原则，避免研究者先入为主的观念，具体的影响因素数量及条目要在研究过程中根据研究进展确定。

3. 变量校准

给案例赋予集合隶属分数的过程被称为校准（Schneider and Wagemann，2012）。校准有三种类型：二元校准法、基于模糊集的校准法和多值校准法。二元校准法以 0 和 1 代表两端，0 代表"完全不属于"该集合，而 1 代表"完全属于"该集合。而基于模糊集的校准法则将 0 到 1 连续化，以代表隶属程度的不同。Ragin 对此提出了三种校准方法：直接赋值法、直接校准法和间接校准法（Ragin，2008），其核心工作是研究者综合已有的理论知识、经验证据、研究情境和数据特征做出三个锚点的判断，并提供充分的理由和解释（Ragin，2008）。多值校准法是针对 mvQCA 的一种校准方式。mvQCA 是清晰集和模糊集之间的中间状态。在多值校准中，变量的取值被划分为多个类别，每个类别对应一个特定的数值，适于变量具有多个自然类别或研究者希望将连续变量简化为几个关键类别的情况。多值校准法提供了一种清晰集和模糊集间的折中方案，能够更灵活地处理变量的多样性。

4. 必要条件分析

必要条件分析即分析结果集合在多大程度上构成条件集合的子集，"多大程度"即用一致性进行判断，通常认为必要条件的一致性分数最低值为 0.9（Schneider & Wagemann，2012）。覆盖度是衡量必要条件经验相关性的重要指标，但仅对通过一致性检验的必要条件才有意义（Rihoux and Ragin，2008）。在进行必要条件分析时还需要注意三个方面的问题：单个条件存在与不存在状态均应进行必要性分析；是否需要分析结果不存在的必要条件应当根据研究问题而定；如有明确的理论和经验知识基础，也可分析多个条件组成的集合对结果集合的必要性（张明、杜运周，2019）。

5. 充分条件分析

条件组态的充分性分析是 QCA 方法的核心，主要是分析不同前因条件形成的组态对结果的充分性（Rihoux and Ragin，2008），分析过程包括建构、完善和分析真值表三个步骤（张明、杜运周，2019）。

6. 稳健性检验

在 QCA 研究中，稳健性检验是至关重要的一个分析环节（Schneider & Wagemann，2012），通常仅针对条件组态的充分性分析，常见方法有调整校准阈值、改变案例频数、变动一致性门槛值、增加其他条件、补充或剔除案例等。需要注意的是，不同的稳健性检验方法关注的重点不同，如选择改变案例频数则需要考虑案例数量，选择增加其他条件就要注意有限多样性问题。

7. 阐释分析结果

对充分性组态进行阐释、升华和深化是QCA研究的最终目的，既可通过理论对话检验、完善或支持已有理论，还能通过与案例展开对话来实现理论创新（Ragin, 2008）。

三、QCA方法的用途及其与扎根范式的结合

在理论研究的目标上，QCA方法既可以广泛应用于检验性、演绎式研究，也适用于探索性、归纳式研究，还可以采用溯因逻辑开展研究，不仅能够检验、细化理论，而且还能建构理论。QCA方法与扎根范式的结合是一个值得探索的方向，对QCA方法和扎根方法的发展都具有重要意义。

1. QCA方法的用途

（1）检验理论。QCA方法可以用来证实或证伪理论与假设。在服务于这一研究目标时，研究者要定义一系列可能产生某个结果的条件，并尽可能细化和具体化某个理论或假设的条件组态。通过研究与理论证实或证伪相关案例的确切数量，QCA方法还可以帮助研究者改善假设检验过程，快速检验研究者的猜想——不以预设的理论或模型为前提，这是使用QCA方法进行数据开发的另一种方式。

将QCA作为理论检验方法的研究主要有两种设计：①检验组态假设（组态的解释力强于单个变量）；②作为传统分析方法的一种辅助性方法去检验假设（检验实证的结果）。研究者可设定一种表达方式（一个公式）以体现一个特定的理论假设，据此产生一个真值表并判断能否被数据证实或证伪，让研究者检验他的推断和猜想是否准确。

（2）细化理论。QCA方法可以进一步细化尚待开发或存有疑惑的理论。假如理论界针对同一现象的解释不同，有的强调A，有的强调B，那么可以采用QCA方法，将A和B都纳入。

（3）建构理论。首先，基于深度访谈、二手数据或调研数据进行归纳式探索，形成新的理论或理论论断。其次，运用QCA方法展开分析，QCA方法也能以假设的形式来发展新理论，通过建立不含矛盾组态的真值表，研究者能够得到一个简化

的表达式（称为"最小公式"）。最后，研究者可以通过"与案例对话"来发展新的理论。通过这种方式，QCA方法能以更基础性的方式运用于研究中。

2. QCA方法的发展及其与扎根范式的结合

QCA方法综合运用了定量和定性研究方法，近年来得到了社会科学各领域学者的广泛关注和应用。杜运周与贾良定从组态视角出发，辨析了它与权变视角的不同，在此基础上详细介绍了QCA方法的假定、原理和符号（杜运周、贾良定，2017）。张明与杜运周从研究方法和分析技术两个层面分析了已有QCA研究中存在的问题，并提供了解决思路（张明、杜运周，2019）。

随着国内外学者们对QCA方法应用研究的不断深入，越来越多的研究者认识到QCA方法与其他研究方法混合应用的发展前景（Kan et al., 2016）。尽管QCA方法与传统定性与定量分析方法在研究视角、基本假定、概念模型等方面都存在很大差异（杜运周、贾良定，2017），但有学者发现，二者的差异反而使二者之间有优势互补的可能（Fiss et al., 2013）。马富萍等学者通过对现有文献的分析发现，基于多种研究方法混合使用的研究范式主要可分为三类，其中之一便是QCA方法与定性研究方法的结合（马富萍 等，2022）。

QCA方法基于整体论和组态视角，拒绝任何永久性因果关系形式，认为因果关系与特定背景和并发特性有关，当情境、时间、区域等发生变化时，产生特定结果的前因组合形式就可能有所不同。采用QCA方法分析组态效应的基础是确定前因条件，不同的前因条件会形成不同的组态，而建构组态的常用方法有归纳和演绎两种（Ketchen et al., 1993）。

扎根范式和QCA方法完全可以结合并各自发挥所长。在一项研究中，可以先通过扎根范式的定性研究程序识别组态相关的重要前因条件，也可进一步细化前因条件的关系与层次，在此之后，再按照QCA的研究程序开展组态研究。扎根范式的定性研究方法集三大扎根理论学派之所长，有规范和科学的研究程序，按照此程序展开研究而获得的核心范畴具有更高的理论抽象性和解释力，为其后的QCA研究奠定了科学的基础，可显著提高QCA研究的科学性和研究成果的说服力。

四、QCA方法与扎根理论相结合的文献范例

目前，在国内社会科学研究领域，已经出现了一些将QCA方法与扎根理论相结

合的研究成果，以下列举一些文献供读者学习参考。

1.《个人信息安全感影响因素理论框架与组态模式研究》

该文旨在探索个人信息安全感的影响因素作用机理，以丰富个人信息安全等相关领域的概念界定与理论框架，提升公民的个人信息安全感。该文综合采用扎根理论和QCA方法，界定个人信息安全感的概念构成，构建个人信息安全感影响因素理论框架，探索影响因素组态模式。研究者通过半结构化访谈收集数据，从不同安全阶段的体验视角出发，采用程序化扎根理论的三级编码程序，界定个人信息安全感影响因素理论框架和概念构成，为QCA研究提供了前因条件，研究思路如图4-5所示。

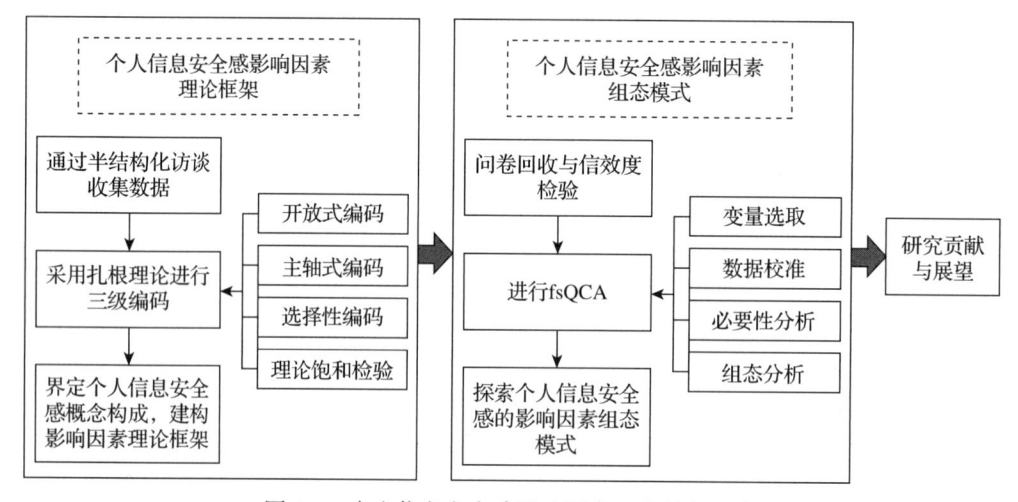

图4-5　个人信息安全感影响因素理论研究思路

资料来源：邓胜利，钱倩文，夏苏迪.个人信息安全感影响因素理论框架与组态模式研究［J］.情报理论与实践，2023，46（3）：60-67.

2.《基于fsQCA方法的高新技术企业高质量发展路径：以陕西省为例》

该文以陕西省高新技术企业为研究对象，首先采用扎根理论研究方法识别出高新技术企业高质量发展的影响因素，在此基础上建构出高新技术企业高质量发展理论模型；其次，结合问卷调查法和fsQCA方法探究这些影响因素如何影响高新技术企业高质量发展、高新技术企业高质量发展的路径以及单个因素是否是高新技术企业实现高质量发展的必要条件；最后，从组态效应视角研究高新技术企业高质量发展的路径，丰富和拓展了现有研究的思路和视角，对揭示高新技术企业高质量发展的多元路径和作用机理具有重要的理论和实践意义，理论模型如图4-6所示。

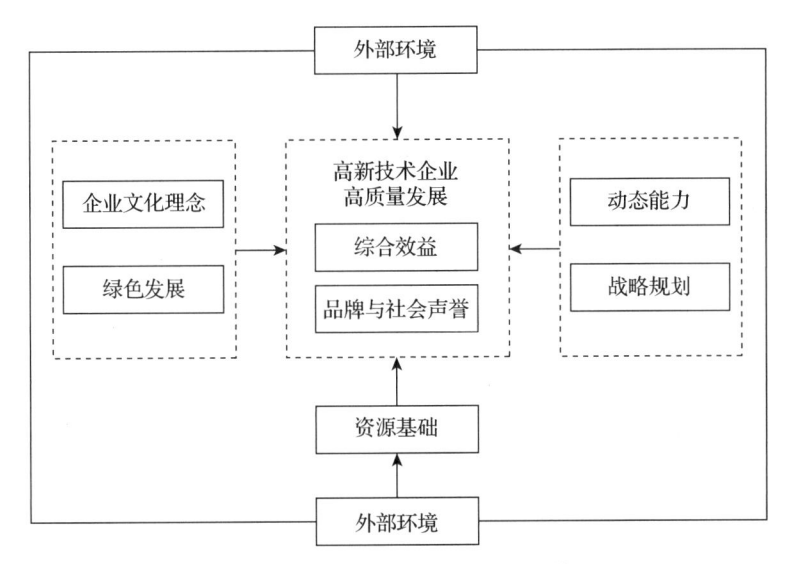

图 4-6　高新技术企业高质量发展模型

资料来源：张凡，罗义，宋春晓，等.基于 fsQCA 方法的高新技术企业高质量发展路径：以陕西省为例 [J].系统管理学报，2023，32（4）：796-811.

3.《基于 QCA 的商业模式创新对企业绩效的影响研究》

该文研究了商业模式创新对企业绩效的影响。研究者认为商业模式创新是多因素共同作用的机制，难以把握是哪些因素起到影响作用，故而首先采用扎根理论研究方法，基于对质性数据的分析找出商业模式创新影响企业绩效的特征因素，接着采用 QCA 方法研究其组态影响路径，研究思路如图 4-7 所示。

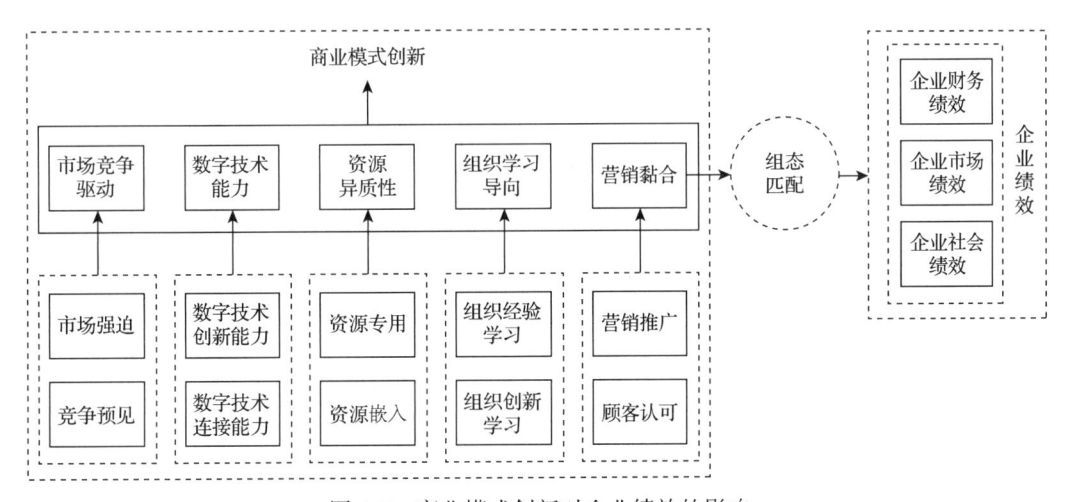

图 4-7　商业模式创新对企业绩效的影响

资料来源：李文，刘思慧，梅蕾.基于 QCA 的商业模式创新对企业绩效的影响研究 [J].管理案例研究与评论，2022，15（2）：129-142.

4.《科技型企业创新行为决策动因与机理：基于扎根理论的溯源与模糊集定性比较分析的验证》

该研究首先以扎根理论研究方法提炼出了影响科技型企业创新行为决策的驱动因素，并按照扎根理论常规分析流程，通过对案例材料的编码使之饱和。为进一步检验上述步骤提炼的影响企业创新行为决策驱动因素的普适性，引入了 fsQCA 方法对扎根理论的研究结果进行验证，其理论模型如图 4-8 所示。

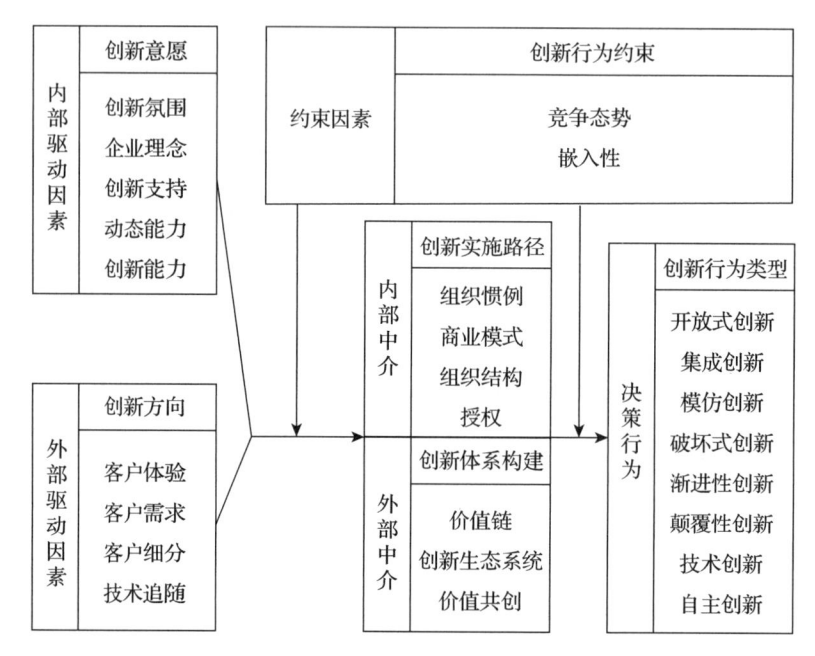

图 4-8　企业创新行为决策动因与机理理论模型

资料来源：董津津，陈关聚. 科技型企业创新行为决策动因与机理：基于扎根理论的溯源与模糊集定性比较分析的验证［J］. 中国科技论坛，2020（7）：111-119.

5.《数字赋能企业商业生态系统跃迁升级的机理及路径研究》

该文综合运用扎根理论和 QCA 方法，研究数字赋能企业商业生态系统跃迁升级的机理及路径。通过获取的初始研究数据资料，运用程序化扎根理论的编码程序，从资料中发现概念并提炼范畴，分析范畴间的作用关系，在验证理论饱和度之后得到数字赋能商业生态系统形成的理论模型并进行机理分析；进一步从中提取关键因素，即企业商业生态系统跃迁升级路径的前因条件，对其进行测量校准，再运用 fsQCA 方法，从而得到数字赋能商业生态系统跃迁升级的组态路径。研究技术路线如图 4-9 所示。

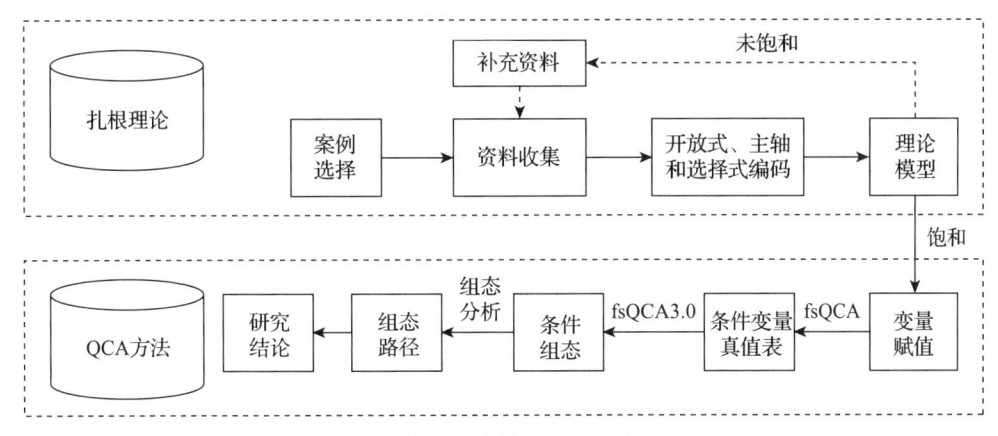

图 4-9　扎根理论及 fsQCA 建模过程

资料来源：郭建峰，王莫愁，刘启雷.数字赋能企业商业生态系统跃迁升级的机理及路径研究［J］.技术经济，2022，41（10）：138-148.

6.《突发公共卫生事件网络舆情热点话题形成组态路径研究：基于微博热搜数据的模糊集定性比较分析》

该文研究了突发公共卫生事件网络舆情热点话题形成的组态路径，以更好把握舆论走向，为相关部门及时有效地管理和引导网络舆情提供参考。文章选取了与某网络舆情相关的 44 个代表性微博热搜话题，采用扎根理论的编码技术提取了事件属性、事件主体、事件范围及事件倾向四个前因变量，并采用微博热搜持续时间这一结果变量，利用 fsQCA 方法进行研究，研究流程如图 4-10 所示。

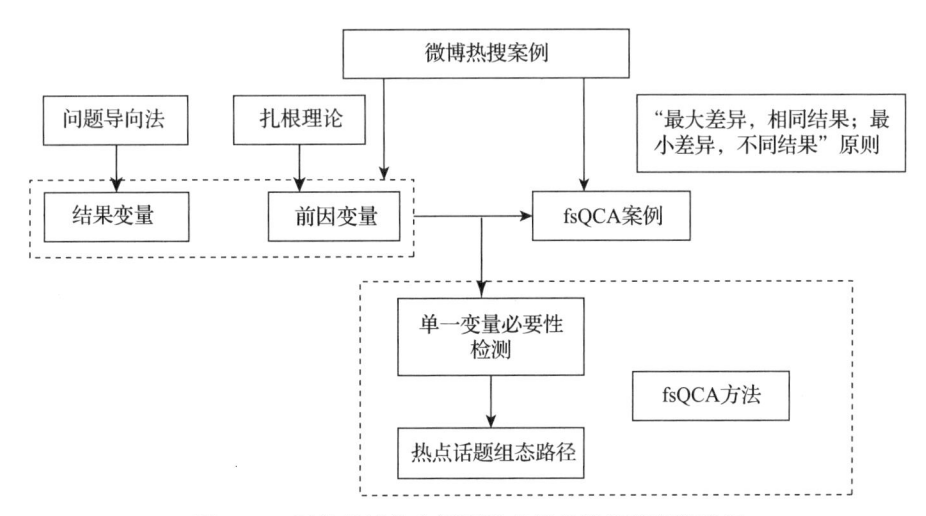

图 4-10　网络舆情热点话题形成组态路径研究流程图

资料来源：吕鲲，施涵一，靖继鹏.突发公共卫生事件网络舆情热点话题形成组态路径研究：基于微博热搜数据的模糊集定性比较分析［J］.情报理论与实践，2022，45（9）：148-156.

7.《企业原始创新失败形成机制研究：基于25个案例的清晰集定性比较分析》

该文首先采用扎根理论研究方法，通过对数据的编码，识别并提炼出企业原始创新失败的影响因素，建构了企业原始创新失败形成机制模型，继而通过csQCA方法，得到了企业原始创新失败形成机制的四种构型。理论模型如图4-11所示。

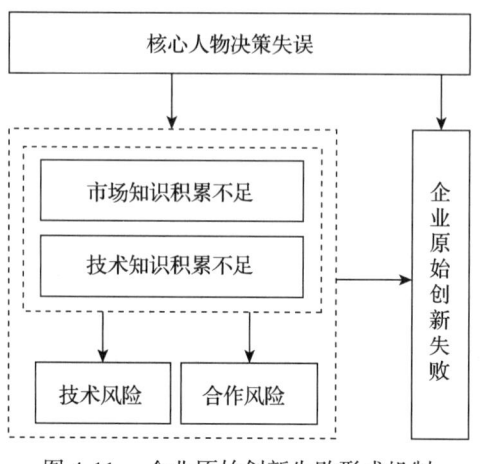

图4-11　企业原始创新失败形成机制

资料来源：王丹，李柏洲.企业原始创新失败形成机制研究：基于25个案例的清晰集定性比较分析[J].软科学，2021，35（4）：34-42.

限于篇幅，这里只列举了部分扎根理论与QCA方法相结合的文献，仅供读者参考。综合以上文献不难看出，扎根理论与QCA方法的结合应完全遵循问题导向的原则，发挥两种研究方法之所长，使得研究结论更具普适性。

第四节　事件路径分析方法及其与扎根范式的结合

一、理论背景

事件路径分析方法提出的背景来自过程理论与过程分析，以及实践系统理论的发展，也是对关键事件路径分析的提升与完善。

1. 过程理论与过程分析

过程理论以叙述的方式解释某个变化产生特定结果的时间顺序（如A变化成B后，得到C）（Pentland，1999）。过程理论不仅希望解释某个特定结果如何产生，还希望阐述该结果为什么会产生。"如何产生"的问题是建立过程的过程，从过程研究角度看，是在建构（或重建）一个事件的编年史。它表明该过程的起止时间以及每个阶段需要研究的内容。"为什么产生"解释为什么某个变化会导致某个结果，即在研究过程中阐述某种形式的因果关系（Sminia，2009）。

在过程研究方法中，可以实现对过程的跨案例对比复制、过程分解的纵向复制、可视化图示过程呈现以及过程的一般化（Langley，1999）。过程分析常见形式如表 4-2 所示。

表 4-2　过程分析常见形式

过程分析	意义
对比复制	进行跨案例、时间或模型间对比，去检验或发展理论
分解复制	在单个案例中进行纵向的区间分解，找到每个时序区间的特点，基于此建构过程理论
过程呈现	通常使用带有箭头和方框的可视化图形进行表达，具有一定的抽象性，通常需要在后面进行进一步的文字解释
过程一般化	将特定现象中观察到的过程结论延伸、推演到具有一般性过程的结论，使得理论建构具有抽象性和一定程度的普适性

资料来源：杜义飞，潘琼，王建刚，等.事件路径分析方法：基于悖论与存在主义视角［J］.电子科技大学学报（社科版），2017，19（2）：18-23+40.

2. 事件系统理论

事件系统理论（event system theory，EST）由 Morgeson 等人首次提出（Morgeson et al.，2015）。该理论将"事件"视角引入管理学研究，强调事件应当作为一个独立的研究对象受到重视，这是通过对事件的再认识发展出来的一种新方法。它强调事件的属性（强度属性、时间属性和空间属性）对相关实体的影响程度（刘东、刘军，2017），研究如何通过对事件在颠覆性、新颖性、关键性等方面的特征进行测量，来检验事件所产生的结果和影响。例如，对某一组织而言，内外部的关键事件共同影响着其发展过程。根据事件系统理论提供的由事件属性构成的理论整合框架，研究者就能深入分析在事件强度、事件空间传播范围和事件持续时间三种属性构成的三维系统作用下，该组织的发展变化及其结果。

二、关键事件路径分析

在组织发展过程中，关键事件是推动组织发展变化的转折点，把握关键事件所体现的状态与特征有助于深度分析和理解组织发展过程中的规律（陈其齐 等，2023）。因此，Van de Ven（1992）和 Langley（1999）在过程研究中提出了关键事件路径分析方法。

关键事件路径分析聚焦在时间次序上先后形成的事件对组织发展的影响（Langley，1999），以动态、纵向的视角分析组织现象，着眼于事件构成过程，以发现管理和组织的过程性规律，其本质是以关键事件为主要研究对象的纵向案例研究方法。在具体操作层面，关键事件路径分析方法强调对社会组织或现象中关键事件的选取以及对事件间内在关联性的挖掘，要求样本要具备典型性、过程完整性及数据充分性。在研究流程上，关键事件路径分析把选取关键事件作为阶段划分的重要环节。具体流程包括基础数据处理、阶段划分与关键事件选取、材料编码、结论与验证四个步骤。

1. 基础数据处理

在数据收集过程中，研究者要根据访谈材料等一手数据及网络报道等二手数据深度了解研究对象的运作模式、发展历程等情况，并按照时间顺序对所有一手和二手数据进行归纳整理，形成清晰完整的文本描述，同时做好与主题相关的事件筛选工作。

2. 阶段划分与关键事件选取

此处多选取组织发展过程中的关键性、标志性事件为节点。首先，围绕研究的背景和研究对象发展历程，将它们划分为几个发展阶段；其次，选取与组织发展主题研究相关的重要事件，结合阶段发展特征从中筛选出有效事件；最后，根据所选事件的意义与研究对象沟通，确定最终的关键事件，将其余事件作为补充，来说明关键事件的形成背景与影响结果（孙世超 等，2024）。

3. 材料编码

此处多参照 Krippendorff（2004）的观点，采用三阶段人工编码方式。第一次编码在数据缩减过程中进行，通过删减掉初始数据中与研究问题无关的条目，合并相似条目，使大量材料更加聚焦于研究问题。第二次编码是在第一次编码基础上对需要测量的构念进行编码，将它们抽象化后形成二级条目，并放置于相应的解构维度中。第三次编码注重数据与理论的结合，对构念维度进行厚实、准确的描述（孙世超 等，2024），从而最终提炼出与主题相切的关键维度。

4. 结论与验证

作为一种案例分析方法，最终落脚点必然在于结合前述研究，对案例研究对象进行描述与分析。此处与事件分析方法类似，要着眼整体，围绕事物发展各阶段的特征进行分析，探究和揭示事物发展过程中隐含的规律。这种方法展现了事物本身的"活性"，能够发现事物发展过程中的潜在力量，以有效发现有价值的过程演化规律，建构新的理论框架。

三、事件路径分析的步骤

电子科技大学杜义飞教授及其团队在总结梳理前人成果的基础上，从悖论和存在主义视角切入，创新性地提出事件路径分析方法（杜义飞 等，2017）。事件路径分析以贯穿于某一过程的事件为分析材料，剖析发展过程中的主要维度，揭示过程中蕴含的规律。

事件路径分析方法主要适用于对某一活动主体的发展、成长或演变过程的研究。它从一种问题视野出发，以整体的组织事件为线索，从事物整体过程中的事件来解析出矛盾的维度，进而呈现事件数据所隐含的过程路径，以发现事物演变的潜在过程规律（杜义飞 等，2017）。简单来说，就是从分析事件出发，从整体上把握事物的发展，将组织发展的某种过程还原到现象、还原到事物发展过程中连续不断的事件，进而通过剖析这些事件，揭示事件之间的关联性、动态性。可以形象地将事件比喻为窗口，让研究者如同看电影一般来观察整个过程的展开。在这一点上，事件路径分析最终建构的理论更偏向于过程理论，即关注结果的实现过程而不是在检验因果关系，通常回答的是"为什么"与"如何"发展和演变的问题（Langley et al., 2013）。事件路径分析方法主要包括以下几个步骤。

1. 资料获取与研究对象

作为一种质性研究方法，事件路径分析方法将事物发展的"过程"视为连续的"情景"构成，而"情景"则是由一连串的"事件"构成的（杜义飞 等，2017），因此，该方法的研究数据主要是贯穿于研究对象发展过程中的各类事件。研究者通过深度访谈、现场观察记录、新闻报道等多种途径去获得一手和二手数据，将整理出的质性材料从时间上展开之后就得到了情景（事件），如图4-12所示。

同时，在进行数据收集时，应当注意要进行全样本的数据收集，研究涉及的数据必须覆盖整个发展过程的每个时间段，不要出现刻意筛选或遗漏；同时应保证单个事件的完整性，并对来源多样的事件进行三角验证，以确保事件的真实性和数据的准确性。

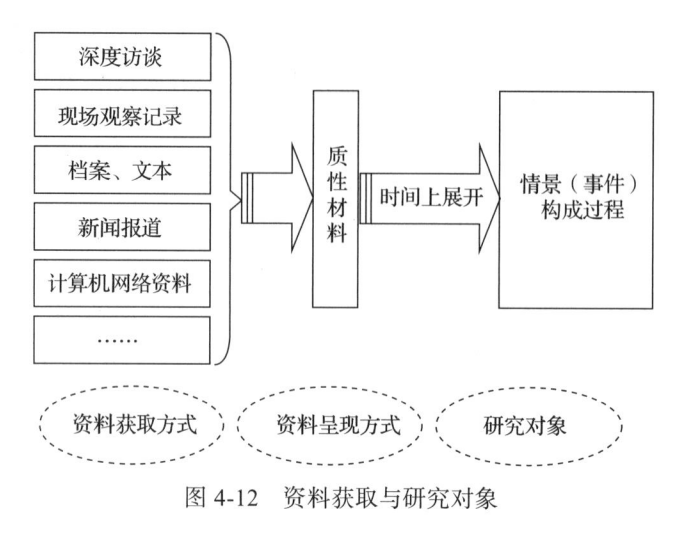

图 4-12 资料获取与研究对象

资料来源：杜义飞，潘琼，王建刚，等.事件路径分析方法：基于悖论与存在主义视角[J].电子科技大学学报（社科版），2017，19（2）：18-23+40.

2. 数据编码

在组织管理和研究中，事件的文本记录是重要历史节点的"表象"，构成了组织演化路径的一系列"窗户"，研究者可以透过它们看清"窗内"的世界（李里峰，2003）。因此，为便于帮助研究者更好地理解现象所处的情景，以及现象中关键事件的时序关系，要对事件数据进行整理编码，在精简的前提下尽可能保留完整、准确的事件信息。抽取后的事件信息应当包括时间、主要参与者以及事件的简要内容（何婧、杜义飞，2015），比如：①事件码（事件发生的年月日 8 位数字，如 20250326）；②分类识别（对事件类别的判断）；③参与人（事件主要的参与方）；④事件描述（事件过程的简要描述文本）。

此外，为保证数据的准确性和完备性，增加研究的信效度，要注意：①对所抽取的事件进行评估，保证事件不被遗漏；②重复多次拷贝和编撰过程，使事件描述满足完备性；③反复印证多种来源的资料及数据，多次复查事件编码，确保其达到一致。

整理完备的数据一般以一条完整的时间线或大事件年表的形式呈现，并构成一个简要的数据库，将采集到的数据整理后入库。一般而言，事件数据在编码完成后、输入数据库前需要进行反复比较，将事件描述的文字差异控制在 5% 以内（杜义飞 等，2017）。

3. 事件维度划分

事件路径分析之所以着眼于研究事物发展过程，是因为该方法认为事物的发展始终有个一致性的矛盾贯穿其中，此矛盾在事物的整体发展过程中占主导作用，构成了事件维度的主轴，是研究者想要解释和发现的结果。通过对事件发展过程的归纳总结，分析研究主体通过何种方式及采用何种活动去面对事件过程中的主要矛盾，是事件路径分析的另一个维度（杜义飞 等，2017），如图 4-13 所示。

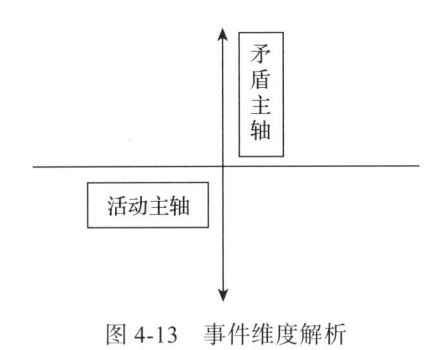

图 4-13 事件维度解析

资料来源：杜义飞，潘琼，王建刚，等.事件路径分析方法：基于悖论与存在主义视角［J］.电子科技大学学报（社科版），2017, 19（2）: 18-23+40.

在质性数据的处理过程中，不同的维度和范畴划分将会产生不同的理论模型和命题（Corbin et al., 2015）。因此，在进行事件维度划分的实际操作中，研究者应根据研究对象和研究内容的不同特点来进行维度划分。举例来说，杜义飞等（2020）着眼于研究华为公司的技术能力与市场能力的形成过程，通过在事件分类中不断进行理论抽样和比较，综合考虑后提炼出两个分类标准：资源获取方式（独立与合作）、资源获取对象（技术与市场），在此基础上进行交互，就形成了四个研究维度的划分。

4. 阶段划分

事件分类后，研究者可使用数据处理软件对所有事件进行趋势图处理，如绘制散点图，以更加直观地呈现过程发展的"路径"，方便进行事件数据的阶段划分。有时也会直接按照事件分类结果来进行时间阶段划分，以散点图来刻画事件分阶段的特征分布。需要注意的是，在阶段划分中，我们要尽量确保相同阶段事件特征的连续性，同时确保相邻阶段事件特征的间断性（Langley and Truax, 1994），一般可采用标志性事件作为两个阶段之间的关键间断点（王建刚、杜义飞，2016）。

例如，杜义飞等（2020）在以华为公司为例研究悖论视角下本土企业的国际化能力形成路径时，根据其国际化过程将案例分为三个阶段：第一阶段为走出去阶段

（前期）；第二阶段为国际化阶段（中期）；第三阶段为全球化阶段（成熟期）。此处就是采用标志性事件作为两个阶段之间的关键间断点，比如2004年华为公司建立欧洲区总部，同时在英国设立了一家研发中心，该事件标志着华为公司早期的走出去探索阶段结束，正式进入中期的国际化快速发展阶段。

5. 过程分析

事件路径分析可以借鉴过程研究方法，如在跨案例、时间或过程模型间使用对比复制的过程分析方法来检验或发展理论；或在单案例研究中使用过程分解来展现事物不同阶段的演进过程，通过对不同时间或过程区间中理论要素的比较，解释现象中蕴含的演进规律。总的来说，研究者可以通过观测事件发展的趋势，按照事件划分的阶段逐一开展过程分析，总结各阶段事物发展的特点和关键要素，得出阶段性命题，进而建构新的理论。

需要注意的是，在事件路径分析的研究中，经过分析和维度划分后的事物发展过程如果不能呈现出明确的路径规律，研究将会重新进行，直到研究者能从中发现新的规律，构建一个有意义的知识框架为止（杜义飞 等，2017）。

四、事件路径分析与扎根范式的结合

事件路径分析与扎根范式同为质性研究方法，都遵循质性研究范式，二者在实际操作中有着天然的吻合与共通之处。

第一，二者在观察视角方面有着异曲同工之妙。事件路径分析强调将"事件"置于发展过程中来进行观察，保留事情发展所处的情境，从整体上把握事物发展的规律。而扎根范式作为情境化研究方法论的代表（贾旭东、衡量，2020），始终强调"扎根精神"，认为"一切都是数据"，要求研究者进入情境开展调研并获取数据，让研究问题在事物发展过程中自然涌现（贾旭东、衡量，2016）。从方法论上而言，事件路径分析与扎根范式都注重"情境化"，讲求立足于实践发展研究问题，注重问题的动态性和实践性，都体现了"扎根精神"。

第二，在资料获取与收集方面，二者都重视通过访谈获取一手数据。访谈是扎根范式的核心研究方法，通过访谈并辅之以观察而获得的一手数据是扎根范式研究最重要的数据来源。事件路径分析法虽然没有明确提出具体的访谈要求，但在大多数研究中都倾向于采用深度访谈收集一手数据。此外，二者都注重从多渠道收集多种来源和形式的数据，尽可能确保数据的丰富和多样化，以降低单一渠道获取数据的信息偏差风险；重视对数据的三角检验，以确保事件的真实性和数据的准确性。

第三，两种方法都在不断地发展和自我丰富。扎根范式不是一个一成不变的"烹饪书"或"公式"，而会根据研究问题、研究场景以及研究参与者的不同进行动态调整。扎根理论本身就是动态演化的（Morse et al., 2009），扎根范式更是如此。同样，事件路径分析也在不断地尝试和探索，它的研究步骤和方法并非一成不变，而是在通过对事物发展过程规律的探究，不断调整研究"事件"的切入角度，以求更加精准地还原和揭示事物发展过程的规律。

因此，在实际研究工作中，事件路径分析和扎根范式完全可以结合使用。例如，何婧、杜义飞等（2015）在两种方法的结合使用上已经做出了一些有益的探索，在其研究过程中采用了与扎根范式非常类似的分析逻辑。在数据收集过程中，对事件的说明、特定的细节、其他信息的片段和不断重复的关键词汇进行分析，通过删掉过时的分类、加入新的分类来不断修正最初的分类，以解释新得到的证据，最终获得能够囊括所有事件数据的分类，这与扎根范式中通过不断比较来确定核心范畴的做法类似。当数据收集结束时，所有事件数据都能系统和完全地满足分类标准，这与扎根范式中判定"核心范畴"饱和的逻辑非常类似。

未来，在事件路径分析方法的研究中，对数据进行整理和分析时完全可以采用扎根范式的编码程序来进行，虽然这不是一项扎根研究，但完全可以称之为"运用扎根范式的编码技术进行了数据处理"，这对提升事件路径分析方法的理论建构能力和说服力必有助益。同时，在扎根范式研究中，也完全可以按照事件路径分析的逻辑进行数据分析，从中发现和建构能够解释事件发展过程与规律的理论。从这一角度来说，事件路径分析法为扎根范式的数据分析和理论建构提供了一个新的维度和视角。

第五节　叙事研究方法及其与扎根范式的结合

一、叙事研究方法简介

"叙事"是人类基本的生存方式和表达方式，叙事取向重视人的情感、体验和主观诠释，叙事内容再现了叙事者的世界观，是其信念、思想、意图所建构的真实（利

布里奇 等，2008）。叙事研究是质性研究方法的重要分支。在我国，叙事研究自20世纪90年代兴起以来，越来越多的学者将其作为重要的研究方法应用到研究中。有关叙事研究的概念，虽然国内外众多学者给出了不同的定义，但总体上相差不大。利布里奇等人（2008）认为，叙事研究可称为"故事研究"，是一种研究人类体验世界的方式，是任何运用或分析叙事资料的研究。

利布里奇等人通过综合各种叙事研究的文献，将叙事研究分为两大类别（周钧、张华军，2022）：一类是作为叙事学的研究方法，另一类就是后面要重点论述的作为质性研究方法的叙事研究。根据利布里奇的定义，作为质性研究方法的叙事研究有两个基本条件：第一是需要叙事性资料，第二是对这些资料的运用和分析。这里的叙事资料涵盖范围较广，无论是被调查者所讲述的故事、已有的叙述文本、家族史、个人传记，还是研究者对人、事、物的描述所反映出来的经验和看法，都可以成为研究的叙事资料。它们的共同点是侧重于按照时间顺序来叙述的故事。

在分析与运用上，叙事研究有两种不同的分析方法。第一种也是目前应用最广泛的一种，即将叙事资料按照质性研究方法惯用的编码方式进行分析，不断地抽象概念，不断地总结归纳，这就非常类似于扎根研究。第二种是从"整体方法和类别方法"与"内容和形式"两个独立的维度建立新的模型。"整体方法和类别方法"指的是分析单元，要考虑从完整的叙事文本或整部叙事中提炼出的表达或片段是否作为一个整体而存在。例如，某高三班级在高考前存在着一些普遍性问题，如课堂纪律较差、考前焦虑严重等，这些属于一群人共有的问题或现象，适合采用类别方法；而某一名高三考生在高考前出现了一些问题，需要将他作为一个整体进行研究，则适合采用整体方法。而"内容与形式"维度指的是故事内容和故事形式间的区分。显而易见，内容方面指的是叙事事件的明确内容部分，即什么人在哪里发生了什么事情；而形式方面则指的是叙事内容的故事结构是怎样的，采用了怎样的描述顺序，运用了第几人称的视角，故事的叙述风格，等等。由于研究目的不同，内容和形式方面的分析各有优劣。

综合上述两个维度的内容，产生了叙事研究的四种策略模式（利布里奇 等，2008）：整体－内容；整体－形式；类别－内容；类别－形式。"整体－内容"模式分析一般用于研究个体完整的生活故事，聚焦于所描述的内容，常见于"个案研究"；"整体－形式"模式分析着眼于生活故事的剧情发展和完整结构，即该叙事资料描述的是某一个体，其故事的发展有着完整的、明确的结构；"类别－内容"模式常被称为内容分析法，要先将研究主题定义为许多种类别，然后从文本中摘录出不同的表述，划入相对应的类别；"类别-形式"模式分析则聚焦于某一叙事单元的体例或语言学特征，研究叙述者运用了哪种记叙方式、他的修辞表达的使用频率如何，等等。

二、叙事研究的应用——教育叙事研究简介

叙事研究自兴起以来受到了学术界的广泛关注，被广泛应用于教育学、心理学、社会学、管理学等众多社会科学研究领域，尤以教育学领域的应用最为广泛。下面对教育叙事研究进行简要介绍，以帮助读者了解叙事研究方法的具体应用。

1990年，两位加拿大教育工作者——任教于阿尔伯塔大学的克兰迪宁教授和曾同时在阿尔伯塔大学、伊利诺斯大学和芝加哥大学担任教职的康奈利教授在《教育研究者》上发表了经典论文《经验的故事和叙事研究》，标志着教育叙事研究的诞生。随后，该方法传入我国。2003年，丁钢教授发表的《教育经验的理论方式》一文成为我国叙事研究发展的转折点。文章介绍了康奈利等人有关叙事研究的理论，首次在国内比较系统地阐述了叙事研究的功能作用和价值意义，引起了研究者的广泛关注。随后，叙事研究方法在学术界得到了大量运用，受到了越来越多的讨论和关注。

1. 教育叙事研究的含义

所谓教育叙事研究，就是通过叙说教育主体的故事来描绘教育行为、进行意义建构并使教育活动获得解释性意义理解的一种质性研究方法。

关于教育的叙事，大体可以分为两大类。一类为"宏大叙事"，其研究取向以探求客观规律、普遍真理、本质意义为目的，具有思辨的特点，长期占据着教育叙事研究的主体地位；另一类则为"经验叙事"，又可称为"小叙事"，主要关注个体经验和意义。

教育叙事研究的兴起有着一定的时代背景。20世纪80年代，在后现代主义、现象学、解释学思潮和关注生活经验的实用主义哲学的影响之下，人们开始反思和质疑本质主义的真理认识方式（彭晶，2021）。教育理论工作者逐渐认识到纯思辨式"宏大叙事"研究方式的空疏无用和科学实证主义的大而无当，把目光慢慢投向关注人们具体体验和生活经验的"小叙事"，推动教育研究开始了一种叙事研究的转变。这种转向并不意味着教育叙事对"宏大叙事"的彻底抛弃，相反，这是一次对以往教育叙事研究的反思。宏大叙事以探求客观规律、普遍真理为目的，但正因如

此，使得宏大叙事不够"接地气"，忽略了具体的教育现实，而这却是改进教育实践最需要的。因此，转变后的教育叙事将普遍性的理性思考和没有生命活力的数据还原成教育场景和教育故事，真实地呈现了教育经验和教育现状，揭示了教育中存在的问题与困境。但这并不是教育叙事的全部使命，教育叙事研究的主要目的是对研究对象的个人经验和意义建构进行"解释性理解"或"诠释"（丁钢、王枬，2010）。叙事研究者除了要通过讲述研究对象的教育故事来展示教育场景中的事实之外，还要对研究对象的日常教育经验进行反思和重构，以澄清教育问题并重新发现教育的意义。

总之，教育叙事研究并非旨在提供一种关于教育问题的现成答案，而是以叙事研究中呈现的教育故事来激发研究者、研究对象及读者对教育问题的反思，激发他们对教育意义的思考和对自己教育生活的再造。叙事研究过程是一个由故事中的角色、叙事者、读者共同筹划自己的教育生活，建构自己可能的意义世界的过程（彭晶，2021）。

2. 教育叙事研究的理论基础

（1）叙事学。叙事是教育叙事研究中最主要的表达方式，文学研究中的叙事学是教育叙事研究首要的源泉。

（2）现象学。现象学是一种强调事实、主张描述、关注意义的哲学思潮，对教育研究产生了重要影响。它对叙事研究的影响主要表现在四个方面：回到事实本身、交互主体性、生活世界和悬置。

（3）诠释学。诠释学对教育叙事研究的影响表现在三个方面：一是对"人"的研究不能通过"证实"而只能通过"理解"和"阐释"；二是诠释学对研究者"前见"的认可；三是参与者之间主体间性的确立。教育叙事研究力求通过叙事展现教育的真实场景，并同时达到研究者与研究对象视域的融合，在对话中获得理解，从而建构一种以意义解释为核心的教育经验理论方式。

3. 教育叙事研究的特点

（1）取材于日常生活。教育叙事以在学校和教室发生的教育日常生活为研究场域，聚焦于教师和学生在校园生活、日常教学、课堂实践等活动中发生过或正在发生的真实的、情境的并具有意义的教学事件。

（2）"深描"归纳。叙事研究要求对故事情节进行深刻完整的描述，准确全面地再现事情所发生的时间、地点、人物及事情发生前后的因果关系，使读者"身临其境"。

（3）主观性。在教育叙事研究中，无论是"所叙之事"还是"所选之叙"都必然带有主观性，这一点无须讳言。研究者对研究材料的取舍，对故事情节描述的详略，对环境与氛围的描述等，在很大程度上都受到研究者本人价值观、文化背景的影响。此外，教育叙事研究还拥有故事性、生成性、实践性、反思性和改进性的特点。

4. 教育叙事研究的意义

（1）教育叙事研究有助于加深教师的自我认知。教师生活的大部分时间都在与学生相处，将与学生在一起的资料进行叙述，可以很好地从中分析出最真实的自己，从而对自己进行全面客观的分析，加深教师的自我认知。

（2）教育叙事研究与学生评价紧密相连。教师通过叙述发生在自己身边的与学生有关的教学实践，可以很好地反映教学中的问题，从而发现学生的一些特点和表现等，有助于正确客观地进行学生评价。

（3）教育叙事研究使同行间的评价更真实、有效。教育叙事研究的过程也是一个教师自我培训、自我提高的过程，教师在进行教育叙事研究的过程中能发现或揭示内隐于生活、事件、经验和行为背后的教育思想、理论和信念，从而更加深入地理解教育的本质、规律、价值和意义。长期坚持教育叙事研究可提高教师的教育教学素养，改变教师看待教学实践的方式，同时使得同行间的评价更加客观、真实、有效，提高同行评价的质量（何献菊，2012）。

（4）教育叙事研究有助于提升教师教学设计评价的质量。教师的课后总结对提高教学质量尤为重要，通过及时的反思，教师很容易找到教学计划的优缺点。只要教师坚持开展教育叙事研究，就能深刻地认识到自己教学设计中存在的问题并不断地加以改进。在不断的反思过程中，教师就能准确地评价自己教学设计的优劣，把握教学设计的重难点，促进教学水平和教学质量的不断提高。

三、叙事研究和案例研究的区别与联系

在我国，叙事研究和案例研究在改革开放后几乎同时兴起，由于都属于质性研究范畴，也都需要一定的叙述性资料，有共同的方法论和基础理论背景，导致两者在研究中容易被混淆。因此，我们需要厘清两者的区别与联系。

1. 叙事研究与案例研究的区别

叙事研究与案例研究最主要的区别还是方法和手段上的差异（张肇丰，2013）。具体差异有以下几点。

（1）叙事是一种表达方式，而案例则体现了特定情境。叙事研究中的叙事指的是将人、事、物进行描述，以此来反映研究者的看法，表达研究者想要研究的事物的情况，叙事是一种表达。在案例研究中，尽管关于案例的描述也是叙事，但案例研究不止于此，除叙事外还有议论、说明、分析等多种形式，叙事仅仅是案例研究的一部分。

案例发生在特定的时间和空间范围内，反映了研究者想要研究的事情或问题，所以案例研究具有一定的情境性和很强的空间感。案例研究注重特定情境中事物的性质与联系，这种情境性使案例研究体现了一定的整体性和典型性，有助于反映和认识特定时空环境，使得案例研究具有更强的空间感，而叙事研究则经常表现为时空的变换和多种情境的组合。

（2）二者的研究侧重点不同。叙事研究更多体现了时间概念，侧重点在于研究较长时间内事物的发展演化过程，而案例研究更多体现了空间概念，重在研究特定情境中事物间的关系。因此，叙事研究重时间因素，案例研究重空间因素。

（3）共时性与历时性。共时性与历时性是现代语言学家索绪尔提出的一对重要概念，被广泛应用在文学、历史等多方面的研究中。共时性反映的是同时存在的各种形式间的关系，历时性则反映了不断变化着的各单位间的关系。从这个角度出发，叙事研究反映了不断变化着的各社会单元的相互关系，即体现了历时性的特点；而案例研究反映的是同时存在的各种形式事物间的关系，即体现了共时性特点（张肇丰，2013）。因此，如果偏重研究一段时间内事物发展演化的过程，那么应采用叙事研究方法；如果偏重分析某特定情境中的事物关系，则采用案例研究方法更好。

2. 叙事研究与案例研究的共同点

（1）二者都属于质性研究方法，具有质性研究方法的基本特征。叙事研究与案例研究都遵循质性研究方法论，都需要在自然情境中搜集资料，对资料进行细致的描述与分析、总结与归纳，甚至要不断地抽象和编码形成新的理论，完成对事实的解释和建构。因此，叙事研究与案例研究既可以表现为相同或相似的形式，又可以呈现出不同的面貌，二者可以在很多方面产生交叉和互动。

（2）二者有着共同的理论基础，并且在一定程度上反映了后现代主义的思维方式和认识论。后现代主义强调事物的多样性和不确定性、否定所谓的中心和权威、提倡反本质主义的知识观和认识论。两种研究方法都面向日常的、微观世界的生活，以观察、倾听和感受为主要研究手段，结论都具有一定的开放性。

（3）叙事是两者都需要的表达方式。尽管案例并不全是叙事，还包含议论、说明、举例等其他内容，但案例的描述仍需要通过叙事来完成。叙事不仅仅是叙事研究的表达方式，更是案例研究的表达方式之一。因此，叙事较多的案例研究也通常被称为叙事型的案例研究，叙事较少的案例研究也通常被称为非叙事型的案例研究。

四、叙事研究和扎根研究的区别、联系与结合

叙事研究与扎根研究都是质性研究方法，都遵循质性研究范式，二者之间有着密切的关系。叙事研究要探究个体的经历，讲述个体的故事，以描述人们的生活，并通过分析故事和叙事文本，理解和解释人类行为与社会现象。扎根研究强调从实际经验中归纳和总结理论，通过对现象的深入了解和解释，形成具有解释力的理论框架。

1. 叙事研究和扎根研究的区别

（1）二者操作程序不同。叙事研究的操作程序一般是："确定研究问题—选择研究对象—收集数据—分析数据—建构叙事—解释讨论"，而扎根研究的操作程序与之不同。

（2）二者研究重点不同。叙事研究倾向于介绍个体的故事与经历，通过对叙事性的文本进行分析，更多研究微观层面的细节和情境。而扎根研究则旨在建构理论，重点在于从数据中提炼出具有一定普适性的概念和理论。

（3）数据来源与分析方法不同。叙事研究的数据更多来自研究对象个体的叙述或文本，采用文本分析、主题分析等方法；而扎根研究的数据来源则相对广泛，如访谈、观察、搜集以及二手数据等，分析方法则使用编码、范畴化、概念化、三角检定等，程序较复杂和规范。

（4）理论生成不同。叙事研究更倾向于发现和阐述独特的故事模式，而扎根研究则更倾向于建构具有一定普适性的理论。

举例而言，假如我们准备研究小学生在课堂上的学习体验。如果采用叙事研究

方法，那么研究过程可能是：选择几个学生，让他们讲述自己在课堂上的学习经历和感受。通过仔细分析这些故事，我们可以了解到他们在学习过程中的困难、乐趣、与老师和同学的互动等，从而深入了解小学生的学习体验。如果我们选择扎根研究方法，那么我们的研究过程可能是：通过观察课堂、收集学生的作业和作品、与教师和学生进行访谈等方式收集大量数据，同时运用扎根研究的编码程序对这些数据进行编码和分析，找出关键概念和核心范畴，进而建构一个关于小学生学习体验的理论。

2. 叙事研究和扎根研究的联系与结合

叙事研究和扎根研究在研究过程和方法上有许多类似之处。在研究过程中，叙事研究和扎根研究都需要一定的叙事资料，比如一手访谈数据、二手数据文本等通过叙述来表达的资料，有了这些资料，研究者才可以进行分析、编码等下一步的操作。无论叙事研究还是扎根研究，都非常注重真实的经验和现象，试图从微观而具体的现象向外推论，提炼出有意义的结论。二者都强调深入实践情境去收集数据，与研究对象进行密切互动，在数据处理上，二者都需要一定的访谈和编码技术。

此外，叙事研究和扎根研究都关注人类行为和社会现象的复杂性和动态性。在叙事研究中，研究者通过对个体的故事和叙事文本的深入分析，可以形成对人类行为和社会现象的深入理解，来诠释更为广泛的社会、文化等多方面的经验。但如果不能将这些经验提炼成理论，那么"叙事"将很容易被质疑为没有"研究"，且难以进行经验的推广。因此，刘良华直接指出，叙事研究为扎根研究提供了丰富的实例和经验，形成扎根于实践的理论是叙事研究的最终目的。无论采用历史研究方式还是采用调查研究方式，叙事研究的基本路径都是"收集资料—解释资料—形成扎根理论"，其重点是分析资料并形成扎根理论（刘良华，2007）。

因此，叙事研究和扎根研究是相互促进、相互补充的，将这两种研究方法相结合，可以更好地理解和解释人类行为与社会现象。叙事研究提供了认识社会现象的方法和实例，有助于研究者对社会现象及身处其中的个体经验的深入理解和剖析，扎根研究则在这些鲜活的实例和经验的基础上，通过系统性的归纳和总结，建构具有解释力的理论框架。经由扎根范式所建构的理论可以更好地诠释人类行为和社会现象，同时为叙事研究深入解释个人行为提供了系统的分析工具。

后记 POSTSCRIPT 以扎根精神做扎根研究

全书已至尾声，相信读者朋友们已经全面掌握了扎根范式的研究方法并理解了其认识论思想。扎根范式综合了定性与定量研究方法，集扎根理论三大学派之所长，遵循了先定性后定量、先理论建构后理论检验的华莱士科学环研究逻辑，体现了社会科学研究问题和对象的特点，是一种具有广泛适用性的社会科学研究范式，适用于社会科学研究的各个领域。同时，扎根范式也是一个开放包容的研究范式，除引入了实证研究方法外，还可与更多的定性、定量研究方法相结合，共同服务于构建优秀社会科学理论的目标。

国际著名的案例研究方法专家艾森哈特曾指出："与直接应用产生于不同的社会文化背景下的理论相比，本土研究方法提出的理论也许能够具有更高的内部效度和外部效度。当现象还不明了，现有的理论不能对研究对象进行合理解释的时候，使用扎根理论的研究方法是理所当然的。"（Eisenhardt，1989）2004年，著名管理学者徐淑英、刘忠明主编的《中国企业管理的前沿研究》出版，书中第一章"中国的企业管理研究：现状与未来"中讲道："我们认为，在中国背景下研究中外企业，要准确把握复杂的中国背景，要得到内部效度和外部效度较高的模型，运用扎根理论的研究方法是必不可少的。"（徐淑英、刘忠明，2004）可见，研究中国企业管理问题要发展概念、建构理论，运用扎根理论研究方法是理所当然、必不可少的。我认为这一论断也同样适用于中国其他社会科学研究领域，而基于中国情境对扎根理论进行了整合创新的扎根范式为此提供了更适用和高效的方法体系。

在扎根范式的理论建构阶段，我们各展所长地整合了扎根理论三大学派的方法和工具，厘清了一些长期围绕扎根理论的争论，为初学者提供了一个更加清晰、简明、易用的方法和技术体系，有助于初学者快速掌握并高效运用这一方法，这是本书已经完成的一个重要的历史使命。但这并非我们创新的终点，我们正在努力开展的工作正如"扎根六部曲"第四篇，2020年发表在《科研管理》的《扎根理论的"丛林"、过往与进路》一文所言："该范式（扎根范式）的定性研究部分已经实现了对现有三大扎根理论学派方法和思想的融合，但仍未完全脱离传统扎根理论的基本框架和思想。基于这一工作基础，从问题产生、样本选择、田野调查、数据处理、理论建构等质性研究环节汲取各种质性研究方法之所长，综合以往对扎根理论研究方法的改进和其他多种质性研究技术，我们将建构一种新的质性研究方法论，暂命名为'扎根方法论'（ahagen methodology），这是我们消化吸收扎根理论（grounded theory）后在中国情境下的创新和发扬，有助于推动中国本土管理研究，为构建中国管理学派做出贡献。"（贾旭东、衡量，2020）

"扎根六部曲"的第三篇，2018年《管理学报》发表的《基于"扎根精神"的管理创新与国际化路径研究》一文建构了"管理理论构建与发展模型"，提出了"主位研究"和"客位研究"的概念。早年的中国管理学界主要从事"客位研究"，而西方尤其是美国学者却长于"主位研究"——他们建构理论，我们将其拿到中国情境中进行检验。如果说早期的"客位研究"有助于我国社会科学界学习国际学术规范，那么今天的中国学界绝不应满足和止步于"客位研究"，因为这不可能获得理论的原创权，难以突破西方研究范式、推进研究方法创新，中国社会科学学者也不可能得到国际社会科学界真正的尊重。更重要的是，在这种国际科研分工模式下，如何建构有中国特色、中国气派、中国风格的社会科学理论？

在"扎根六部曲"的第五篇，2020年出版的《学者的初心与使命》一书中的《让"扎根精神"扎根在管理学者心中》一文中，我对管理学界理论脱离实践的问题进行了深入剖析并提出了对策建议。在中国经济与社会快速发展的今天，中国已经涌现并正在涌现越来越多亟须研究的新现象、亟待总结的新经验、亟须解决的新问题，当我们走出书斋和象牙塔，走出埋头文献找问题、闭门造车画模型的科研模式，真正扎根到鲜活生动的社会实践中去，就会发现到处都是值得研究的现象和理论创新的机会！因此，从事包括管理学在内的中国社会科学研究的学者们应积极运用扎根范式开展"主位研究",让扎根成为自己的生活方式,扎根火热的中国实践,把论文写在祖国大地上,只有这样才可能做出真正有意义的知识贡献并得到国际学术界的认可和尊重!

徐淑英教授曾指出,科学研究的目的是"追求或逼近真理、理解和解释社会与自然现象、改善人类生活",科学精神是"对真理的纯粹追求、听从内心的召唤而追求科学、不受外界干扰、对人文的真诚关怀",我非常认同她的观点。作为学者,我们为什么以科学研究为终身从事的事业?为了追求真理!我们想知道宇宙人生的真相,想知道自然现象和社会现象背后的规律,这种深植于内心的好奇永远是我们科研工作的第一推动力。只有遵从这种内心的召唤,我们才能从科学研究的过程中得到求真的喜悦和探索的快乐,才能不受外界干扰地开展研究,坐得住冷板凳,不论是否获得承认都能坚持不懈直到成功。更重要的是,作为科学工作者,我们必须始终抱有真诚的人文情怀,希望我们的研究能让人们更好地理解自然与社会,让人类更好地生存发展,让世界变得更加美好,这才是科研工作的意义和我们存在的价值。

在"扎根六部曲"的第一篇中,我首次提出了"扎根精神"的概念,当时将它界定为扎根理论的方法论精神,即理论联系实践的精神。"扎根六部曲"的第六篇,2020年6月22日发表在《中国改革报》上的《新时代呼唤"扎根精神"》一文把"扎根精神"拓展到了科技、教育、司法、党政、医疗、媒体、工商等更多行业,认为各行各业都要有"扎根精神",并指出:"'扎根精神'是科学精神在社会各界工作中的体现,'扎根精神'是扎根于实际的精神、是扎根于实践的精神、是实事求是的精神、是求真务实的精神、是扎根于人民的精神、是追求真理的精神"(贾旭东,2020)。至此,"扎根精神"的内涵实现了升华——"扎根精神"是实现中华文明伟大复兴的时代精神!

因此,在行将掩卷之际,我特别想寄语本书的读者、从事社会科学各领域研究的学者,尤其是那些还就读于社会科学各专业的年轻学子们:

不要被现实湮没了理想,不要被功利迷失了真心,不要被苟且掩埋了前路,呵护好心底的那份真诚和好奇,在"扎根精神"的引领下深入实践,研究真问题,真研究问题,真解决问题!在这巨变的时代,在这向上的中国,扎根研究前途光明,大有可为!让我们扎根祖国大地,以扎根精神做扎根研究,为实现中华民族伟大复兴的"中国梦",构建人类命运共同体,做出无愧于祖国、无愧于人民、无愧于时代的理论贡献!

引用我的博士论文"致谢"中的一段话结束本书并与诸君共勉：

学术之路既寂寞又喧嚣，既漫长又短暂，有人说它是一场寂寞苦旅，多少人皓首穷经，寤寐以求，有人说它是一条漫漫长途，多少人早生华发，上下求索。但我觉得，这其实更该是一段精彩纷呈的发现之旅：既风光无限，气象万千，又风云际会，瞬息万变，非全心体悟不能品其中甘苦，非剑胆琴心不能揽其中胜景！

贾旭东

附录 《扎根理论之所非》一文讲解

南开管理学术沙龙（2017年1月3日）
贾旭东

赵老师、各位老师和同学，晚上好！很高兴和大家一起来分享关于扎根理论的这篇文章。

我觉得这是非常好的、非常经典的一篇文章，能够促进我们对扎根理论的理解，读了之后非常受益。我在2006年初次接触扎根理论，和这篇文章的发表是同一年。当时很感兴趣，就一直在研究扎根理论，后来我的博士论文也是用扎根理论做的，这几年都用这个方法在做一些研究。我读了这篇文章感觉有非常大的收获，今晚跟各位谈一些心得，也包括我自己用扎根理论做研究的一些体会。大家多批评指正，有什么问题欢迎提问。

一、前言：什么是扎根理论

这篇文章叫作《扎根理论之所非》，原标题叫作"What Grounded Theory Is Not"。文章讲了在向《美国管理学会学报》投稿的扎根理论文章里面，有很多貌似是扎根理论或者声称是扎根理论，但在方法运用上不够规范的现象，所以专门写一篇文章来指出，非常地切中肯綮。看来不光是我们国内有类似问题，西方学者也早就有这些问题了。

文中提到："扎根理论在某种程度上常常被一些对质性研究不甚了解的作者用作修辞上的'花招'，借以避免详细描述或阐明自己的研究方法"。还有句话说"很多作者显然对扎根理论存在相当严重的误解"。我觉得这两句话是非常准确的，在国内乃至在国际学术界，对扎根理论的误解确实非常多，所以扎根理论被称为社会科学研究方法中误解最多的一种方法。扎根理论为什么会有这么多的误解呢？大概跟它提出的时间比较长，而且后来分化为三个学派有关，这个后面会跟各位介绍。

1. 什么是扎根理论

扎根理论是在 1967 年由美国的两位社会学者格拉泽和斯特劳斯共同提出的研究方法论。这篇论文讲的是"什么不是扎根理论"，那我现在想先给大家一个答案：什么是扎根理论？我引用格拉泽和斯特劳斯（1967）原文里边的两句话，好让大家先了解，在这两个创始人的认识里，什么是扎根理论？

扎根理论的提出是为了回答：在社会研究中，如何能系统性地获得与分析资料以发现理论。扎根理论就是由资料中发现理论（discovery of the theory from data）。

2. 扎根理论是一种研究方法论而非研究方法

现在很多国内的学者，通过这篇文章也可以看到，很多美国学者也一样，都有一个很大的误会，即在思想上或者应用上，没有把它当作一个研究方法论（methodology），而是把它当成了一个研究方法（method）。这是非常大的一个问题，而且很普遍，我以前认为是我们国内学者对这个问题有误解，但从这篇文章来看，美国的学者也是有这样的误解的。从一开始提出来的时候，扎根理论就是一个方法论，而不是一个方法，这意味着，从研究问题的发现、提出到研究问题的解决和理论的构建，它是完整的、系统的一套方法体系。

所以，如果把扎根理论简单地当作研究方法来用的话，肯定是用错了，或者说是杀鸡用牛刀，后面讲到的六个常见误区里边，很多都体现了这一点。所以，首先我们要建立一个对扎根理论的基本认知，即扎根理论是一种由资料中系统性地进行分析提炼，概念化、理论化，最后来建构理论的这样一个系统的研究方法论，是一个方法论，而不是方法。

如果说"我们应用扎根理论建构了一个扎根的理论"，这听起来别扭，也容易带来误会，但换个说法"我们应用 grounded methodology（扎根方法论）进行研究，建构了一个 grounded theory（扎根理论）"的话，就不会有误解。

二、原文解读：六个常见的误区

下面我们就来看文章中讲到的在发表扎根理论论文时六个常见的误区。

1. 扎根理论不是忽略文献的借口

为什么会有这么一个问题？为什么一些扎根理论论文会忽略文献？这其实也怪不得作者，因为扎根理论的代表人物格拉泽特别强调：在进行扎根研究之前不能看文献。为什么？因为要避免研究者先入为主的主观认识对研究过程及研究发现的主观影响。

但这一点实际上遭到很多学者的批评：如果你不去看文献的话，你怎么知道这个研究现象别人没有研究过？如果你花了大量时间和精力去研究了你认为很有趣、很新鲜、很有价值的一个现象，做完理论建构后发现别人早就把它研究得很清楚了，人家建构的理论比你的还好，那你的研究不就白做了吗？所以，这实际上会严重影响我们选择研究对象、选择研究问题的效率，甚至有很大风险。

还有另一个问题：如果我们做研究前一点文献都不看，是不是就可以避免先入为主了？实际上，当我们成为一个研究者，从博士毕业开始做研究的时候，哪怕就是个硕士生，哪怕你没看过文献，你脑袋里先入为主的东西一定也不少。所以，通过不看文献避免先入为主，这种想法我个人觉得也过于理想化，实际上是做不到的。为什么这篇文章提出"它不是忽略文献的借口"？在我们现在的学术规范里，如果说你对已有文献不了解的话，很难确定你的研究问题的价值所在。

所以，我个人的意见是：我们做扎根研究，提前去看一看文献并不为过。当我们发现了一个有趣的现象，认为有研究价值，我们看文献后才知道这个现象是不是真的没有人研究过。只有两种情况下，我们才能够确定这个问题是值得用扎根理论去研究的。

一种情况是：我们看了文献后发现，文献里没有对这个问题的任何研究，那当然就很好，非常适合用扎根理论去研究，而且这样也不会先入为主，因为文献里没有对这个问题的解释，那我们就没有先入为主的概念。

另一种情况是：看了文献后，发现现有文献中已经有了对这个问题的研究，如果已经解释了现在我发现的这个现象，那实际上就告诉我们，不要研究了，别人的研究已经解释、回答了我的问题，其理论建构是合理的，那我们就可以放弃，去选择另一个问题。当然，还有一种可能，我们看了文献之后发现，现有文献虽然对这个问题有研究，但研究的答案是不一样的，甚至是互相矛盾的，解释完全不同，这种情况下怎么办？既然现有文献对这个现象的解释没有达成共识，那也值得我们进行扎根研究，恰恰证明我们可以做扎根研究。如果文献中的两种答案是矛盾的、冲突的，那这时候我们看完文献后再去做扎根研究，也不会有先入为主的主观认识，因为已有文献是矛盾的、冲突的。

所以我个人觉得，虽然格拉泽很强调不看文献，但我们要抓住他的本意，他的本意是避免先入为主的主观影响。刚才所说的这两种情况，一种文献是空白，一种文献是矛盾，虽然看了文献但都可以避免先入为主，而且还能进一步确认这个问题是值得的，是应该用扎根理论去研究的，恰恰对我们后面的研究是有帮助的。

所以我的研究没有照搬格拉泽这个特别严格的不可以看文献的要求，还是看了文献的。当我看文献发现有些问题是基本没有文献研究过，或者有些问题的确与现实矛盾、得出的答案不一样的话，那我就非常有信心了，因为这个问题非常适用扎根理论研究，值得我去研究。然后，我再带着一颗无知的心灵，去扎根到企业现实中做研究，最后得出自己的结论，我觉得这个和扎根理论的精神是一致的。

2. 扎根理论不是对原始数据的简单呈现

下面讨论第二个问题：扎根理论不是对原始数据的简单呈现。很多扎根理论的论文，作者在最后成果呈现的时候比较简单化，简单地堆砌原始数据，无法体现扎根研究的过程，这不符合发表规范，也不符合扎根理论的研究逻辑。

形成一个理论的过程是由四个阶段构成的：先由数据（data）得到编码（code）；再由编码（code）一层层提炼出概念（concept）；若干个概念构成一个范畴（category）；当出现核心范畴并饱和后，用核心范畴来进行理论建构，最后得到理论（theory）。这是用扎根理论的方法论做研究，从数据到理论的完整过程。所以，我们在做扎根研究的时候要遵循这个顺序，这是扎根理论的优势，也是为什么它被称为最科学的质性研究方法，因为它提供了一个从资料到理论的完整的操作程序和方法。它的操作程序是从数据开始，从数据中得到编码，编码上升为概念，概念上升为范畴，最后得到理论，这样一个完整的过程。

我们在写论文的时候当然要呈现这个完整的过程，如果只是简单呈现原始数据，没有把过程完整呈现出来，这个论文肯定至少在写作上是不过关的。你没有呈现清楚这个故事，没讲明白，编辑当然就看不懂，读者也看不明白，也没法评价你的理论贡献。

一般来讲，我们建构一个好的扎根理论，如果能实现从资料数据到最后完成理论建构这样一个完整的过程，这当然是最理想的。即便达不到这一步，能够提出概念，我个人觉得也不错。哪怕只是建构了一个概念，或者说基于一些概念建构了一个或者几个核心范畴，没有得到理论，我个人觉得也还是有理论贡献的。以往的质性研究或者定性研究只能体现建构的理论，但看不到思维过程。那你就无法去质疑或去验证、去讨论。扎根理论的优势就在于，它提出一套系统的、规范的方法，使得我们可以把这个过程完整地呈现，当然，在写论文的时候就要体现出来。

3. 扎根理论不是理论验证、内容分析，也不是字词计数

下面我们来看第三个问题：扎根理论不是理论验证、内容分析，也不是字词计数。这个也是非常多的论文发表者用错了扎根理论的一个表现。

首先，如果用扎根理论来做理论验证，那肯定是错的。如果一篇论文用扎根理论来做验证的话，那可以肯定他是对扎根理论不了解的，用错了方法，他是在用一个螺丝刀来敲打一个钉子。因为扎根理论从诞生起，他的创始人就讲得很清楚：它是用来做理论建构的，不做理论验证。理论验证是别的工具、别的方法要做的事情。所以，拿它做理论验证，一定是方法用错了。所以，文章作者引用文献讲到："我总会看到一些文章，其中作者试图用扎根理论来验证假设。秉持'实在论'（realist）假定的研究者采用诠释方法进行研究，这都属于混淆方法论的鲁莽之举。（Goulding，2002）"所以如果你在论文里声称用了扎根理论，然后用它来验证一个理论，那一定会被编辑否掉，这个研究肯定就不能称之为扎根理论研究。

还有一个很常见的错误，这在我们国内的扎根理论论文里面非常常见，就是把扎根理论当作内容分析和字词计数的方法。很多作者会把扎根理论和内容分析混淆在一起。内容分析又叫文本分析，它是要从文本里面去进行关键字的提取和统计，比如用一些计算机的方法、网络爬取的方法等，往往是统计文本里哪些关键词出现得多、出现多少次。比如，在政府工作报告中，"改革"这个词出现最多，其次哪个词出现最多，等等，我们用这个方法来分析作者的意图，这个叫内容分析，它其实是关键字的提取。字词计数也是类似这样的，内容分析比字词计数还更广泛，字词计数可能就更简单，即计算哪个字词最多、哪个最少，比如一本小说里面，哪个是高频词，哪个词用的最多，哪个词用的最少。曾经有学者研究《红楼梦》，用字词计数来分析后四十回，研究后四十回和前面的写作习惯、风格是不是一样，从而判断作者是否是同一个人的。然而，它不是扎根理论研究。

扎根理论也要拿数据来进行分析、编码，内容分析、字词计数好像也很相似，但它的意义、内涵、价值、目的，包括具体操作的方法都是完全不一样的。扎根理

论的编码方法不是去统计哪个词出现得多、哪个是关键词，而是要从原始数据里面进行理论的抽象，要把原始数据逐层地进行抽象化、概念化，让它一点点变得更加抽象、更加概念化之后，能够成为一个概念、成为一个范畴，最后来进行理论的建构。所以，这是一个逐步抽象的过程，这个过程跟内容分析、字词计数的思维方式是完全不一样的。内容分析和字词计数完全可以通过计算机软件等工具来完成，不需要人工。扎根理论的编码只能由人工来完成，即便可以用计算机软件辅助，但从数据提炼出编码、从编码到概念、从概念到范畴这样一个逐级编码、逐层抽象的过程，必须由研究者自己来完成，是没法通过计算机软件或任何工具来替代的，计算机软件只能是一个帮助整理的工具。所以，我认为这是和内容分析、字词计数最大的差异。

扎根理论的目的在于进行理论建构，它的方法是通过对尚未被解释的、有趣的、新的现象进行扎根的研究，这种扎根的研究是要研究者深入到现象的情境中，尤其是了解现象中的人、主体和客体间的互动关系，从这中间得到数据，再从数据中逐步地理论化、抽象化，最后得到理论。格拉泽和斯特劳斯说了一段很经典的话："这就是最适合使用扎根理论的地方：有一个尚未被解释的有趣现象，自此研究者试图'从数据中去发现理论'。"（Glaser and Strauss，1967）也就是说，扎根理论不是验证理论，而是从数据中发现理论，也不是去统计数据，而是从数据中逐步进行抽象化、概念化的提升，到最后得到一个理论。

4. 扎根理论不是对程式化数据分析技术的简单套用

下面我们看第四个问题：扎根理论不是对程式化数据分析技术的简单套用。"当研究者已经做了25～30次访谈时就可以认为达到饱和了""只要把文本数据输入应用程序就能得到结果""过分强调编码"，这是原文的话，常见的一些错误就是这几个表现。

第一个常见错误是，做了25～30次访谈，就可以认为达到饱和了。也就是说，他限定了一个量，大概做了多大量的访谈的时候，就可以认为数据、核心范畴、理论达到饱和了。这肯定是不对的，理论饱和的程度是不能用这个来衡量的。什么时候能够宣告理论饱和？一般是你发现的核心范畴或者你建构的理论，在你力所能及地收集到数据的情况下，你目前所拥有的数据已经没有新范畴、新概念涌现了，也就是当建构的概念完全能够解释所有数据的时候，就可以宣告达到了饱和。

现在建构的这个理论、范畴、概念，能不能解释研究的现象？如果已经能够解释了，而且现在的数据已经饱和，那不一定要 25～30 次访谈，也许 5 次访谈就可以解决问题。但也有可能 50 次访谈都还没有解决问题，那你就要继续访谈。所以，判断是否达到饱和的这个点，是要根据理论本身的发展、理论建构的水平，以及它对我们所研究的这个问题和现象的解释力来判断。把宣告饱和的点和访谈的数量、工作量来挂钩，显然是没道理的，不是做了多少次就可以认为达到饱和了。

第二个常见错误是，只要把文本数据输入应用程序就能得到结果。现在也有一些关于质性研究常用的软件，但是在扎根理论研究里，所有软件的作用只有一个，就是帮助我们很好地、高效率地去整理数据，使我们数据整理的工作可以效率高一点，以前没有这些工具的时候，做这个研究的人是很辛苦的，他要用手工一遍一遍地誊写这些原始数据。

2008 年，我在香港理工大学参加一次扎根理论研讨会，当时香港理工大学的协理副校长是阮曾媛琪教授，她做了一个非常好的扎根研究，把原始数据都拿到了会议现场，有 40～50cm 那么高的一沓笔记本。笔记本里面密密麻麻写的都是她的原始记录，而且反复用纸来誊写，里面贴满了标签、标签纸，等等，工作量非常大。没有计算机软件辅助的话，可能就是得这样做，非常辛苦，效率非常低。所以，现在计算机软件的作用就是可以让我们效率更高。

但非常重要的一点是，计算机软件不能代替研究者思考，不能代替研究者去对这些现象进行概念化和抽象化的工作，即便是人工智能软件也不能做到。扎根研究的编码是一定是要人来做的，软件只是帮你高效率地整理编码，只是提高工作效率而已。

第三个常见错误就是过分强调编码。很多人把扎根研究误以为就是编码，好像有个编码就叫扎根理论研究，这完全是错误的。编码只是扎根研究的一个必须的方法，当然它很重要，但你从编码中得到概念、范畴乃至理论，不是靠编码本身。扎根研究最重要的就是：能不能够从编码中、从数据中得到概念、范畴、理论，产生理论贡献。关键不在于你是不是应用了编码的程序，即便你很规范地用编码程序一步一步来做，也不敢保证你最后的理论建构是有价值的。这里的重点是："尽管严格遵循扎根理论研究方法勉强也会有结果，但这种机械的方法却难以带来那种典范研究不可缺少的洞见之光。"也就是说，扎根研究能够取得优异的成果，得到好的理论建构，最重要的是这个洞见之光，这是不可缺少的，而编码只是一个程序、一个技术而已。

那怎么样才能够通过编码的程序得到洞见？这里面又有一个关键概念，也是格拉泽特别强调的一个关键概念，叫作"理论敏感性"（theoretical sensitivity）。格拉泽认为理论敏感性就是"从数据中提炼出概念，然后找出这些概念间的关系并形成规范的理论模型的能力（Glaser, 1978）"。我自己对理论敏感性这个概念的概括就是：研究者透过社会现象进行理论概括与创新的能力。

也就是说，透过一个社会现象，好的研究者、理论敏感性高的研究者能够通过这个现象看到它的实质而且进行很好的理论概括和创新，得到一个好的理论。对一个理论敏感性比较差的研究者来说，即便他看到了同样的社会现象，甚至把同样的数据给他，让他去按照扎根理论的方法、按照规范的程序来进行编码，最后他编码得到的概念、范畴和理论，可能也不如那个理论敏感性高的研究者得出来的好。所以这种能力是一个研究者，或者说是一个从事定性研究、质性研究的研究者的核心能力。只有提高理论敏感性，他才有可能在研究中产生洞见，才有可能使扎根研究得到非常好的、具有很好解释力的理论建构。所以，关键不在于程序和技术，虽然技术也很重要，但最重要的、能够通过扎根研究做出贡献的关键在于理论敏感性。

5. 扎根理论并不完美

第五个方面，作者讲到扎根理论并不完美。没有哪一个理论、方法、工具乃至方法论是完美的，一定都有可以改进的空间。所以，如果谁说扎根理论就是最好的研究方法论，这个恐怕不用去讨论，肯定是站不住脚的。作者在书中提到，现在有一种"日益增长的原教旨主义倾向——具体从事扎根理论研究的学者，和那些专事讨论如何做扎根理论的学者之间隔阂渐深"。

我早年刚刚开始学扎根理论的时候，接触比较多的是格拉泽的经典扎根理论学派。在扎根理论三个学派中，这个是最早的学派。我接触过很多格拉泽的"铁粉"，这些学者确实带有一些原教旨主义倾向，他会先去看你做的理论研究符合不符合一些技术上的要求。如果一些技术上的做法不太一致，那他很可能先不关注你有没有做出理论贡献，而是会说你这不是扎根研究。当然，像刚才我们说的那几个方面的问题，的确不能称之为扎根研究。但有一些很细节的、无伤大雅的技术性问题，他们也非常严格，一点点都不能违背，违背了就不是扎根研究，这确实带有原教旨主义倾向，这就使得真正用扎根理论做研究的学者与他们隔阂渐深。我自己在做扎根研究的时候，确实发现一些技术性的、操作性的东西是可以改进的，改进后更好，但如果他们看了我的论文，可能也会认为不是扎根研究。

所以，我觉得这篇文章的作者讲的这个话特别重要。扎根理论不是完美的，1967年提出来的研究方法论经过这么多年的发展和应用，一定有可以改进的、提升的空间。那么，只要不违反它的一些基本的方法论原则，我认为在技术上做一些调整和改进，至少是无可厚非的。所以为什么我提出一个"扎根精神"？也就是说，我觉得只要不违背这个"扎根精神"的基本认识论、方法论原则，在技术上做一些调整，就会让扎根理论更好用，会更容易得出比较好的理论建构。

6. 扎根理论并不简单

第六点，扎根理论并不简单。当然，所有的定性研究方法其实都不简单。不简单在哪里？其实就在刚才我们说的这个"理论敏感性"。应用定性研究方法论，得到好的理论建构，不取决于这个方法论本身。比如给你一套很好的工具，你是不是就一定能建出一个好房子，或者一定能做出一套好家具呢？不一定，它取决于使用这个工具的人水平怎么样。我们只要能规范地应用扎根理论方法论，那就可以去做研究。但是不是能够做出好的理论建构？这取决于研究者的理论敏感性，这不是扎根理论这个方法论本身能够解决的。而这种理论敏感性显然不是可以靠学知识得来的，所以说它不简单在这个地方。

这里又引出一个问题，即扎根理论是否适合初学者？我引用两句话，一句是原文的话："扎根理论研究的技术应用能力伴随经验的累积不断提高"，一句是译者最后补充的，韩老师和曾老师的话："年轻人虽然缺乏生活的历练和洞见（理论敏感性），但至少可以培养"。说实话，我刚开始学着用扎根理论的时候，在这个问题上是困惑了很长时间的。因为我问过很多人，很多人都认为扎根理论不适合初学者，也就是说，你是初学者，你就别用了。但是我一直就困惑，如果我不用它，那我什么时候能成为一个熟练工呢？我永远不用它，那永远是初学者、永远都不会啊！所以后来，我还是很果断地要试一下，用了之后发现并不是那样，初学者还是可以用扎根理论来做研究的。只不过这个初学者对扎根理论的方法论本身、技术上的运用不熟练，所以可能要在研究中学习研究，学习这个方法，并提高理论敏感性。

但问题又来了，如果一个研究者的理论敏感性不高，通过什么方式来提高他的理论敏感性呢？我用扎根理论做了研究后的体会是：我觉得对一个初学者来说，用扎根理论进行研究是有助于培养和提升他的理论敏感性的，扎根研究是初学者提升理论敏感性非常理想的途径，至少是途径之一。所以我认为初学者不应该害怕，应该果断地去用这个方法。在研究中，通过不断地去做研究，或者对同一段数据不断地做编码，对同一个案例不断地做研究，理论敏感性就在这样的研究过程中逐步提高。所以初学者不要害怕，哪怕一开始不熟练，一开始的理论建构水平不够高，只要你不断地坚持做下去，做得越来越多、越来越熟练的时候，你的理论敏感性一定会得到提高，那最后做出的理论建构就一定会越来越好。

三、总结：扎根理论不应成为方法论缺失的借口

最后，文章总结说：扎根理论不应成为方法论缺失的借口。我们一开始就讲，扎根理论是一个方法论，不是研究方法。所以，要用扎根理论，一定是在方法论上应用了扎根理论，但很遗憾的是，文章里也讲到"只有为数不多的扎根理论研究堪称典范"。一是研究者的理论敏感性问题，二是研究者对于扎根理论这个研究方法论本身有没有很好地掌握。我个人也发现，我们国内也有很多研究宣称是应用了扎根理论的，但实际上并不理想，或者说不规范，甚至是不能够称为扎根理论研究的。

1. "扎根精神"

我个人觉得，扎根理论研究最重要的东西是"扎根精神"。什么叫"扎根精神"？我认为是一种扎根实践、理论源于实践的学术精神。2010年5月我在《管理学报》发表过一篇文章叫《经典扎根理论及其精神对中国管理研究的现实价值》。我觉得扎根理论的三个学派虽然争论很多，但核心的方法论精髓就在"扎根精神"，只要你能够秉承着这样的扎根精神来做研究，那么在技术和方法等很多东西上，我认为都是可以去做一些创新的，我自己所做的一些研究也是做了一些创新的。

2. "扎根应当成为管理学者的生活方式"

2016年3月我在《管理学报》发表的另外一篇文章《基于"扎根精神"的中国本土管理理论构建范式初探》里讲了这么一句话："扎根应当成为管理学者的生活方式"。也就是说，你用什么样的方法，其实都不是最重要的，关键在于你是不是能够扎根？是不是能够到情境中去？技术性的、方法性的问题不是最重要的，关键在于是不是扎根？是不是有扎根精神？无独有偶，我们讨论的这篇文章的观点与我的观点非常相近。

从2006年开始到2016年8月31日，国内已经发表过的扎根论文共计142篇。这142篇扎根论文到底是不是规范？是不是能称为扎根研究？我在一篇论文中用两个维度做了一个初步的测评。第一个维度是：这个论文是不是把扎根理论作为研究

方法论？这是一个根本的问题。如果不是把它当作研究方法论，那就说明你对扎根理论是有误解的。第二个维度是：在研究过程中是不是真正应用了这个方法？是不是真正扎根了？如果你全部都是用二手数据的话，那肯定没有扎根，这个也不行。

用这两个维度来判断之后，我发现最后符合规范的论文比例只有55.63%，这个不规范程度还是很高的。问题和咱们今天讨论的这篇文章里的问题几乎一模一样，这篇文章前面说的六方面问题，国内的研究里都有不同程度的体现。所以我们现在来学这篇文章真的是恰到好处，这是一个非常值得我们去探讨、研究的问题。

另外提供给大家一个信息，就是在2012年以后，国内的扎根研究很明显在升温，发表的论文数量在迅速增加，但是总数还是很少。我做了另外一个检索，2006—2016年的管理学论文总量约为94 000篇，但是扎根理论的文章只有140多篇，只有0.16%，规范的论文数量只有0.08%。

我在《基于"扎根精神"的中国本土管理理论构建范式初探》中初步提出了一个"中国管理扎根研究范式"，是在扎根理论的基础上，把扎根理论三个学派的观点做了一个整合以后提出的一个框架。

"中国管理扎根研究范式"——基于"扎根精神"，遵循建构主义扎根理论思想，以经典扎根理论的数据处理程序为主框架，以程序化扎根理论的因果关系为辅助结构，结合认知地图工具的一个中国本土管理理论建构一般范式。

四、答疑

1. 请问贾老师，如何判断文章是否将"扎根"视为方法论，而非研究方法？

回答：如何判断一篇文章是不是把扎根理论当作方法论，最主要的是看他完整的研究程序，是不是按扎根理论的程序来进行的。扎根理论之所以被称为方法论，是因为从一开始研究问题产生，到整个研究过程，到最后完成理论的建构（至少你要建构出概念），这个过程是有一套完整的规范的。三个学派的规范不一样，但不管用哪一个学派，你都是完整地照这一套方法来进行的，那我们就认为你这是把它当作方法论，而不仅是研究方法。

但我们现在常见的问题是，国内的文章也好，包括今天讨论的这篇文章里提到的现象也好，都是仅仅把它当作编码的方法。很多论文声称用扎根理论来做研究，但有些连扎根理论是方法论都没有提到，只是提到扎根理论研究方法，有的很模糊地将研究描述为一项扎根研究。我做这个判断的时候都是很宽松的，就是不管他的表达是不是精准，如果他从问题产生到结论这个完整的过程是比较规范的，我就判断，他至少在应用中是按研究方法论做的。但大部分论文都仅仅把扎根理论当作编码方法，也在编码环节中用了扎根理论某一个学派的编码方法，而且最多是用斯特劳斯的那个版本，等一下我会把三个版本讲解一下。

2. 我们在做扎根理论访谈的时候，提问题是否可以从一定的类属来提问？这是不是和内容分析方法的混淆？

回答：这个问题的意思是不是说，提问是一个半封闭式的访谈？我的理解是这样的，在做扎根理论访谈的一般情况下，是开放式的，至少是半开放式的访谈。如果你已经设定好了一些问题，甚至就是要对方回答是或不是，那这种访谈肯定是不规范的。扎根理论的访谈需要比较开放的、有时候完全没有主题的访谈，有的时候是谈一个大的方向。很有可能在你访谈的时候，受访者会提到一些你原来都没有想到的、没有发现过的东西，此时你可能会有新的理论发现。所以，你不能够设定好问题，尤其是封闭式问题，这种访谈肯定是不可以的。

那么，这个和内容分析方法在访谈阶段没有什么好混淆的，我们说的混淆是在数据分析的时候。如果不是从数据中提炼出概念、范畴乃至理论，把它逐步地呈现和概念化的话，那就做成了内容分析，就用错方法了。

3. 同样是做理论建构，扎根研究和案例研究的关系如何？

回答：扎根研究和案例研究的关系可能使很多人感到困惑，当年我也非常困惑。我现在的看法也不一定完全对，仅供大家参考。

扎根理论肯定从诞生之日起就是一个方法论。案例研究并不一定是一个方法论，好像没有听到过案例方法论，大家都是在做案例研究，但是没有说是案例方法论。另外，从历史上来看，案例研究的概念更宽泛一些，采用一些案例、抽样一些个案来做研究都可以通称为案例研究。在扎根理论提出来之后，案例研究方法变得更加规范。大家都比较熟悉的，由殷和艾森哈特提出来的案例研究比较权威和经典的方法中也有编码，实际上他们是从扎根理论得到了一些启发，使得案例研究方法本身也变得越来越规范，可操作性也比较强。

但如果比较一下扎根研究和案例研究你就会发现：因为扎根理论提出的时间更长，它可能更规范、更成熟。三个学派各有各的规矩，你计划参照哪个学派做就要遵守这个学派的规矩，它非常清楚。但是到现在为止，案例研究的灵活操作的空间要远远大于扎根研究。一篇扎根理论的论文，通过看你是用哪一个学派的程序，就可以判断你规范不规范，因为这三个学派都有非常规范的一套方法。但是案例研究就很难，同样好的案例研究文章用的方法也不一定在技术层面上完全一致，那这上面的灵活度就要比扎根研究更大一点。所以，从社会学来看，扎根理论是从社会学产生的，在社会学领域里也认为扎根理论的规范性和科学性会比案例研究更好，被认为是社会学研究五大传统方法里最科学、最适合理论建构的方法，其他的方法还有传记研究、民族志、现象研究等。

另外一个很大的差异是，扎根理论一定是用来建构理论的，但案例研究不一定，它既可以做理论建构，也可以去验证理论。扎根理论一定不能拿来验证理论，但案例研究是可以的。

此外，在做扎根研究的时候需要去找案例，也需要去抽样，从这个角度来说，扎根研究也是一个案例研究。如果我们认为用了案例就叫做案例研究的话，那扎根研究也算是一种案例研究。

总体来说，扎根研究与案例研究是有相关性、相似性的，但是又不完全一致。

4. 如何用扎根理论来做两个群体的比较研究？两个群体的主范畴可能比较一致，但是主范畴包含的对应范畴存在差别，那么在对已建构的理论模型进行实证检验时，应该如何选取范畴来进行分组对比实证检验呢？

回答：已经进行了一些实证检验的话，就已经不是一个扎根研究的范畴了。扎根研究不是用来做理论验证的，是用来做理论建构的，是解决你如何从两个群体的研究里边建构这个范畴，检验是实证研究的事情。

但是，假如一开始用扎根理论来做两个群体的比较研究的话，扎根理论核心的方法就是比较。怎么比较？从原始数据就开始互相比较，在比较中得到更高层级的编码。然后编码、编码比较，逐层提高得到概念，概念再不断比较，得到范畴。所以这个不断比较的研究是扎根理论的方法，如果用它来做两个群体的比较研究，那肯定没有问题，比如把这两个群体都当作案例。但是扎根理论不会先设置一个主范畴，然后去检验。它会把这两个群体当作案例，然后到这两个案例中去进行访谈、收集数据，再把这个数据来做比较。

5. 扎根与诠释有相通相异之处吗，具体体现在哪些方面？扎根理论的研究方法论与建构主义的区别是什么？

回答：我合并回答上面两个问题。为什么合在一起回答？其实这两个问题恰恰问到了扎根理论三个学派里面的两个学派，也是经常会被人们混淆的。有人认为，扎根理论是带有诠释主义色彩的，实际上他的这个理解是扎根理论的一个版本，就是斯特劳斯主张的那个学派，也有人认为扎根理论是一种建构主义方法论，实际上这是卡麦兹主张的那个学派，还有人认为，扎根理论是一种实证研究的方法，那是经典版本，格拉泽主张的学派。下面我把这三个学派给大家介绍一下。

（1）经典扎根理论基于实证主义认识论，编码步骤为实质性编码（包括开放性编码和选择性编码两步）和理论性编码。

第一个学派叫经典扎根理论学派，也就是1967年格拉泽和斯特劳斯一起提出来的。但斯特劳斯后来另立门派，又产生了第二个学派，所以现在坚持这个学派的只有格拉泽。可以叫classical grounded theory或者original grounded theory，总之是最早的那个版本。经典扎根理论的认识论基础是实证主义，就是从认识论角度最接近于实证主义，强调科学、强调客观、强调实证、强调研究者对于研究现象完全的不介入、完全不干涉，完全客观的、中立的观察。

经典扎根理论的编码过程是两步：第一步是实质性编码（substantial coding），第二步就是理论性编码（theoretical coding）。实质性编码又包括两个步骤：开放性编码（open coding）和选择性编码（selective coding）。2010年我在《管理学报》发表的那篇论文上详细介绍过经典扎根理论方法论的流程框图，大家可以找来看看。

（2）程序化扎根理论基于诠释主义认识论，编码步骤（三级编码）为开放性编码（译码）、主轴编码（译码）和选择性编码（译码）。

第二个学派是大家最熟悉的、见到过最多的，就是程序化扎根理论。它是由斯特劳斯和科尔宾在1990年出版的那本书里提出来的。斯特劳斯提出这个程序化扎根以后，就跟格拉泽在学术上决裂了，因为他们的认识论基础不一样。

格拉泽是实证主义的，认为研究者是一个旁观者，现实中所蕴含的理论会自然地涌现，而研究者只是去旁观、去观察这个涌现，这个理论只需要我去发现就好了，即"discovery"。但是，在斯特劳斯这个学派里，认识论基础是诠释主义，即不能够消除人的主观对现实的这种认识和理解。所以，它就已经有了人为的、我们研究者对于客观现实的主观诠释。所以很多人认为扎根理论带有诠释主义色彩，讲的就是这个学派的理论，当然不能概括完整的、所有的扎根理论。

扎根理论三个学派有三种不同的认识论基础，之所以国内很多人一说扎根理论想到的就是诠释主义,编码一说就是三级编码,是因为这个学派的理论在国内流传最广,并且斯特劳斯和科尔宾的这本书最早由徐宗国教授翻译出版(2006年中国海洋大学的李志刚老师发表了国内的第一篇扎根理论文章,用的就是这个学派研究方法),很多人不知道还有其他两个学派。那两个学派在国内出现都是后来才发生的事情,所以这个学派的影响是最大的。

(3)建构主义扎根理论基于建构主义认识论,编码步骤为初始编码、聚焦编码、轴心编码和理论编码。

第三个学派就是建构主义的扎根理论,以卡麦兹为代表。她的认识论基础是一个建构主义的认识论,和格拉泽与斯特劳斯都不一样。她认为理论都是我们人为建构出来的,不存在一个客观的、可以自然涌现的、等着我们去发现的理论,而我们主观的诠释实际上是我们主观的一个建构。

从主客观的角度来说,格拉泽的经典扎根理论是实证主义的,倾向于强调客观,也就是说,格拉泽认为客观规律是不以人的意志为转移的,人只要去观察、研究、等待这个自然规律自然涌现就可以了。斯特劳斯倾向于诠释主义,强调人的主观,人是可以、有能力去诠释我们周围这个世界的。也正因为这样,格拉泽对斯特劳斯的批评非常多。基本上格拉泽的那一派"铁粉",一看到斯特劳斯学派就会批评,认为这不是扎根研究,他们在认识论上不一样。格拉泽特别强调实证,特别强调不能先入为主,特别强调理论是客观存在的。他认为斯特劳斯学派有很多的先入为主,其实斯特劳斯学派不是先入为主,而是基于这样一个诠释主义的立场来研究的。

卡麦兹的观点显然是基于建构主义的。如果说格拉泽偏客观,斯特劳斯偏主观,那么卡麦兹是偏主客观融合的,她把主客观打通了。也就是说,她认为没有离开主观的客观,主客观的二分是不存在的。我虽然用经典扎根理论的研究方法比较多,但是从认识论上我更认同第三个版本,即卡麦兹的这个建构主义认识论。

如果说在20世纪,人类的科学还有主观和客观这样一个二元划分的话,在进入21世纪后,科学已经解决了这个问题。20世纪我们认为这个世界是可以两分的,分为物质和精神,物质就是客观的,客观规律是不以人的意志为转移的,我们的精神是可以去认识这个物质世界的规律的。在这样的主客观二元的基础上,就产生了本体论,这样一个二元的本体论就产生了所谓的唯物主义、唯心主义等哲学体系。但是,随着现代科学的发展,现在的量子力学已经突破了这个主客观的二元,和卡麦兹的这个建构主义观点已经非常的接近。也就是说,不存在离开主观的客观,所谓的客观,还是我们基于主观认识的客观。我们眼中的这个世界,是我们的主观认识建构出来的。

所以,可以说格拉泽和斯特劳斯的研究还是在二元的世界里,一个更偏物质、一个更偏精神,或者一个更偏主观、一个更偏客观,他们两人的学生卡麦兹显然已经接近了把主客观打通的一元的认识论,即主客观是不可分的。

我个人在认识论的这个层面上认同卡麦兹的观点。所以我建构了一个"中国管理扎根研究范式"。

"中国管理扎根研究范式"——基于"扎根精神",遵循建构主义扎根理论思想,以经典扎根理论的数据处理程序为主框架,以程序化扎根理论的因果关系为辅助结构,结合认知地图工具的一个中国本土管理理论建构一般范式。

我对这段话做个解释。第一,为什么要基于"扎根精神"?因为这是扎根理论三个学派最核心的精神,不管哪个学派,都强调一定要扎根、一定要扎根到现实中去做研究,这是它的精髓;第二,从认识论上我遵循建构主义的认识论;第三,以经典扎根理论的数据处理程序为主框架,是因为经典扎根理论这一套数据处理程序比较客观,能尽量避免主观的影响,会使得理论建构的过程相对来讲比较科学;第四,程序化扎根理论比较强调因果关系,这个因果关系是我们在研究中不可或缺的,或者说有时候是一个很关键的、一定要发现的东西。格拉泽对此是完全否定的,但我认为不应该完全否定,我把它作为辅助结构,用认知地图来表达它的因果关系,这样的话,我们就可以把这三个学派的方法、技术融为一体,但是又不违背它们共同的扎根精神。然后,基于这样一个建构的思想,来进行我们的理论建构,在理论建构之后,再进行理论检验。在这样的基础上,我们就可以完成中国本土的管理理论的建构,这就是我的"中国管理扎根研究范式"。

6. 扎根理论在运用于个体和组织层面的研究时有没有差异?比如虚拟政府,能否对该现象进行理论完善?

回答:我觉得这个没差异。扎根理论可以用于研究任何一个有价值的现象,只要它是一个有趣的、有价值进行理论研究的现象,尤其是以前的理论没有能够解释的,或者说以前的理论解释是冲突和矛盾的,这样的一个现象就可以进行研究。如果已经有了这样的现象,以前的理论不够完善,比如虚拟政府这个现象能不能用扎根理论研究?那肯定是可以的。提到虚拟政府,我正好出版了一本虚拟政府的书,是用扎根理论做的研究,大家可以参考:

- 贾旭东.虚拟政府视域下的公共服务外包：基于中国城市基层政府的扎根理论研究［M］.北京：中国社会科学出版社，2016.

还有我前面提到的两篇介绍扎根理论的文章和另外两篇研究论文，可供大家参考：

- 贾旭东，谭新辉.经典扎根理论及其精神对中国管理研究的现实价值［J］.管理学报，2010，7（5）：656-665.
- 贾旭东，衡量.基于"扎根精神"的中国本土管理理论构建范式初探［J］.管理学报，2016，13（3）：336-346.
- 贾旭东，郝刚.基于经典扎根理论的虚拟政府概念界定及组织模型构建［J］.中国工业经济，2013，（8）：31-43.
- 贾旭东.基于扎根理论的中国民营企业创业团队分裂研究［J］.管理学报，2013，10（7）：949-959.

主要参考文献

[1] VAN DE VEN A H. Suggestions for studying strategy process: A research note[J]. Strategic Management Journal, 1992, 13(S1): 169-188.

[2] BAIL C A. The cultural environment: Measuring culture with big data[J]. Theory and Society, 2014, (43): 465-482.

[3] BERG-SCHLOSSER D, DE MEUR G, Rihoux B, et al. Configurational comparative methods[M]. London: Sage Publications, 2009.

[4] CHARMAZ K. Constructing grounded theory: A practical guide through qualitative analysis[M]. Thousand Oaks: Sage Publications, 2006.

[5] DENZIN N K, LINCOLN Y. Handbook of qualitative research[M]. 2nd ed. Thousand Oaks: Sage Publications, 2000.

[6] SMITH J A. Qualitative psychology: A practical guide to research methods[M]. London: Sage Publications, 2003.

[7] CONNELLY F M, CLANDININ D J. Stories of experience and narrative inquiry[J]. Educational Researcher, 1990, 19(5): 2-14.

[8] CORBIN J, STRAUSS A L. Basics of qualitative research[M]. London: Sage Publications, 2015.

[9] DIMAGGIO P, NAG M, BLEI D. Exploiting affinities between topic modeling

and the sociological perspective on culture: Application to newspaper coverage of US government arts funding[J]. Poetics, 2013, 41（6）: 570-606.

[10] EISENHARDT K M. Building theories from case study research[J]. Academy of Management Review, 1989, 14（4）: 532-550.

[11] FISS P C, SHARAPOV D, CRONQVIST L. Opposites attract? Opportunities and challenges for integrating large-N QCA and econometric analysis[J]. Political Research Quarterly, 2013, 66（1）: 191-198.

[12] FRANZOSI R. From words to numbers: Narrative, data, and social science[M]. Cambridge University Press, 2004.

[13] GLASER B G, STRAUSS A L. The discovery of grounded theory: Strategies for qualitative research [M]. Chicago: Aldine, 1967.

[14] GLASER B G. Basics of grounded theory analysis: Emergence vs forcing[M]. Thousand Oaks: Sociology Press, 1992.

[15] GLASER B G. Doing grounded theory: Issues and discussions[M]. Thousand Oaks: Sociology Press, 1998.

[16] GLASER B G. Doing quantitative grounded theory[M]. Thousand Oaks: Sociology Press, 2008.

[17] GLASER B G. Theoretical sensitivity: Advances in the methodology of grounded theory[M]. Thousand Oaks: Sociology Press, 1978.

[18] GRIMMER J. A Bayesian hierarchical topic model for political texts: Measuring expressed agendas in Senate press releases[J]. Political Analysis, 2010, 18（1）: 1-35.

[19] KAN A, ADEGBITE E, OMARI S E, et al. On the use of qualitative comparative analysis in management[J]. Journal of Business Research, 2016, 69（4）: 1458-1463.

[20] KERLINGER F N, LEE H B. Foundations of behavioral research[M]. 4th ed. New York: Harcourt College Publishers, 2000.

[21] KETCHEN JR D J, THOMAS J B, SNOW C C. Organizational configurations and performance: A comparison of theoretical approaches[J]. Academy of Management Journal, 1993, 36（6）: 1278-1313.

[22] KRIPPENDORFF K. Measuring the reliability of qualitative text analysis data[J]. Quality and Quantity：International Journal of Methodology, 2004, 38（12）: 787-800.

[23] LANGLEY A, SMALLMAN C, TSOUKAS H, et al. Process studies of change in organization and management: Unveiling temporality, activity, and flow[J]. Academy of Management Journal, 2013, 56（1）: 1-13.

[24] LANGLEY A, TRUAX J. A process study of new technology adoption in smaller manufacturing firms[J]. Journal of Management Studies, 1994, 31（5）: 619-652.

[25] LANGLEY A. Strategies for theorizing from process data[J]. The Academy of Management Review, 1999, 24（4）: 691-710.

[26] BUCHANAN D A, BRYMAN A. The Sage handbook of organizational research methods[M]. London: Sage Publications, 2009.

[27] MANTHOU V, VLACHOPOULOU M, FOLINAS D. Virtual e-Chain（VeC）model for supply chain collaboration[J]. International Journal of Production Economics, 2004, 87（3）: 241-250.

[28] MISANGYI V F, ACHARYA A G. Substitutes or complements?A configurational examination of corporate governance mechanisms[J]. Academy of Management Journal, 2014, 57（6）: 1681-1705.

[29] MOHR J W. Measuring meaning structures[J]. Annual Review of Sociology, 1998, 24（1）: 345-370.

[30] MORGESON F P, MITCHELL T R, DONG Liu. Event system theory：An event-oriented approach to the organizational sciences[J]. Academy of Management Review, 2015, 40（4）: 515-537.

[31] MORSE J M, STERN P N, CORBIN J, et al. Developing grounded theory：The second generation [M]. New York: Routledge, 2009.

[32] NARDULLI P F, ALTHAUS S L, HAYES M. A progressive supervised-learning approach to generating rich civil strife data[J]. Sociological Methodology, 2015, 45（1）: 148-183.

[33] NELSON L K. Computational grounded theory：A methodological framework[J].

Sociological Methods & Research, 2017, 49（1）: 1-40.

[34] PENTLAND B T. Building process theory with narrative : From description to explanation[J]. Academy of Management Review, 1999, 24（4）: 711-724.

[35] RAGIN C C. Redesigning social inquiry : Fuzzy sets and beyond[M]. Chicago : University of Chicago Press, 2008.

[36] RAGIN C C. The comparative method : Moving beyond qualitative and quantitative strategies [M]. Berkeley: University of California Press, 1987.

[37] REED I A. Counting, interpreting and their potential interrelation in the human sciences[J]. American Journal of Cultural Sociology, 2015（3）: 353-364.

[38] RIHOUX B, RAGIN C C. Configurational comparative methods : Qualitative comparative analysis（QCA）and related techniques[M]. London : Sage Publications, 2008.

[39] SCHNEIDER C Q, WAGEMANN C. Set-theoretic methods for the social sciences : A guide to qualitative comparative analysis[M]. Cambridge : Cambridge University Press, 2012.

[40] SCHWARTZ H A, UNGAR L H. Data-driven content analysis of social media : A systematic overview of automated methods[J]. The ANNALS of the American Academy of Political and Social Science, 2015, 659（1）: 78-94.

[41] SMINIA H. Process research in strategy formation : Theory, methodology and relevance[J]. International Journal of Management Reviews, 2009, 11（1）: 97-125.

[42] SPILLMAN L. Ghosts of straw men : A reply to Lee and Martin[J]. American Journal of Cultural Sociology, 2015,（3）: 365-379.

[43] STRAUSS A L, CORBIN J. Basics of qualitative research : Grounded theory procedures and techniques [M]. Thousand Oaks: Sage Publications, 1990.

[44] TAUSCZIK Y R, PENNEBAKER J W. The psychological meaning of words : LIWC and computerized text analysis methods[J]. Journal of Language and Social Psychology, 2010, 29（1）: 24-54.

[45] WALLACE W L. The logic of science in sociology[M]. Chicago : Transaction Publishers, 1971.

[46] YIN, R. Case study research: Design and methods[M]. 6th ed. Melbourne: Sage Publications, 2018.

[47] YU L C, HO C Y. Identifying emotion labels from psychiatric social texts using independent component analysis[C]. Proceedings of COLING 2014, the 25th International Conference on Computational Linguistics: Technical Papers. 2014: 837-847.

[48] 利布里奇, 图沃-玛沙奇, 奇尔波. 叙事研究: 阅读、分析和诠释[M]. 王红艳, 译. 重庆: 重庆大学出版社, 2008.

[49] 陈其齐, 杜义飞, 史轩亚, 等. 边境跨国企业应对不稳定制度环境的非对称突破机制——事件路径分析方法[J]. 研究与发展管理, 2023, 35(6): 168-183.

[50] 陈向明. 社会科学中的定性研究方法[J]. 中国社会科学, 1996(6): 93-102.

[51] 陈向明. 质的研究方法与社会科学研究[M]. 北京: 教育科学出版社, 2000.

[52] 陈茁, 陈云松. 计算扎根: 定量研究的理论生产方法[J]. 社会学研究, 2023, 38(4): 50-73+227.

[53] 丁钢, 王枬. 教学与研究的叙事探究[M]. 桂林: 广西师范大学出版社, 2010.

[54] 丁钢. 教育经验的理论方式[J]. 教育研究, 2003(2): 22-27.

[55] 克兰迪宁. 从故事到研究: 叙事探究如何做[M]. 徐泉, 李易, 译. 重庆: 重庆大学出版社, 2023.

[56] 克兰迪宁. 叙事探究: 焦点话题与应用领域[M]. 鞠玉翠, 等译. 北京: 北京师范大学出版社, 2012.

[57] 董津津, 陈关聚. 科技型企业创新行为决策动因与机理: 基于扎根理论的溯源与模糊集定性比较分析的验证[J]. 中国科技论坛, 2020(7): 111-119.

[58] 杜义飞, 潘琼, 王建刚, 等. 事件路径分析方法: 基于悖论与存在主义视角[J]. 电子科技大学学报(社科版), 2017, 19(2): 18-23+40.

[59] 杜义飞, 唐洪娟, 谢瑜. 悖论视角下本土企业的国际化能力形成路径: 基于华为的案例研究[J]. 科技管理研究, 2020, 40(2): 154-162.

[60] 杜运周, 贾良定. 组态视角与定性比较分析(QCA): 管理学研究的一条新道路[J]. 管理世界, 2017, (6): 155-167.

[61] 郭建峰, 王莫愁, 刘启雷. 数字赋能企业商业生态系统跃迁升级的机理及路径研究[J]. 技术经济, 2022, 41(10): 138-148.

[62] 郭重庆. 中国管理学界的社会责任与历史使命 [J]. 管理学报, 2008, 5（3）: 320-322.

[63] 何婧, 杜义飞. 基于一个纵向案例的后发企业"价值－能力"双向循环与顾客锁定 [J]. 管理学报, 2015, 12（1）: 20-28.

[64] 何献菊. 教育叙事研究及其作用 [J]. 教育理论与实践, 2012, 32（20）: 37-39.

[65] 衡量, 贾旭东, 李飞. 扎根范式下虚拟企业战略演进过程及机理的研究 [J]. 科研管理, 2019, 40（7）: 152-162.

[66] 贾旭东. 大足之道: 中国足浴企业深度案例研究 [M]. 北京: 中国发展出版社, 2009.

[67] 贾旭东. 基于扎根理论的中国民营企业创业团队分裂研究 [J]. 管理学报, 2013, 10（7）: 949-959.

[68] 贾旭东, 何光远, 陈佳莉, 等. 基于"扎根精神"的管理创新与国际化路径研究 [J]. 管理学报, 2018, 15（1）: 11-19.

[69] 贾旭东, 何光远. 基于供应链视角的虚拟企业模型构建 [J]. 管理学报, 2019, 16（7）: 957-967.

[70] 贾旭东, 衡量. 基于"扎根精神"的中国本土管理理论构建范式初探 [J]. 管理学报, 2016, 13（3）: 336-346.

[71] 贾旭东, 衡量. 基于经典扎根理论的企业虚拟度及其测评研究 [J]. 科研管理, 2017, 38（5）: 130-140.

[72] 贾旭东, 衡量. 扎根理论的"丛林"、过往与进路 [J]. 科研管理, 2020, 41（5）: 151-163.

[73] 贾旭东, 谭新辉. 经典扎根理论及其精神对中国管理研究的现实价值 [J]. 管理学报, 2010, 7（5）: 656-665.

[74] 贾旭东. "扎根理论之所非"一文讲解分享 [EB/OL]. 南开管理学术沙龙, 2017-01-03[2025-01-27].

[75] 贾旭东. 基于扎根理论的中国城市基层政府公共服务外包研究 [D]. 兰州大学, 2010.

[76] 贾旭东. 论科学、国学与真理 [EB/OL]. 中国科学网, 2020-08-28[2025-01-27].

[77] 贾旭东. 让"扎根精神"扎根在管理学者心中 [A]. 李志军, 尚增健. 学者的初心与使命 [C]. 北京: 经济管理出版社, 2020.

[78] 贾旭东.新时代呼唤"扎根精神"[N].中国改革报,2020-06-22(7).

[79] 贾旭东.虚拟政府视域下的公共服务外包:基于中国城市基层政府的扎根理论研究[M].北京:中国社会科学出版社,2016.

[80] 贾旭东.中西文化的本体论比较与国学知识体系模型建构[A].首届"中华传统文化与华夏文明探源"国际论坛论文集[C].2018:324-336.

[81] 贾旭东.中西文化的本体论比较与国学知识体系模型建构[A].张耀南.自然国学评论:第三号[C].北京:北京航空航天大学出版社,2019:275-291.

[82] 蒋俏蕾,张雅迪.计算扎根理论:数智时代的方法探索与理论构建[J].教育传媒研究,2024(3):35-41.

[83] 金鑫,王锡苓.跨越逻辑、方法与范式:计算扎根理论作为创新性研究方法的特征、意义与应用[J].新闻界,2023(6):83-96.

[84] 李里峰.从"事件史"到"事件路径"的历史:兼论《历史研究》两组义和团研究论文[J].历史研究,2003(4):144-153.

[85] 李蔚,何海兵.定性比较分析方法的研究逻辑及其应用[J].上海行政学院学报,2015,16(5):92-100.

[86] 李志刚,刘银龙."连次创业"现象的扎根方法研究[J].内蒙古大学学报(人文社会科学版).2006,38(2):79-83.

[87] 李志刚.扎根理论方法在科学研究中的运用分析[J].东方论坛,2007,(4):90-94.

[88] 刘东,刘军.事件系统理论原理及其在管理科研与实践中的应用分析[J].管理学季刊,2017,2(2):64-80.

[89] 刘刊,周宏瑞,侯月婷.共享医疗平台如何实现价值共创:一个探索性单案例研究[J].管理评论,2022,34(11):337-352.

[90] 刘良华.教育叙事研究:是什么与怎么做[J].教育研究,2007(7):84-88.

[91] 吕鲲,施涵一,靖继鹏.突发公共卫生事件网络舆情热点话题形成组态路径研究:基于微博热搜数据的模糊集定性比较分析[J].情报理论与实践,2022,45(9):148-156.

[92] 马富萍,杨柳,陶世佳.QCA方法在管理学研究中的应用现状与未来展望:基于内容分析法[J].内蒙古大学学报(哲学社会科学版),2022,54(1):103-112.

[93] 马克思，恩格斯. 马克思恩格斯选集：第3卷 [M]. 北京：人民出版社，1972.

[94] 牛美丽. 专栏导语 [J]. 公共行政评论，2008（3）：19-22.

[95] 彭晶. 教育叙事研究：教师专业发展的新路径 [J]. 教师教育研究，2021，33（3）：7-11+30.

[96] 石冠峰，文梅，方志斌，等. 基于扎根理论的中国员工错失焦虑研究：内涵、结构及形成机制 [J]. 管理评论，2022，34（5）：176-187.

[97] 斯特劳斯，科尔宾. 质性研究概论 [M]. 徐宗国，译. 台北：巨流图书公司，1997.

[98] 孙世超，杜义飞，史轩亚. 稀释、整合与贯穿：地方平台企业应对价值行为失衡的事件路径分析 [J]. 管理工程学报，2024，38（3）：267-282.

[99] 谭劲松. 关于中国管理学科定位的讨论 [J]. 管理世界，2006（2）：71-79.

[100] 万倩雯，卫田. 定性研究可信度释疑：从历史沿革与哲学基础谈起 [J]. 外国经济与管理，2024，46（2）：135-152.

[101] 王丹，李柏洲. 企业原始创新失败形成机制研究：基于25个案例的清晰集定性比较分析 [J]. 软科学，2021，35（4）：34-42.

[102] 王建刚，杜义飞. 资源双依赖下后发企业"由外至内"逻辑的研究 [J]. 管理学报，2016，13（11）：1624-1634.

[103] 徐淑英，刘忠明. 中国企业管理的前沿研究 [M]. 北京：北京大学出版社，2004.

[104] 徐淑英，任兵，吕力. 管理理论构建论文集 [M]. 北京：北京大学出版社，2016.

[105] 张海，陈爱武. 民法典视野下我国彩礼返还风俗习惯的司法适用：基于访谈和判决文书的扎根范式研究 [J]. 民间法，2022，30（2）：414-433.

[106] 张明，杜运周. 组织与管理研究中QCA方法的应用：定位、策略和方向 [J]. 管理学报，2019，16（9）：1312-1323.

[107] 张肇丰. 试论叙事研究的方法问题 [J]. 教育理论与实践，2013，33（31）：7-11.

[108] 周钧，张华军. 叙事与教师专业发展：基于教育叙事、叙事研究及叙事探究的概念辨析 [J]. 中国教育学刊，2022（11）：84-89.